U0945841

知识产权商用化实务研究编委会

知识产权商用化实务研究

Commercialization of Intellectual Property

中华全国律师协会知识产权专业委员会 编

中国法制出版社
CHINA LEGAL PUBLISHING HOUSE

序

党的十八大以来，我国知识产权事业不断发展，已经走出了一条中国特色知识产权发展之路。2021 年，我国知识产权保护全面加强，知识产权创造量质齐升，知识产权运用效益也加速显现。习近平总书记在中央政治局第二十五次集体学习时也进一步强调，要研究制定“十四五”时期国家知识产权保护和运用规划，明确目标、任务、举措和实施蓝图。促进知识产权保护与运用，推动知识产权商用化，展示知识产权财产属性，实现知识产权的价值，是知识产权工作的重中之重。

知识产权商用化是实现知识产权从“权利”向“价值”转化进而为权利人带来现实价值的重要过程，是知识产权价值链中不可或缺的重要环节。在激烈竞争的经济环境下，对知识产权进行有效的商用化和资本化运营，不仅可以为权利人缩短研发、创新的时间，降低研发成本，突破竞争对手的技术垄断，整合产业链，还可以将知识产权变现，为权利人带来新的收益模式，从而最大限度地实现知识产权的价值。

为推动知识产权商用化进程，中华全国律师协会知识产权专业委员会自 2019 年知识产权律师年会开设知识产权商用化专场以来，始终致力于组织开展知识产权商用化课题研究，此次首度尝试以论文集的形式收录优秀知识产权律师、专家学者以及知识产权领域的工作者关于知识产权商用化的研究成果，汇总知识产权商用化领域的新情况、新思考，促进知识产权运用，为我国由“知识产权大国”向“知识产权强国”推进的伟大工程贡献知识产权律师的力量。

编委会

2021 年 5 月 29 日

目录
Contents

第一章 商用化概况

Commercialization of Intellectual Property

我国版权商用化的困境与解决对策研究

冯晓青[*] 姜美辰[**]

摘要：版权作为无形财产权的范畴具有经济价值，尤其在商用化模式运用中会产生巨大的经济效益。目前，我国版权商用化面临诸多的现实困境，如法律政策的激励作用发挥不足，很多创新性的商用形式缺乏制度构建，版权产业链和文化市场的发展缓慢，诸多因素导致相关主体的商用化动力不足。挖掘版权资源并促进其商用化对于版权产业延伸转型、文化市场的发展以及全民创新而言，能够产生巨大的经济和社会效益。在知识产权保护框架下，推动多种主体进行商用是最有效率也最具有激励作用的路径。应当通过完善著作权相关法律法规，激励版权人主动进行商用转化，推动中介服务机构和平台创新服务，并保障投资人及债权人等主体的利益，从而整体推动版权商用规模的扩大和市场的发展。

关键词：版权商用化　著作权法　经济效益　版权战略

知识产权作为一种无形财产权，其经济价值的体现就在于将其进行商业化使用。静止的知识产权无法创造价值，只有被充分地运用继而产生经济社会效益，才能实现知识产权法律制度的激励作用并营造创新的良好氛围，盘活知识产权这一无形资产，促进知识产权的保值增值，使知识产权由静态的无形资产转化为现实的生产力。近几年，针对专利领域的商用化发展，国家对于专利的运用和科技成果的转化投入在相关法律法规、部门规章的制定与完善方面给予

* 中国政法大学知识产权法研究所所长、教授，博士生导师、法学博士。

** 中国政法大学2019级知识产权法专业硕士研究生。

了高度重视。政府和企业也更注重对科技成果的转化和专利的运营。然而，相对而言，不仅相关法律法规对版权的商用运营重视不够，企事业单位相关主体开发动力也不足。目前，我国文化产业正处于发展向好的态势，作品数量不断增加，质量也不断提高，文化市场前景可观，如与版权相关联的文化市场逐渐扩大，包括传统行业的电影、出版行业、艺术品行业以及新兴网络环境下的游戏、音乐、短视频等。但是，其中涉及作品版权的运用程度低且规模小，版权商用化面临着现实的瓶颈。在当前我国大力发展文化创意产业、促进文化大发展大繁荣的背景下，著作权法理应发挥其市场本位法的特性①，促进版权主体和版权中介服务机构以及平台深度挖掘版权资源的经济价值，进行多种样态的文化商用产品开发，促进我国版权产业的发展。本文立足于我国版权商业化的现状与存在的问题，试图提出推进我国版权商用化的策略和对策，以就教于同人。

一、版权商用化面临的多层现实困境

我国目前的版权商用形式单一，大多数主体只选择对著作权进行许可与转让以及质押，将著作权进行信贷、保险、拍卖、信托、证券化、融资租赁以及作价入股等形式的商用化运作还未进行体系化的制度构建，相关法律法规对其规定也不充分，甚至缺失。制度激励不足，政策指向不明，必然会导致版权运用不足，产业化程度低，最终必然会导致版权商用规模不大，文化资源整合利用出现困境，使得文化市场和文化产业的发展也受到阻碍。

（一）法律政策激励不足阻碍版权商用环境形成

版权的商用化模式有多种形式，但目前我国法律、行政法规，部门规章和规范性文件，以及行业规范等对于版权的融资租赁、证券化、保险、信托等制度的规定十分欠缺。法律法规等也未能对版权商用的相关政策制定起到足够的激励作用。对于著作权的运用，目前只对著作权质押的条件以及相关主体开展质押业务作出了规定，至于基金等保障手段的实施以及奖励、减免费用的激励

① 杨雄文、肖尤丹：《知识产权法市场本位论——兼论知识产权制度价值的实现》，载《法学家》2011 年第 5 期。

机制并不完善。著作权法是激励创作与传播，促进文化产业发展的基础性法律。其不仅通过赋予产权对版权人予以激励，而且具有将权利进行运营、商用以促进智力创作成果传播和利用的价值取向。著作权法领域中的商用化激励作用之重要性是不言而喻的。作品创作完成即取得版权，这种自动取得制度使得产权对于创作者的激励效果较专利而言大打折扣，这样就更需要对版权客体资源进行调动整合和运用，更好地激励创作者追求经济社会效益不断创新。著作权法是通过鼓励作者创作和传播作品以实现促进知识传播的目的。[①] 所以著作权法的激励作用机制很大程度上就是通过对作者作品的传播和运用使作者获取经济回报来实现的。作品如果不能被传播利用，那么作者付出的辛苦劳动就无法受到相应的经济回馈，这反而会挫伤创作者的积极性和主动性。基于此，法律的规定对于实现作者激励具有至关重要的推动作用。法律法规对版权商用相关形式规定的缺位很大程度上影响了商用化环境的形成，投融资、作价入股、证券化等形式涉及多方主体，环节复杂，对于信息交流和资源流动的要求较高，要形成专业化的环境更需要法律制度的支持。

政策也是极为重要的一环，如对于版权商用的基金保护和奖励政策就会促使权利人在利益驱动下进行商用化尝试，而政策的制定和实施也离不开法律层面的原则性指引。政策较法律而言更具有直接性和灵活性，激励的作用和效果更加明显。考察近些年来我国对知识产权商业化激励的政策措施，大多集中在对科学技术成果的转化和运用上。对于盈利周期长，回报率不稳定的版权商用并未给予过多关注。文化领域中的作品向来只被作为精神层面的欣赏对象，较少与经济或者盈利相关联。从现实情况看，传统的营利性质的图书出版、电影或音乐发行等已有完整成熟的运用机制和流程规制，相关主体以及配套平台也在市场的自发激励下开展商用活动。但是，对于一些回报周期模糊，风险评估困难以及盈利比率不稳定的新兴商用模式以及产品形式，政策上的督促和鼓励仍然后劲不足，新兴商用模式难以获得发展和保障，更难以形成规模以及良好的商用环境。

（二）商用具体制度缺失导致版权产业链延伸缓慢

从宏观角度而言，对版权商用的制度和措施规定较为抽象。微观层面上，

---

① 冯晓青：《著作权法之激励理论研究——以经济学、社会福利理论与后现代主义为视角》，载《法律科学》（西北政法学院学报）2006 年第 6 期。

缺乏具有可操作性的指引，也未针对不同类型作品提出更有针对性的措施，如很多商用的方式手段并没有系统化的规定，对于主体、规则、保障手段和法律责任等方面的规定也较为欠缺。版权运用的多种方式在我国并未设立相关的法律制度或金融规则进行操作。即使现有制度有所规定，但也存在诸多纰漏，相互矛盾以及标准模糊的情况。例如，在适用范围最广泛的版权质押的法律规则中，就存在一定的争议和实践难题。版权评估则影响着其质押的交易定价，但版权评估的因素纷繁复杂，涉及版权期限、作者名望、版权在其所属产业链中的地位，以及市场中所占份额比重、潜在商业价值等因素。即使在《著作权资产评估指导意见》中对相关评估流程和标准作了原则性规定，在具体的交易和评估质押过程中依然存在权利人和质权人预期落差的交易困境。我国现有有关版权证券化的法律规定也存在一定的问题，对于“真实销售”等概念的争议也影响着商用模式的规模化适用和体系化推广。诸如此类具体制度的缺失限制了许多商用模式的开展。

版权商用化规模有利于促进传统产业升级、版权产业发展。所谓版权产业，是指以版权为基本的生产要素单位，围绕版权的开发和运用来盈利的产业。版权产业的生存和发展核心都依赖于版权。[①] 版权产业中，很多作品的单一形式取得市场成功后，继而会进行不同形式和层次的横纵向开发，在不断延展延长的产业链上进行多次获益的建设。我国版权产业以及产业链逐渐朝数字化的趋势发展，面临着结构转型和升级，而这其中最大的动力和保障就是以作品资源运用为核心，促进其流动，继而带动整个产业转型升级，延伸传统产业链。产业链的上游一般都是版权人，其掌握着可以投入商用运营、转化成不同形式的作品，或者将版权进行评估符合作价入股标准进行投融资；下游一般为投资者或者作品的使用者；而中游一般是版权的交易平台或者中介服务机构，连接上下游不同的主体，为上游的权利持有者提供多种商用形式的选择，同时为下游的投资者或者用户提供保障，为双方的交易提供资源和信息共享的平台。制度严谨和完善才能推动上下中游主体遵循市场的需求，运用经验继续挖掘可商业利用的作品资源，延伸版权的产业价值链，从多元角度扩大作品的影响力，创

---

① 何莹：《版权开发的路径选择及策略——以版权经济价值为中心的考察》，载《宁夏社会科学》2014 年第 1 期。

造更大的经济价值。

（三）全社会的商用意识薄弱引发主体能动性不足

商用化最终需要的是权利人和中介服务平台的主观意识上的能动性和创造性。但迄今为止，很多版权人对于自身权利的利用和保护并没有强烈的意识。相关主体对于版权商用产品的创新意识匮乏，产品的模式设计上创新不够，产品上设置的版权金融形式单一，参与版权商用的机构，包括银行或其他金融部门也没有发挥主观能动性，并且参与主体数量少，参与程度不高，主动创新意识薄弱。如前所述，目前对版权商用化的法律和制度设计对于作者的激励机制还存在一定的问题。我国的创作环境中，版权人对自身作品从创作开始到创作完成整个过程一般来说都是以单一的创作意图为导向完成作品，大多数版权人没有以进行商用为主要目的。因此，大部分作品版权人并没有进行主动的版权登记或者在作品创作过程中没有为其他的商用模式保留空间。由于版权作品的报酬回报前景短期内并不可观，版权人大多没有长远的商用意识或者眼光进行作品的创作和保护，产业活动需要相关作品时，有限的可转化利用的作品数量和质量难以得到保障，继而影响了产业的发展，相关作品也失去了长远利用和发展的机会。当然，也应看到，很多作者创作缺乏商用化考虑，部分原因是这些作品不具备商用化条件。不过，仍然有大量的适合商用化的作品，作者在创作过程中缺乏商用化意识，创作完成后也没有通过一定形式积极促进其商用化。

综上所述，法律政策以及制度激励程度不足，没有充分调动资金流动交易双方的积极参与，各主体的主观意识参与性不高，版权商用的规模体系未能建立，商用化环境难以形成，诸多因素都阻碍着版权商用化的整体发展。为此，笔者认为，提高版权商用化意识，提高版权商用化制度的价值是促进我国版权商用化的必由之路。

二、强化版权商用化制度的社会价值

（一）版权商用化与推动文化市场和版权产业的发展

近些年来，我国文化产业和文化市场发展迅速。在网络和数据赋能之下，各种不同的文化产品形式得到发展，相较于传统的图书、电影、录音录像制品等可以产生大规模的经济效益，游戏、网络小说、数字音乐、短视频等都与著作权客体的商用化运作相关联，具有巨大的发展潜力，其背后也承载着巨大的经济价值。促进版权商用化的利用方式和范围扩大，对于文化产业的繁荣具有积极的推动作用。这就需要对商用化的基础资源即版权成果进行相应的开发和保护，以期扩大文化市场，实现版权商用化的规模经济。目前我国商用版权规模方兴未艾，但体量仍有很大的发展空间。以数字音乐版权商用为例，国际唱片协会（IFPI）发布的《2019 年全球音乐产业报告》中指出，全球音乐产业 2018 年市场规模收入达到 191 亿美元，而中国数字音乐商用版权市场规模为 1.9 亿元人民币。[①] 虽然市场规模庞大，但版权市场规模还有提升空间。

版权商业化的意义和社会价值，侧重于促进文化市场和版权产业发展。特别是在当前信息网络技术发展背景下，版权商用化的手段和方式日益增多，强化版权商用化的作用值得充分肯定。具体而言，体现于以下几方面：

首先，我国版权商用化的方式尚未完全开发，加强版权商用化程度，可以挖掘更多作品的商业价值。我国目前的版权商用产品形成了以版权质押为中心的利用模式，以此衍生出担保、信托等模式[②]，但并未大面积向外辐射。我国对版权商用化最基本的方式即转让和许可有较为详细的规定[③]，质押融资也有所规定，但根据现有规定拓展商用化渠道和措施方面仍有很大的发展空间。例如，我国电影市场近年来拥有庞大的票房市场，电影作品也吸引了众多的投资，针对电影作品，证券化的版权使用会发挥其更深层的经济价值，为投资者提供了新的投资渠道，使得投资者收取更大的收益，实现融资创新；就企业等版权权利人而言，证券化提供了新的融资途径；也启发融资方扩充建设版权资源库，缩短版权开发周期，推动相关产品的立体化开发，建立供需方的合作关系，在增加经济收益的过程中增强版权的经济价值和社会价值[④]；也能够通过版权的商用性途径来盘活资产，促进电影产业、文化市场和金融市场的发展。

其次，我国一些地区在版权商用化方面，通过政策和制度激励取得了显著

---

① 《2019 年中国数字音乐商用版权市场研究报告》，载微信公众号“艾瑞咨询”，https://mp.weixin.qq.com/s/Waci8TedSQWFlOo9ovtFLg，最后访问时间：2020 年 4 月 11 日。

② 郭宜：《我国版权金融研究》，载《科技与出版》2018 年第 11 期。

③ 针对著作权许可和转让的规定，我国目前主要适用的是《著作权法》《著作权法实施条例》《著作权质权登记办法》等相关规定。

④ 者贵昌、孙杨格：《泛 IP 时代：我国网络文学版权证券化的分析与探讨》，载《未来与发展》2019 年第 9 期。

的成效，充分凸显了版权商用化的社会价值和意义。例如，我国江苏省作为文化产业发达的代表省份，对于版权商用的激励制度以及质押融资等制度和政策实施，有着丰富且成熟的经验。① 优秀的版权作品转化为优秀的版权产品，这种开发衍生的转化活动，是实现文化、经济、社会价值的重要途径。江苏省的经验表明，促进版权成果转化，挖掘版权资源，对于全国文化市场、版权产业的繁荣，文化产业的转型升级都有十分积极的影响。当然，也应看到，由于政策推进和制度激励程度不同，我国仍有很多地区作品以及文化资源价值没有被及时挖掘，对于版权人的经济效益的激励缺位，以致出现诸多文化资源的闲置甚至浪费现象。像上述一些文化产业发达的地区，对于多主体的激励以及制度本身的建设和推进不断完善，逐渐成熟。但是，对于文化产业不够发达、产业链单一的地位，对商用化制度的理解不够、认识不深，经验不足，对于作品的转化利用以及文化资源的挖掘和整合能力不足，重视不够。这自然需要通过优化政策和制度及其落实加以解决。

最后，版权商用化，是版权战略实施的关键所在，特别是版权运营战略实施的根本，有利于有效实施版权战略，提高企事业单位版权主体的核心竞争力，为消费者提供更多更好的优质版权作品和衍生版权产品，更好地满足人们日益增长的物质和精神文化生活需要。根据企业管理之价值创新理论，随着企业竞争的加剧，企业战略的焦点也在逐渐转型，由在同质化商品上争夺消费者的传统竞争升格为针对消费者提供差异化价值的价值创新模式的竞争。版权商用化使得版权的创新价值被充分凸显，在为消费者提供丰富多彩的文化产品、满足不同的文化产品细分市场需要的同时，也更好地实现和繁荣了文化市场，最终促进了版权产业的发展。

（二）版权商用数字化与驱动文化产业转型

版权成果转化的效果和规模直接影响着文化产业的延伸和升级，激活和升级文化产业链形成的文化效益，是蕴藏在版权人的个体利益背后更深厚的经济价值。版权商用的程度象征着文化市场是否被盘活，文化产业中的融资效益和

① 江苏省各政府部门联合印发《关于开展2020年江苏省优秀版权作品产业转化重点培育项目遴选推荐工作的通知》，提出要大力开展“优秀版权作品产业转化重点培育项目”遴选工作，对入选的项目基于转项资金、版权保护等扶持政策，推动优秀版权作品创作开发，促进优质的知识产权资源集聚和版权成果转化，促进文化产业和制造业提挡升级。

规模也衡量着文化资源的价值基础。我国文化产业链目前的传统路径依赖比较明显，产业链条固化且难以延展创新，商业模式争相模仿容易趋同，融资和交易困难，各类中介和服务平台发展单一，传统产业的数字赋能发展缓慢，文化资源挖掘的深度广度不足，现实中的这些问题使文化产业转型升级迫在眉睫。如何联通拥有作品的权利人、作品传播者以及最终消费者或者投资者，这是文化产业链升级过程中需要改进的方面。在当前数字网络技术迅猛发展的背景下，我国文化产业发展既面临挑战，也面临更多机遇。创新商用模式，开发新的商用产品形式是我国文化产业发展适应数字网络技术发展的必由之路。立足于版权保护的动漫游戏，网络音乐、文学、视频等数字产品已经拥有广泛的群众基础，对其结合数字环境进行多方位立体的商用开发也有了可行性。进行多种形式的开发也会激活更多文化产业相关的行业或者个人主体不同角度层次的挖掘，这对于文化产业的转型升级具有天然的推动力。由此可见，推动文化产业的转型创新正是版权成果转化商用的意义所在。

（三）版权商用化与激发全社会的创新活力

版权商用化不仅能够推动文化产业这一领域的创新，更重要的是激励全民创作，全民创新。针对作者的激励才是促进文化繁荣的根本之策。正如有学者指出，知识产权主体需要在经济利益催生下转型为商人，才能得到知识产权法所保护的“柴薪”。[①] 版权成果的转化形成经济收益对整个社会形成创造、创新的环境都有重要的激励作用。对于文化繁荣的社会环境的建立而言，版权法律制度具有其他领域所不具有的独特激励功能。相较于专利的专业性，作品创作的门槛较低，全社会主体参与对于版权资源的积累具有积极意义。商用制度的价值在产业中体现为各主体的经济社会效益的获取，在更深层次意义上能够面向市场，创造出高质量、高水平的原创作品，为文化发展和进步作出巨大贡献。在版权制度的有效运行下，作者在创作方面可以不断创新，而作为创新成果的重要内容，以版权作品为核心的文化产品创新也有益于整个社会的创新环境的形成，有利于提高我国的创新能力。这也是版权商用推进相较于专利成果转化更需要被关注的重要原因。在当前，随着我国专利法律制度的完善以及技术创

---

① 杨雄文、肖尤丹：《知识产权法市场本位论——兼论知识产权制度价值的实现》，载《法学家》2011 年第 5 期。

新意识的提高，全社会对专利技术的追求已经蔚然成风。促进版权商用正是将版权成果的经济价值进行“公示”。事实上，在我国技术创新体系和创新驱动发展战略中，除了技术发展与进步，文化创新与发展也是必不可少的内容。良好的文化环境，多主体全民参与的文化建设是版权商用的发展条件，也是其发展的重要保障。加强版权商用，是对文化环境的激活和建设。将版权商用，也就是将优秀的作品进行推广，进入流通传播体系，有助于将优秀的中国文化向外输出。从这些方面来看，版权商用化，能够激发全社会的创新活力，促进文化创新和发展。

三、完善我国法律制度、促进版权商用的进路

对于版权商用现状困境的解决有多重路径，但最有效率的手段还是通过知识产权相关立法的完善，推动不同制度的建立。完善知识产权法律制度和相关政策，制定和完善著作权评估、质押、登记、托管、流转和变现的相关法律制度，激励不同的主体进行创新，鼓励金融部门之间进行合作，在法律制度的引导下发挥现有平台的经验优势，加紧培育更多优秀的中介服务平台，这都是法律制度带来的连锁效果。在完善法律制度的过程中，应当以不同主体为出发点进行规制。以下将提出主要的对策建议。

（一）激励版权人进行版权商用

对于版权人，即拥有版权资源的主体而言，对其进行激励，鼓励其创造也要鼓励其将作品商用，但这两个层面一定要相互配合，在创作作品之后还要进一步推进其选择商用模式。

首先，对于创作者而言，要保障其创作作品的热情和意愿，也要加大对其选择版权商用途径的激励。著作权法相关法律、行政法规、部门规章，以及地方性立法，可以对其采取商用化途径转化其作品的行为进行奖励，以此促进主体自主选择。同时，相较于著作权法为了促进表达多样性而对于受版权保护作品条件的设置不高、对于公共领域范围限定较多，对版权商用所需要的作品资源可以设置一定的门槛，以期激励创作者进行高品质的原创作品的创作。这样有利于将一部分高质量的作品更顺利地商用，从源头解决作品的利用问题，更大程度上挖掘作品的商业价值。

其次，需要完善作品自愿登记制度。在著作权获取条件上，我国著作权法遵循《保护文学作品伯尔尼公约》的规定，采取作品被创作完成后即自动取得著作权、无须申请或登记的所谓自动保护主义，目的是便利版权的获得、方便权利人并促进文化的发展与繁荣。不过，这对于版权商用化会造成一定的实施困境。原因在于，作品自由流转没有权利登记、备案、公示的保障，投资人或者债权人发现作品的交易成本较大，信息不公开透明，对作品的选取和评估也存在困难，并且作品零散地集中于作者或者其他版权人手中，资源和信息不集中难以形成有效的规模市场，甚至会出现一些“一权多卖”的现象。因此，推进版权人自愿登记制度，激发其商用化系统思维，进行权利登记，有利于信息透明、便于作品版权的交易和商用化的推进。除登记外，笔者认为，还应当准许并鼓励版权人对自己的版权进行权利声明，明确权利的边界和外观，无论自愿登记还是权利声明都是为了更好地解决权属纠纷，减少交易和纠纷解决的成本。

最后，应当加强对版权人的版权保护。如果版权人的权利无法得到法律的保护，商用化的过程中出现各种侵权现象，损害版权人的经济利益，势必会影响版权人选择商用化的热情。版权运用和保护是相互促进、彼此保障的制度，版权的运用需要以版权的保护为保障基础和前提，而版权运用也对保护提出了更多的制度要求。因此，版权法律制度在强化版权商用的同时，不能忽视对保护制度的完善，并且对于数字化运用的新形式的商用形式，传统的保护模式可能出现保护不周的问题，应当加强在数字化时代下的配套保护措施的完善。例如，版权法律制度中应当发挥保险机构的保障作用，鼓励保险机构在风险可控的前提下，开展与版权质押融资相关的保证保险业务。保险机构开展与版权侵权损失保险相关的保险业务，能够为版权商用创新发展提供保障服务。

（二）推动中介服务机构和平台创新服务

在版权成果转化过程中起到关键性的沟通桥梁作用的是中介服务机构及有关平台。版权服务平台或交易平台是连接权利人和投资人的纽带，能够帮助权利人整合作品权利资源；同时，为版权成果搭建公正透明的交易平台，使商用化的交易流程透明化、体系化，减少交易双方的成本，帮助双方交流互通信息、打开交易渠道。服务机构和平台的发展也影响到版权商用的效率和规模。在数字化时代下，作品的形式多种多样，对于中介机构也是一种挑战。面对不同形式的版权成果，以及许多未开发的版权商用形式，如何创新服务模式、更好地发挥平台优势，是中介服务机构和平台需要认真思考的重要问题。

中介服务机构或者平台根据功能作用的不同，需要针对不同主体设立不同类型的中介平台。例如，许多政府设立非营利性的版权服务平台，而一些机构是以营利为目的的版权代理或者商用服务机构。不同性质和类型的中介服务平台发挥的作用不同，为此法律应当推进其并行发展，优势互补，信息交流顺畅，以便实现对版权人的多种保护、更好地推动版权成果转化。对于政府层面建立的服务平台，需要注重和其他部门以及相关平台的联动，注意对信息资源的收集和公开，尤其是注重和金融部门的结合，推动业务开展与技术相融合；对于商用服务机构，则应注意商用手段和方式与数字化结合，注意科技赋能和网络赋能环境下的创新应对。笔者认为，可以尝试建立版权经纪人体系，发挥版权经纪人专业的技能和资源整合的能动性，为版权交易的双方解决市场信息不对等、供求信息交流不畅等问题，挖掘优秀的版权资源，活跃版权交易市场。对于一些版权创新的商用形式而言，现行中介机构可能难以匹配这些新的业务。例如，针对版权保险业务，缺乏专业的评估交易平台。针对此，法律应当鼓励新型的中介机构，并通过市场开放借鉴发达国家的先进经验，学习先进的管理技术，甚至可以允许海外机构进驻，交流学习。①

总之，无论是政府的服务平台还是民营性质的服务机构，都应注重对流转市场的培育，充分发挥现有交易平台的中介服务与信息桥梁作用，为个人以及文化企业的版权相关流转提供专业化服务。同时也要注重相关人才的培养，提高机构中从业人员的专业素质，不断提高版权商用创新的实践能力。

（三）保障投资人或债权人的相关利益

版权商用的对象除了版权人之外，还有融资租赁、作价入股、质押或证券化的对象，即运用版权价值的债权人或者投资人。为了促使版权流动，投资人和债权人对无形资产的价值的认可是决定商用制度是否落地的关键一环。版权法律制度要对作品以及版权的价值进行充分的肯定和挖掘，通过完善的制度保障，确保债权人或者投资人的交易利益。

首先，法律和政策应当注重完善各类无形资产的交易规则，切实保障权利

① 李博方：《构建创新型版权保险制度的策略》，载《出版发行研究》2019 年第 8 期。

主体和交易主体双方的权益。例如，设置和投放风险基金，解决投资中的风险、收益缓慢、回报周期长等问题。版权投资具有预期模糊性，较之专利技术的转化运用前景而言，有更多的不确定性，对于投资人而言，过长的资金变现期和不可预估的风险需要一定的保障才能够开展版权运用的业务，有关版权的法律制度应当对保障措施进行一定的规定。其次，应当积极发展和培育投资版权的保险业务，推动保险产品研发创新，在现有保险产品的基础上，探索有关版权投资保障的相关险种，创设有关新的运用形式的营利波动大的行业，[①] 如动漫、游戏、短视频等适合投资风险规避的新型险种。保险公司应当加大力度完善信用保险，辅助版权融资方面有关信用机制的作用的发挥，为投资人提供更多的产品选择，引导银行保险机构建立专门的版权质押融资或者证券化制度。最后，对于商业银行而言，在法律制度完善评估标准的前提下，法律政策还应当促使商业银行积极开展相关业务，同时激励其创新有关版权这种无形资产的信贷审批业务和利率定价标准。相较于有形资产，对于版权的商用促进应当制定能够充分保障其经济价值发挥的具体制度。商业银行也应当运用云计算、大数据、移动互联网等新技术研发知识产权商用化的新模式。同时，加强监管也是对于投资人的保护。应当鼓励商业银行向版权管理部门交流数据和记录，方便对于银行的业务开展指导监管和奖励。对于版权管理部门而言，要敦促其及时总结交流版权各种商用模式下的典型案例和有益经验。对于投资人、债权人的保障减少了版权人将权利进行商用转化的阻力，并且打通了资金的端口，对于无形资产的增值大有裨益。

四、结语

版权商用化概念的提出，是近年来随着我国包括版权在内的知识产权战略的深入实施以及当前我国深入推进文化产业大发展大繁荣政策的产物。版权商用化意味着商业性利用受我国著作权法等法律法规保护的版权作品及其衍生品，使其产生经济社会效益，充分发挥版权制度在我国经济社会生活中的重要作用，特别是促进精神文明建设与更好地满足人民日益增长的物质和文化生活的需求。

① 参见《关于金融支持文化产业振兴和发展繁荣的指导意见》。

版权商用化具有多方面的重要意义。在版权制度层面上，它是版权利用的重要方式，是实现版权人对版权作品享有著作财产权的重要体现和保障。在国家版权政策和版权战略层面上，版权商用化是版权运营战略的基本形式，也是版权战略实现的根本保障。在文化市场、文化产业和版权产业发展与繁荣的意义上，版权商用化是活跃我国文化市场、发展我国文化产业、促进产业转型升级以及版权产业发展的关键所在。在版权经济学意义上，版权商用化则是提升版权无形资产价值，促使版权保值增值，促进版权转化利用，提高版权产业在国民经济生产总值中的比例的重要形式。

尽管版权商用化在当代我国经济社会生活中具有重要意义，但当前我国版权商用化还存在诸多制约因素和困境。从根本上说，法律、政策的激励和促进是最有效率的手段。我国版权商用化市场正在飞速发展，但目前这方面我国还没有构建全方位促进版权商用化的法律制度和政策体系，也缺乏高效、专业的版权商业化中介服务市场与平台，且版权商业化市场的规模有限。不仅如此，随着数字网络技术的飞速发展，以及国际知识产权保护的强化，我国版权商用化还面临很多挑战。当然，也应看到我国版权商用化环境在不断改善，其发展需要通过改革现行法律制度和政策、优化中介服务市场和平台、加强对版权人权益的保护，更好地理顺版权商用化进程中版权人、投资者、使用者、中介机构等主体之间的利益关系。但是，数字网络技术发展是一把“双刃剑”，其对我国版权商用化发展也具有积极作用，能够带来新业态下的机遇，未来我国版权商用化的发展还需要结合数字化、信息化时代的特点进行形式和制度创新，使版权这一无形财产权在我国经济社会生活中发挥更加重要的作用。

提升科技成果转化运用水平助推高质量发展

蒋宏建*

摘要：提升科技成果转化运用水平，促进科技与经济的结合，加速向现实生产力转化，对于助推高质量发展、建设现代化经济体系意义重大。科技成果转化和运用水平是知识产权商用化程度的重要标志之一，针对如何提高科技成果转化和运用水平，笔者从五个方面提出了建议：1. 以优质金融服务大力促进科技成果转化运用；2. 以法治化营商环境为科技成果转化运用保驾护航；3. 加快推动国家科技重大专项产生的知识产权应用、再开发和产业化；4. 做好科技成果转化运用的延伸服务；5. 坚持经济效益和社会效益并重原则。

关键词：科技成果　知识产权　转化　运用

党的十九大报告指出："创新是引领发展的第一动力，是建设现代化经济体系的战略支撑。"科学技术是第一生产力，如何提升科技成果转化运用水平，促进科技与经济的结合，加速向现实生产力转化，从而强化创新的第一动力作用，助推高质量发展，对于建设现代化经济体系意义重大。客观来讲，目前我国科技成果转化和运用水平还不够高，促进科技成果转化为现实生产力加速创新驱动发展的步伐还不够快，政府在服务和保障科技成果转化运用方面的能力仍有待提升。科技成果转化和运用水平无疑是知识产权商用化程度的重要标志之一，那么如何才能提高科技成果转化和运用水平呢？对此笔者认为，可以从以下五个方面着手：

---

* 天津君利律师事务所主任，一级律师。天津市律协理事，天津市律协知识产权与互联网专业委员会主任。

一、以优质金融服务大力促进科技成果转化运用

科技成果是知识产权的重要组成部分，也是重要的无形资产，但其经济价值却在实现产业化之前往往得不到应有的重视，这一点尤其体现在自身的融资功能方面。科技成果转化运用既包括科技成果持有人自行转化运用，也包括向科技成果持有人以外的其他单位和个人进行转让与许可使用等应用、推广行为。在为科技成果转化运用提供金融支持过程中，既要对科技成果持有人提供融资服务，也要对科技成果转化运用过程中的受让人和被许可方提供融资服务。中国银保监会、国家知识产权局、国家版权局于 2019 年 8 月 6 日联合发文，出台了《关于进一步加强知识产权质押融资工作的通知》（以下简称《通知》），《通知》中不乏对既有制度的重大突破，也是我国金融供给侧结构性改革的重要内容。《通知》明确规定商业银行知识产权质押融资不良率高出自身各项贷款不良率 3 个百分点（含）以内的，可不作为监管部门监管评级和银行内部考核评价的扣分因素。知识产权质押融资不良率考核放宽新政的出台，充分体现了监管部门希望以“真金白银”来支持商业银行向科技型企业发放贷款，并要求商业银行通过单列信贷计划、专项考核激励等方式支持知识产权质押融资业务发展，以实现知识产权质押融资年累放贷款户数、年累放贷款金额逐年合理增长的目标。金融机构应该调整优化其融资结构，将以往过分集中于大型企业和国有企业的贷款额度向科技型企业倾斜，如此一来，不仅可以有效减少贷款过度集中所带来的金融风险，也是对国家知识产权金融政策的积极落实。《通知》还鼓励商业银行对企业的专利权等相关无形资产进行打包组合融资，提升企业复合型价值，扩大融资额度。同时明确商业银行应当进一步建立健全符合知识产权质押融资特点的内部尽职免责机制和科学的绩效考核机制，对经办人员在知识产权质押融资业务办理过程中已经尽职履责的，实行免责。这些都是对商业银行开展知识产权质押融资业务的重大利好，商业银行应当尽快落实并加大对科技型企业的信贷资金支持。此外，政府不仅要支持各类金融机构推进面向科技企业的股权投资和信贷投放相结合的投贷联动，还要支持保险机构开发符合科技成果转化运用特点的保险品种，推进面向科技企业的保投联动，积极组建科技金融对接平台，并鼓励资金实力雄厚的融资租赁企业对拥有广阔市

场前景但缺乏抵押物的中小微科技型企业提供融资租赁服务，根据实际需求为其在初创阶段雪中送炭，切实发挥融资租赁业务模式在一定程度上缓解金融机构对中小微企业贷款规模严重不足的良性补充作用。同时还要积极推动地方政府与各地银保监局共同成立企业续贷中心，切实为中小微企业节约融资成本。考虑到科技型企业成长周期较长的特点，应当优先对科技型企业知识产权质押融资贷款提供无还本再融资服务，保障科技型企业平稳经营，通过为科技成果转化运用及知识产权质押提供全方位的优质金融服务，大力促进科技成果转化运用，助力科技型企业快速发展。

二、以法治化营商环境为科技成果转化运用保驾护航

科技成果转化运用离不开政策引导和培育，更应遵循市场化原则，良好的营商环境无疑对其具有巨大的促进作用，在科技成果转化运用过程中必然会涉及法律问题，而法治是最好的营商环境。应当加强对科技成果转化运用的行政和司法保护力度，同时注重发挥专业性较强、执业信誉良好的律师事务所、资产评估事务所和知识产权代理机构等中介服务组织的作用，建立信息共享交流机制，开展多方合作和协同服务，协助科技成果持有人做好包括合同拟定、登记备案、资产评估、权利质押、争议解决等在内的规范和保障工作，并及时有效地打击在科技成果转化运用过程中出现的违法犯罪行为，加强行政执法与刑事司法衔接，形成强大的法律保护合力，为科技成果转化运用营造良好的法治化营商环境。

三、加快推动国家科技重大专项产生的知识产权应用、再开发和产业化

国家科技重大专项是指为了实现国家目标，通过核心技术突破和资源集成，在一定时限内完成的重大战略产品、关键共性技术和重大工程，是我国科技发展的重中之重。2006 年党中央、国务院高瞻远瞩，审时度势，发布了《国家中长期科学和技术发展规划纲要（2006—2020 年）》，并于 2007 年启动实施 16 个国家科技重大专项，旨在对提升我国综合国力、实现创新型国家宏伟目标发挥

重要作用。为了在国家科技重大专项中落实知识产权战略，充分运用知识产权制度提高科技创新层次，保护科技创新成果，促进知识产权转移和运用，培育和发展战略性新兴产业，为解决经济社会发展重大问题提供知识产权保障，2010 年 7 月 1 日，科技部、发展改革委、财政部、国家知识产权局还共同研究制定了《国家科技重大专项知识产权管理暂行规定》（国科发专〔2010〕264号）。国家科技重大专项知识产权是有限定范围的，主要包括专利权、计算机软件著作权、集成电路布图设计专有权、植物新品种权和技术秘密。鉴于国家重大科技专项对整体提升产业竞争力、提高企业自主创新能力、解决制约经济社会发展的重大瓶颈问题以及保障国家安全和增强综合国力具有重大战略意义，对于重大专项实施过程中所产生的知识产权，国家不仅投入了巨额资金，而且在管理和保障方面也有具体规定，明确要求将知识产权工作融入研究开发、产业化的全过程，积极推进知识产权的运用，促进重大专项科技成果及其知识产权的应用和扩散，并要求重大专项牵头组织单位、知识产权权利人积极推动重大专项产生的知识产权的转移和运用，加快知识产权的商品化、产业化。还特别规定项目（课题）责任单位要以科技成果产业化为目标，按照产业链建立产业技术创新战略联盟，通过交叉许可、建立知识产权分享机制等方式，加速科技成果在产业领域应用、转移和扩散，为产业和社会发展提供完整的技术支撑和知识产权保障，并规定在项目结束后五年内，项目（课题）责任单位或重大专项知识产权被许可人或受让人应当根据重大专项牵头组织单位的要求，报告知识产权应用、再开发和产业化等情况。

从以上规定来看，加快国家科技重大专项所产生的知识产权的商品化、产业化具有十分重要的意义，必须采取有效措施积极推动其转化和运用，并对为完成相关科技成果及转化工作作出重要贡献的人员依法予以奖励。当然，在对国家科技重大专项产生的知识产权进行转让或许可时，还须依法履行前置审批手续。如向境外组织或个人转让或许可的，经批准后，还应依照《技术进出口管理条例》的规定执行。

四、做好科技成果转化运用的延伸服务

科技成果是核心竞争力，其对企业发展所带来的益处是多方面的，特别是

持有科技成果的企业一旦被认定为高新技术企业、技术先进型服务企业等，将会在企业所得税、获得政府补贴资金以及上市等方面享有很大优惠与便利。科技成果持有单位无疑是认定高新技术企业、技术先进型服务企业的“富矿”，积极帮助相关科技企业开展高新技术企业和技术先进型服务企业申请认定工作，培育、壮大高新技术企业和技术先进型服务企业队伍，做好科技成果转化运用的“后服务”，将会对引导推进科技成果转化运用工作、不断提高科技成果转化运用绩效起到锦上添花的作用。

五、坚持经济效益和社会效益并重原则

科技成果转化运用不能片面追求和过分强调经济利益，必须建立科学的科技成果转化运用绩效考核评价体系。在绩效考评和提供科研资金支持时，始终坚持经济效益和社会效益并重的原则，不仅要看重科技成果转化运用所带来的产值、利润等经济效益，也要看重其在解决就业、节约资源、保护环境等方面所产生的社会效益。另外，除对科技研发人员给予充分的经济奖励和福利待遇外，还要在评聘和职称申报时，将其在科技成果转化运用中作出的贡献考虑进去，坚持经济效益和社会效益并重，物质奖励与精神奖励结合，最大限度地激励科技研发人员投身于科技成果转化运用工作，有效解决其积极性、主动性不足的问题。

电子商务企业知识产权商用化发展路径探究

黄江雯* 李晓光**

摘要： 本文以电子商务领域作为切入点，选取目前电商行业中整体营收规模最大的B2C及B2B模式，将通过电子商务平台销售商品的平台内经营者，即B端供给侧企业作为主要研究论述对象，在了解电商行业知识产权商用化现状的基础上，结合浙江省电子商务企业的特点，探究电子商务企业的知识产权商用化发展路径。

关键词： 电子商务平台内经营者 B2C及B2B 知识产权商用化

近年来，国家知识产权战略与创新驱动发展战略并驾实施，稳步推进，为电商行业发展营造了一个良好的政策环境。2019年11月，迎来了中国在知识产权时代最有利的一个国家规划和认可，中共中央办公厅和国务院办公厅印发《关于强化知识产权保护的意见》，在强调知识产权保护的同时，更多包含知识产权的运用、交易和产业化。近几年电商行业的发展带动跨界领域不断推出新的商业模式，驱动着行业间的跨界融合不断深入，许多企业对知识产权服务的需求已经不再是简单的单个产品与单个行业，知识产权商业化将有助于打通行业壁垒，进而更好更全面地实现从“权利”到“商业价值”的转化。

一、电子商务行业发展现状

创新创造是企业立足之本。在大众创业、万众创新的大背景下，电子商务

---

* 浙江亿维律师事务所律师。

** 浙江英普律师事务所主任律师。

行业领域已成为创造知识产权成果的重要“孵化器”。目前阿里巴巴旗下的平台有十万余家具有极高创新能力的商家、品牌，有着3000亿元潜在市场规模，这些依托互联网快速成长起来的品牌、商家，以独具特色的“爆款”商品受到消费者喜爱[①]。每天都有大量的原创设计、原创商品甚至原创服务模式诞生，并通过网络迅速传播。

（一）电子商务平台销售商品的平台内经营者

自2019年1月1日起施行的《电子商务法》明确规定，“电子商务经营者是指通过互联网等信息网络从事销售商品或者提供服务的经营活动的自然人、法人和非法人组织，包括电子商务平台经营者、平台内经营者以及通过自建网站、其他网络服务销售商品或者提供服务的电子商务经营者。平台内经营者，是指通过电子商务平台销售商品或者提供服务的电子商务经营者”。

本文所讨论的对象，主要是指通过电子商务平台销售商品的平台内经营者。

（二）B2C及B2B电子商务

根据艾媒咨询数据显示，2019年上半年，中国的网络零售总额达48160.6亿元，占社会消费品零售总额的24.7%[②]；网络零售也即网络购物，其市场规模为C2C交易和B2C交易额之和，其中，B2C在中国整体网络购物市场中的占比约为54%[③]。主要代表企业有：综合电商平台（例如淘宝、天猫、京东、唯品会）；跨境电商平台（例如网易考拉、小红书）；拼购电商（例如拼多多）；垂直类电商（例如ZARA、盒马鲜生、贝贝网）等。

根据艾瑞咨询数据显示，2019年第三季度，中国中小企业B2B运营商平台营收规模134.1亿元，且总体增速加快。随着产业互联网的发展，企业的供给端革命拉开序幕，企业对效率的提升、服务的升级等方面的需求，正孕育着TOB市场的巨大蓝海，B2B行业进入黄金发展期。自2018年开始，阿里巴巴、腾讯、京东、美团等互联网巨头纷纷宣布调整组织架构，重点发展TOB市场，

---

① 《2018阿里巴巴知识产权保护年度报告》，载IPR DAILY中文网，http://www.iprdailly.cn/nwes_20707.html。

② 《2019中国电商半年度发展全景报告》，载艾媒咨询，https://www.iimedia.cn/c400/65720.html。

③ 《2019H1中国电子商务行业数据发布报告》，载艾瑞咨询，http://report.iresearch.cn/report_pdf.aspx?id=3453。

产业端的发展渗透虽然慢于消费端，但 B2B 发展基础正在持续完善①。主要代表企业有综合平台（例如 1688、京东企业购、天猫企业购、义乌购）以及垂直平台（例如中服服装网、亿采网、零售通、工品汇）等。

综上，本文选取目前电商行业中整体营收规模最大的 B2C 及 B2B 模式，将通过电子商务平台销售商品的平台内经营者，即 B 端供给侧企业作为主要研究论述对象（以下简称电子商务企业）。

二、电子商务行业的知识产权商用化现状

随着电子商务在当代国民经济中的地位和作用日益突出，我国立法部门、行政部门、司法部门，以及以阿里巴巴、苏宁、京东等为代表的主流电子商务平台，不断总结经验、提升治理能力和水平，经过多年实践，形成了一套科学有效的电子商务知识产权保护体系。对于中国电子商务企业而言，保护知识产权不是终点，激励创新创造、塑造更好的营商环境，既是知识产权商用化的出发点，也是落脚点。

（一）知识产权商用化概述

知识产权对于享有其权利的主体来说，最关键的价值在于运用，即商用化。国内企业现阶段实行知识产权商用化的主要形式②包括：

1. 内部实施：是指权利人自己将知识产权应用于工业生产等各种商业化过程并实现其商业价值，转变为现实生产力的过程。内部实施是知识产权商用化的初级和传统形式。

2. 外部流通：包括将知识产权实施使用权许可给第三方、将知识产权所有权转让于第三方，这也是知识产权商用化的传统形式之一。

3. 知识产权金融：包括质押融资、作价入股、知识产权保险、知识产权资产证券化等方式，是近几年在国内兴起的一种商业化模式，通过增值的专业化金融服务，能够高效、快速地实现知识产权商业价值和技术创新成果的扩散，未来可能成为商用化的一种重要方式。

---

① 《2019Q3 中国电子商务行业数据发布报告》，载艾瑞咨询，http：//report. iresearch. cn/report_pdf. aspx? id＝3498。

② 刘海波、刘亮：《知识产权商用与创新驱动发展》，载《中国科学院院刊》2016 年第 9 期。

4. 法律诉讼：主要通过谈判、民事或行政诉讼等方式，从而获得实施许可费、侵权经济损失赔偿。

（二）知识产权保护情况

1. 电子商务知识产权法律和制度建设情况

依托于法治的知识产权保护，是激励电子商务创新发展的基本保障，国家高度重视电子商务领域知识产权保护，已构建起较为完善的电子商务知识产权保护法律体系①。

（1）立法现状

中国已建立起较为完备的电子商务领域知识产权保护法律法规体系。法律层面，主要包括《电子商务法》《电子签名法》《专利法》《商标法》《著作权法》《反不正当竞争法》《侵权责任法》等。行政法规层面，主要包括《专利法实施细则》《商标法实施条例》《著作权法保护条例》《计算机软件保护条例》《信息网络传播权保护条例》等。部门规章层面，主要包括《网络交易管理办法》等。

（2）司法保护

各级司法机关积极履行职责，不断加强电子商务司法审判工作，严格保护知识产权，为权利人提供有效的司法救济。通过设立互联网法院，使得权利人可以在包括电子商务领域在内的涉网知识产权纠纷中获得更加专业、便捷、高效的司法救济。

（3）行政执法

国家知识产权局会同有关部门积极构建“严保护、大保护、快保护、同保护”的工作格局，通过不断加强电子商务领域行政执法，有效打击了电商领域知识产权侵权行为。地方层面，主要地市知识产权局与电商平台、主要电商企业代表联合，进一步加强了区域执法合作，拓宽了联合执法渠道。

2. 关于电子商务领域的司法判例情况

笔者通过北大法宝检索了电子商务领域关于知识产权的相关司法案例（案件审结日期为 2017 年 1 月 1 日至 2020 年 1 月 1 日），案由及地域分布情况占比数据如下：

---

① 国家知识产权局知识产权发展研究中心：《中国电子商务知识产权发展研究报告（2019）》。

（1）在知识产权大类中的案由包括：知识产权合同纠纷，知识产权权属、侵权纠纷，不正当竞争纠纷，垄断纠纷，其他知识产权与竞争纠纷。其中，“知识产权权属、侵权纠纷”在所有案由中，占比高达89.8%。

（2）在知识产权权属、侵权纠纷类的案由中，著作权，商标权，专利权权属、侵权纠纷，分别占比53.9%、21%、14.2%。数量位列其后的案由依次为“网络域名权属、侵权纠纷”“侵害企业名称（商号）权纠纷”，但两个案由的总和不到该案由的1%。

（3）在专利权权属、侵权纠纷类的案由中，侵害外观设计专利权纠纷的案件数量占比最大，高达51.5%。

此外，根据笔者近三年接触的电子商务知识产权侵权纠纷案例，侵权者已从简单的形象盗版、一比一假货仿冒，陆续转变为近似商标侵权、不正当竞争，并进一步向外观设计专利侵权发展，且侵权者抢注商标尤其是近似商标、申请外观设计专利的数量明显增多。

（4）根据地域分布，浙江省、广东省、北京市的知识产权案件数量，依次位列前三，占比分别为21.8%、17%、13.2%，其占比相加已占全国总数的52%。北京市因是京东电商平台所在地，多为列京东为共同被告将案件管辖拉至北京法院的情形；广东省因是制造业大省，平台内经营者直接作为被告，由被告所在地法院管辖的情形居多；浙江省是阿里巴巴平台、网易等主流电商平台所在地，同时小商品产业发达，兼具列平台为共同被告或直接起诉平台内经营者的情形。

综上，从司法判例数据情况来看，当下电子商务领域的知识产权问题，突出反映在侵权纠纷问题上，且以著作权纠纷为最，地域分布集中。

3. 电子商务平台知识产权保护情况

以阿里巴巴、京东等主流电商平台为代表，已建立起一套完整的知识产权保护规则体系，平台通过信用评价、违规处罚体系、技术数据应用等方式，实现平台有效调控和管理，奠定平台自治的基础；设立便捷的维权机制，以知识产权保护举报投诉平台作为平台自治面向权利人的窗口，并不断优化侵权投诉处理的便捷及高效程度；在知识产权投申诉处理机制的基础上，构建线上主动监控和预防侵权的工具和体系，借助技术手段，提升侵权商品信息的发现、预警和处理效率①。

（三）电子商务企业自身情况

国内电子商务企业通过知识产权管理和运用，自主创新，使自身竞争力获得提升，在市场中占有了一定的地位。

但相当一部分企业在电子商务的浪潮中却举步维艰，这些企业虽然自身的知识产权意识已有所提升，但知识产权创造质量方面水平普遍较低，即使有申请知识产权权利的意识，但商用化方面也是以初级和传统的内部实施知识产权商用化模式为主，大多数电子商务企业对自身的知识产权创造创新、知识产权管理没有给予足够的重视，面对电子商务环境下的知识产权侵权更容易、形式更多样化、侵权传播速度更快的特点，没有防范和抵御风险的能力，跨境电商的快速发展，又对电子商务企业的知识产权商用，提出了新的挑战。

三、电子商务企业知识产权商用化的发展建议

在国内当下对电子商务知识产权领域大力推行法治、平台自治、社会共治等助力电子商务迅猛发展的大好态势背景下，如何更好地推进电子商务企业的知识产权商用化进程?

2019 年 9 月 18 日阿里巴巴公布的一组数据显示，原创新商家年均 GMV（一定时间段内的成交总额）是普通商家的 9 倍，广东、浙江两省正在逐步成为中国原创力量孵化基地。目前，68% 的原创保护平台商家来自广东、浙江、江苏、北京、上海 5 个省份，其中仅广东、浙江两省的原创保护平台的商家量，就占到了总量的近 50%。在千亿级原创经济中，阿里原创保护平台对创意作品的保护与赋能，已成为新商家的助推器②。

上述一段数据信息，引申出两个重要的角度：

一是从电子商务企业自身角度，拥有自有知识产权并加以商用化，将会是企业的竞争优势，转化为企业巨大的商业价值。

---

① 国家知识产权局知识产权发展研究中心：《中国电子商务知识产权发展研究报告（2019）》。

② 中报国际文化传媒（北京）有限公司：《原创凶猛，入驻阿里原创保护平台新商家年均 GMV 是普通商家 9 倍》，载中国日报网，https：//baijiahao. baidu. com/s? id = 1645001628024834392&wfr = spider&for = pc。

二是从电子商务平台角度，鼓励商家培育自有知识产权，并对原创商家采取扶持、培育和保护知识产权的举措，将实现商家与平台的互利共赢。

以下将重点从上述两个角度提出分析建议：

（一）从电子商务企业自身角度

以浙江省电子商务企业为例，基于浙江省大力扶持电商企业的政策导向，阿里巴巴的产业集聚效应，义乌国际小商品的贸易和物流发展优势，以及中国美院等设计类人才、省内人才引进政策的引导，省内聚集了大量有产品研发设计、生产、销售能力的企业，且以中小型规模的企业为主。结合浙江省电子商务企业的特点，提出如下建议：

1. 以有自有品牌，且具有产品研发设计、生产、销售能力的电商企业为例，从四个阶段三个方面提出构建知识产权基础结构建议

（1）从四个阶段循环进行：第一阶段，梳理公司的知识产权状况，包括商标、专利、版权、商业秘密等；第二阶段，分析公司知识产权存在的风险；第三阶段，出具完善建议，完善知识产权权利布局，结合商业计划进行调整；第四阶段，制定长期攻守兼备的保护策略，定期体检，及时发现问题查缺补漏。

（2）从三个方面搭建基础结构。

①品牌主标识及系列商品附属标识

1）版权：logo 标识、产品独创系列名称（使用独创字体设计），以美术作品类型申请版权登记；公司宣传短视频，以类似摄制电影方法创作作品申请版权登记。

2）商标：品牌的主要文字（包括英文、中文）、图形，分别申请及以组合形式申请注册商标；除对应的商品类别申请商标外，电商企业要格外注意在第35类、第42类服务商标，申请注册保护；提前布局海外商标申请。

3）域名备案：网址也是企业品牌的重要组成部分，域名实际上与商标、企业标识物有类似的意义，电子商务企业应当注意及时注册以企业简称、品牌名或产品名等域名。

②产品研发

1）专利：研发前重点进行专利检索，能够有效避免重复研发、规避侵权风险、以提高专利申请获得授权的可能性等。在产品公开前及时申请专利，在申请国内专利的同时，注意海外专利申请布局。

2）版权：产品独创造型（产品已公开且未申请外观设计专利的），可以美术作品申请登记保护。

3）商业秘密：产品特有技术对企业有重大利益，不适合申请为专利公开的，应该作为商业秘密进行保护。同时注意采取保密措施，防止主要研发人员泄密。

③产品营销宣传

1）商品宣传短视频，以类似摄制电影方法创作作品申请版权登记。

2）电商店铺宝贝详情页（针对主要爆款或易被抄袭的产品图片），以其他作品类型申请版权登记。

3）产品图册（以季度、半年度或年度），可发行合法出版物。

4）产品包装装潢（根据产品系列，逐渐形成统一的设计风格），以美术作品版权登记、外观设计专利申请保护或反不正当竞争法保护。

2. 加强企业知识产权管理

电子商务企业也应当做好知识产权贯标，健全完善企业知识产权管理体系，加大宣传力度，提高企业员工的知识产权保护意识，做好知识产权的实施和转化，增加专项经费投入。

3. 加强知识产权管理人才的培养

知识产权管理工作对人才的要求较高，包括专业技术性和法律专业性，需要复合型的知识产权管理人才。企业在可支撑前提下，应该立足长远，积极培养知识产权管理人才，以实现企业的长远发展。

4. 知识产权可用以质押融资

知识产权质押融资，是使作为无形资产的知识产权实现经济价值的一种重要渠道，也是企业融资的一个重要手段，通过政府科技部门的大力推广，知识产权质押融资为更多的企业创新“输血”，拓宽了融资渠道。

5. 借助第三方知识产权服务机构专业的外力实施管理和运作

企业可借助外力开展知识产权商业化运用工作，对于现阶段的大部分中小型企业，对知识产权的认知和利用还处于初级阶段，要想快速构建健全的知识产权管理体系和掌握商业化运用方法，仅凭企业现有的人才、资源和技能等自身能力尚不足以实施，故可以考虑借助外部知识产权服务机构的团队资源和专业知识来推进实施，为企业导入系统化知识产权管理系统和实现知识产权资产的商业化转化。

（二）从电子商务平台角度

中国电子商务的零售领域已经处于全世界第一，完全是得益于中国电子商务平台的发展。不论是像阿里巴巴这样的巨型平台，还是像拼多多这样的新兴平台，均决定了电子商务发展的规模、程度和方向。

电子商务平台除了不断通过技术创新驱动治理手段升级，借助互联网、大数据、区块链等新技术，更加精准地打击侵权违法行为，更好地保护知识产权权利人的利益，节约维权成本，降低侵权风险，还可在营销赋能——助力原创商家企业开拓市场，IT 赋能——提升企业信息化水平，经营赋能——提高企业经营管理效率，物流赋能——增强企业产品配送能力等场景，给予自有知识产权商家更多的扶持。

软件著作权中财产权的价值弱化趋势成因分析

陶　冶*

摘要：本文提出了软件著作权中财产权价值出现弱化的现象，总结了财产权价值出现弱化的四点原因，列举了具备较高软件著作权中财产权价值的软件的五个特征。越来越多的软件将在万物互联、云计算、大数据、人工智能、区块链等新技术环境下进行开发，这些软件会适应新的应用环境，演化出新的使用方式，产生新的盈利模式，这些软件是现在和未来软件产业的主体，从整体上弱化了软件著作权中财产权的价值。

关键词：软件著作权　财产权　著作权使用价值　价值弱化　软件应用环境　软件使用方式　软件盈利模式

软件著作权是指软件的开发者或者其他权利人依据有关著作权法律的规定，对于软件作品所享有的各项专有权利。就权利的性质而言，它属于一种民事权利，具备民事权利的共同特征。软件经过登记后，软件著作权人享有发表权、开发者身份权、使用权、使用许可权和获得报酬权。软件著作权的价值主要体现在财产权上，财产权可以在市场上交易，进入流通环节，因此软件著作权具备显著的资产特征，作为知识产权中的一种类型，属于无形资产。

软件著作权的本质是对程序代码的所有权（产权），和物权类似，所有权可以包括发表权、署名权、修改权、复制权、发行权、出租权、信息网络传播权、翻译权等全部权利。不管第三方出于何种目的（自用，销售，出租，修改

* 上海必利专利评估技术有限公司总经理，上海市技术经纪人，上海市人民检察院三分院知识产权特邀检察官助理。

再开发），软件著作权的使用价值主要表现为能够限制他人对软件的非法复制和盗取。软件著作权在多数情况下被看作权利主体的重要无形资产，被给出很高的估值，从软件技术诞生一直到现在持续了很长时间，但是随着软件应用环境和使用方式的变化，软件著作权整体的价值表现已经出现弱化，然而在现实中却延续着高估值惯性，依然对大多数软件著作权给出了较高估值，造成资产泡沫，向市场释放了软件著作权价值的错误信号，给投资者带来了损失，也给权利人带来了对软件著作权价值认识的困惑，在知识产权交易市场制造了混乱。

总体而言，软件著作权在财产权上的价值表现呈现弱化趋势，经过总结，主要有以下几点原因。

一、信息技术的发展带来了软件使用方式的改变

软件作品本质上是一段通过运行可以实现一定技术功能的计算机程序，程序都是由计算机指令构成，计算机指令都是由软件工程师、程序员通过创造性劳动编写而成，体现了软件工程师和程序员的创造性劳动。

在个人电脑时代，计算机软件主要在个人电脑主机上运行，可以独立而完整地实现软件功能。比如，Windows 操作系统、Office 办公软件、各种制图和编辑软件、音视频软件等。获得和使用这些软件的合法方式是购买，软件通过载体在用户主机上进行安装，安装方法包括磁盘安装、光盘安装或付费链接下载安装。程序通常都写在磁盘、光盘或服务器等信息载体上，只要能够接触到这些载体，就有可能通过破解密钥的方法非法获得程序，这种行为就是盗版，本质上是对软件程序的非法占有。对于权利主体而言，软件著作权在这个阶段特别重要，它是对软件产品进行保护的法律保障，是权利主体进行追索维权、诉讼获赔的法律基础。

但是，随着互联网、云计算、大数据、人工智能、区块链等新一代信息技术的兴起，世界已经从个人电脑时代走进了移动互联时代，随时随地地获取信息和交互信息已经随处可见，万物互联和万物上云的理念已经深入人心。软件的应用环境和计算机程序的运行方式已经发生了天翻地覆的变化，软件不再依赖用户主机就可以在服务器上运行，数据无须用户自行购买硬件就可以在云端存储，用户只要能够随时随地上网就行。软件开发企业自身购买并运维服务器

来运行软件的方式也逐渐被在技术和维护性能更好的云服务器上运行软件的方式所替代。用户不再依赖购买、自行安装、运行软件就可以实现软件功能，满足使用需求，用来保护软件产权的软件著作权，尤其是著作权中最能体现经济价值的财产权，逐渐丧失了限制他人非法复制和盗取的作用，用户无法通过接触软件载体和破解密钥的方式非法获取、复制和使用软件，也没有必要接触和破解密钥，更没有必要非法占有，软件只要上网就能使用，永远不会被盗取。

软件应用环境和使用方式的变化使得软件著作权缺乏起到保护和维权作用的条件，软件盗取现象越来越少，软件著作权没有必要再限制第三方的非法复制和使用，软件著作权中的财产权价值日渐式微。

二、软件越来越缺乏被复制和盗取的条件

在个人电脑时代，软件的传播主要依靠磁盘、光盘等有形载体，由于载体在流通过程中会被大量用户或潜在用户有较高概率频繁接触，软件被盗取、破解、复制的概率很大，盗版成本低，软件被复制和盗取的条件充分。

随着加密技术和安全技术的进步，具备完整功能的软件程序被复制和盗取正在变得越来越难，具备完整功能的软件程序越来越缺乏被复制和盗取的条件。

从载体上来说，软件用磁盘、光盘等有形载体进行传播的方式已经越来越少，服务器上运行的软件不需要进行传播，在客户端运行的软件主要通过下载进行传播，但绝大多数客户端软件的下载都是免费的。

工业软件和工具软件在个人电脑时代就不容易被接触，更不容易被复制和盗取。这些软件一般都由开发商为用户在其仪器、设备、工具、系统、服务器上进行现场安装和调试，或者伴随仪器、设备、工具、系统、服务器等硬件产品在出厂时就已经完成内置安装，用户几乎没有条件接触到软件程序的载体。而且相对比例的工业软件都是嵌入式软件，被复制和盗取也越来越难。

众多可以在移动终端上免费下载的 APP 软件，由于是免费下载和自由使用，所以无需复制和盗取。另外，可以免费下载的 APP 软件并不具备完整软件功能，仅仅是在用户端安装的软件，只是一套完整软件的组成部分，在服务器上运行的软件也是重要组成部分，和用户端软件结合起来才能向用户提供完整服务，实现软件功能，满足用户需求。因此，在服务器上运行的软件，很难被复制和盗取。

三、软件产业的盈利模式发生变化

中国软件产业在20世纪90年代发展起来，巨人集团的汉卡、桌面排版系统，金山公司WPS办公软件、杀毒软件，给中国早期的个人电脑用户留下了深刻记忆。软件行业早期的盈利模式非常单一，通过软件销售获得收入，软件就是产品，卖出去一份是一份，而软件的载体就是磁盘、光盘或者带密钥的下载链接，只要用户付费，就可以通过程序载体获得软件，完成安装并进行使用。这种简单的盈利模式给软件行业带来了风险，少数较低付费意愿的用户希望使用软件，在软件载体很容易被接触的情况下，破解了软件的安装密钥，对其进行复制和盗用。在这个时期软件著作权非常重要，其具备经济价值，财产权属性很强，对软件产品遭遇盗版盗用时进行追溯补偿和侵权索赔给予法律保障。

软件行业发展进入互联网时代以后，流量成了关键词，也成为软件产业新发展的众多盈利模式的交汇点。开发商越来越少的从软件销售中直接获利，取消了销售，改为免费使用，甚至通过补贴来吸引用户使用软件。中国的软件行业逐步发展为依靠广告、服务、内容、数据增值业务赚钱，盈利模式发生了质的变化，越来越多的软件都被开发为自用而非产品。早期的音视频播放软件都是付费的，现在都是免费的，软件本身不赚钱，但软件却成为赚钱的工具，软件开发商依靠音视频内容付费和广告业务赚钱。早期的杀毒软件也是付费软件，现在也都是免费的，杀毒软件没有销售，本身也不赚钱，杀毒软件的盈利模式已经转向了对用户数据的深加工、大数据和云安全等高附加值业务。淘宝、京东、拼多多的APP软件都是免费下载，自由使用，升级和维护这些大型软件的工程师不计其数，但是软件开发商并不依靠软件赚钱，消费者在电商平台消费时所沉淀的大数据以及所使用的支付工具才是现金入口，是软件开发商新的盈利增长点。软件行业不再靠软件销售赚钱，而靠的是内容、服务、大数据以及其他与流量有关的增值业务。

软件行业盈利模式发生变化，软件演变成为赚钱的工具，用来实现新功能，用来提供新服务，用来开拓新业务。在移动互联时代，软件不再是产品，软件是生产资料，软件是非卖品。软件盈利模式的演变也削弱了软件著作权的价值，软件交易和流通的可能性大大降低，软件著作权中财产权的价值日渐式微。

四、软件行业的充分竞争稀释了软件著作权中财产权的价值

编写软件是为了达到一定的功能，实现一定的目的，解决一定的问题，满足一定的需求，软件具备使用价值。但是绝大多数软件可以有多种开发方案，在同一种开发方案下可以有多种编写语言，在同一种编写语言下可以有多种命令组合，这些都可以达到相同或类似功能，实现相同或类似目的，解决相同或类似问题，满足相同或类似需求。在充分竞争的软件行业，对于绝大多数软件而言，软件的可替代性是比较强的。

比如浏览器软件，就有 IE、360、搜狗、猎豹、QQ、火狐、谷歌、百度等多款产品，功能都大同小异，丰富的软件产品供给削弱了软件著作权的价值。

还有音频播放软件，有酷狗、酷我、QQ、多米、虾米、华为、百度等多款产品，用户关心的并不是软件功能是否强大，而是哪款音频播放软件收录的歌曲最多，软件本身的价值被淡化，软件运营商能够购买音乐作品版权的数量成为市场竞争的关键。

由于绝大多数软件都存在竞争产品，可被替代，在整体上削弱了软件著作权中财产权的价值，特别是厂商众多、开发门槛低、开发难度小、市场竞争激烈的软件产品。

以上总结了软件著作权中财产权价值出现弱化的四点原因，并不是说所有软件著作权的财产权价值都在降低或都会降低，只是绝大多数软件都是在移动互联时代软件应用环境下开发的，这些软件适应了新的应用环境，演化了新的使用方式，产生了新的盈利模式，这些软件是现在和未来软件产业的主体，从整体上弱化了软件著作权中财产权的价值。

当然，即使是在移动互联时代，在软件著作权中财产权价值整体走弱的趋势下，也仍然有一些软件保留了较高的著作权价值，这些软件具备一些通用特征：

（1）非嵌入式的工具软件或工业软件；

（2）应用广泛，使用数量大，市场规模大；

（3）软件主要在用户端安装和使用；

（4）软件开发难度大，开发成本高；

（5）是付费软件。

笔者发现，具备上述5个特征的软件，其著作权的价值依然坚挺，财产权价值仍然强势。比较典型的有：Windows操作系统、Office办公软件、CAD设计软件、Photoshop图像处理软件、SAP企业管理软件、用友企业管理软件、金蝶财务管理软件等。

伴随着信息技术的发展，软件应用的环境和用户使用软件的方式都发生了巨大变化，软件著作权中财产权的价值从整体上呈现走弱趋势。这个变化对于企业等权利主体合理分配资源构建知识产权资产具有启发和借鉴意义，对公司无形资产的计量核算、处置运营都有参考价值，也为高估公司软件著作权资产的现象带来警示。

我国知识产权运营的现状及挑战*

王正志**

摘要：我国知识产权事业经过近些年来的发展取得了显著的成果，单从数量上来看，我国早已成为“知识产权大国”。为了支撑经济进一步健康、快速地发展，盘活知识产权资产、用好知识产权资产成为重要的新动力。随着知识产权战略纲要以及知识产权强国意见的发布，国内知识产权运营平台、运营基金、知识产权金融获得了较快的发展，知识产权运营体系逐渐形成，知识产权运营成果也越来越丰硕。与此同时，我们也要认识到探索过程中遇到的问题，结合国外经验，有针对性地提出解决办法，稳步推进知识产权运营工作。

关键词：知识产权运营　运营平台　知识产权金融

党的十九大报告中要求坚持创新发展理念，并对加快创新型国家建设进行了全面部署，特别强调要“促进科技成果转化”“强化知识产权创造、保护、运用”，为我国科技成果转化和知识产权运用指明了方向。近年来，随着经济与社会的发展，我国知识产权事业取得了显著的进步，早已跻身世界知识产权大国之列。在国内经济转型、新旧动能转换之际，国家知识产权局和财政部、科技部、银保监会等有关部门，制定发布了一系列促进知识产权运营的政策，力争将我国由“知识产权大国”向“知识产权强国”推进。

---

* 中国科技大学公共事务学院2018级法律硕士研究生邓中兵、中国政法大学外国语学院2018级MTI硕士研究生李亚楠对本文成稿都有重要贡献。

** 高文律师事务所律师。

一、我国知识产权发展现状

自2008年6月5日国务院发布《关于印发国家知识产权战略纲要的通知》（以下简称战略纲要）以来，全国各地深入实施国家知识产权战略，促进知识产权工作融入经济社会的发展中，全社会保护知识产权的意识日益增强。

其中：

（1）商标：2008年商标局共受理商标注册申请69.8万件，核准注册商标40.3万件；2019年我国商标申请量为783.7万件，商标注册量为640.6万件。截至2019年12月底，我国有效注册商标量为2521.9万件。

（2）专利：2008年我国共受理专利申请828328件，其中发明专利申请194579件，实用新型专利申请223945件，外观设计专利申请298620件。2008年授权专利411982件，其中发明专利46590件，实用新型专利175169件，外观设计专利130647件。①

2019年我国共受理专利申请438.1万件，其中发明专利申请140.1万件，实用新型专利申请226.8万件，外观设计专利申请71.2万件。2019年授权专利259.2万件，其中发明授权45.3万件，实用新型授权158.2万件，外观设计授权55.7万件。截至2019年年底，全国专利有效量为972.3万件，其中发明有效量为267.1万件，实用新型有效量为526.2万件，外观设计有效量为179.0万件。②

（3）版权：2008年全国作品自愿登记1040454份，其中文字作品2823份，音乐作品2084份，美术作品19903份，摄影作品1014365份。2018年全国著作权登记总量达3457338件，其中，作品登记2351952件，计算机软件著作权登记1104839件，著作权质权登记547件。③

从以上数据来看，知识产权的绝对数量取得了巨大的增长，我国早已成为名副其实的“知识产权大国”。但由于大部分知识产权并没有充分实现其价值，而是被“束之高阁”，所以近几年知识产权工作的重心已经从“量”转变到

---

① 《国家知识产权局专利统计简报》2009年第1期。

② 《国家知识产权局知识产权统计简报》2019年第28期。

③ 《国家版权局关于2018年全国著作权登记情况的通报》。

“质”上来，以期完成我国由“知识产权大国”向“知识产权强国”的转变。为了完成这个转变，需要打通知识产权的全链条，由以前仅仅重视知识产权创造，到如今打通知识产权创造、管理、运用、保护的全流程。其中，知识产权运用的作用举足轻重，处于承上启下的关键环节，既是知识产权创造完成后的必然目的，也是知识产权保护的重要前提。因此，对知识产权运用需要给予高度重视。

二、我国知识产权的运营体系介绍

知识产权运营，不仅包括知识产权保护客体即财产属性的运营，也包括知识产权权利属性的运营。国家知识产权局会同有关部门制定了一系列促进知识产权运营的政策，我国知识产权运营体系逐渐形成，其主要包括知识产权运营平台、运营基金、知识产权金融这三大方面。

1. 国家知识产权运营平台体系

为推进全国知识产权运营体系建设，财政部办公厅、国家知识产权局办公室于2014年12月印发《关于开展以市场化方式促进知识产权运营服务工作的通知》(财办建〔2014〕92号)，提出2014年在全国11个地区开展试点，采取股权投资方式支持知识产权运营机构的发展。国家知识产权局2015年发布的《2015年全国专利事业发展战略推进计划》中，也提出要高标准建设知识产权运营体系。按照“1+2+20+N”的思路，即建设1家全国性知识产权运营公共服务平台和2家特色试点平台，在部分试点省份以股权投资的方式支持一批知识产权运营机构。其中，“1”代表国家知识产权局和财政部投资建设的国家知识产权公共运营平台（http://www.sipop.cn/）；“2”代表西安设立的与国家平台配套的国防军工特色平台——中国军民融合平台（http://www.iptrm.com/），以及珠海设立的金融创新特色平台——七弦琴国家知识产权运营平台（https://www.7ipr.com/）2家知识产权运营特色平台；“20”代表通过股权投资方式培育扶持的20家知识产权运营机构。以此带动全国知识产权运营服务机构的快速发展，初步形成“1+2+20+N”的知识产权运营平台体系。

2. 知识产权运营基金体系

“融资难、融资贵”的问题不仅困扰小微企业，也困扰高新技术企业。虽然有些高新技术企业拥有知识产权，但缺乏知识产权全流程资金投入，又由于没有土地等固定资产，这些企业很难筹集到资金，导致企业发展受阻。基于此，2015 年 12 月 22 日发布的《国务院关于新形势下加快知识产权强国建设的若干意见》（以下简称强国意见）明确提出，要运用股权投资基金等市场化方式，引导社会资金投入知识产权密集型产业。

目前国内知识产权运营基金主要分为两大类，一类是由政府资金引导、社会资本参与的运营基金，如国知智慧知识产权股权基金、北京市重点产业知识产权运营基金等；另一类是主要由企业出资主导的市场化运营基金，如七星天海外专利运营基金等。两类基金在运营上各具特色。

（1）七星天海外专利运营基金

七星天海外专利运营基金成立于 2015 年 8 月，该基金由七星天（北京）咨询有限公司设立，采取“专利猎手”（IP Hunter）模式，即通过设立专利运营基金，收购海外专利，并在国内运营，打通海外专利向国内企业转移的服务思路，借此带动国内专利运营与国际接轨，为更多企业“走出去”参与国际竞争提供帮助。

（2）国知智慧知识产权股权基金

国知智慧知识产权股权基金成立于 2015 年 11 月 9 日，是国内首支国家资金引导的知识产权股权基金。该基金主要投资拟在新三板挂牌上市的企业，首期规模为 1 亿元，定向用于企业知识产权挖掘及开发，帮助国内中小企业有效获取核心技术专利，为企业在行业发展格局中获取主导权发挥示范作用。

（3）四川省知识产权产业投资基金

四川省知识产权产业投资基金成立于 2015 年 12 月 29 日。该基金经四川省政府同意，由省财政厅委托四川发展股权投资基金管理有限公司连同其他社会资本发起成立，首期注资 2.8 亿元。基金将重点投向拥有高质量知识产权的优质企业、高价值专利池（专利组合）的培育和运营，以及知识产权重大涉外纠纷的应对和防御性收购等。2017 年该基金投资四川华控图形科技有限公司，以 120 万元获得该公司 12% 的股份。

（4）北京市重点产业知识产权运营基金

北京市重点产业知识产权运营基金成立于 2015 年 12 月 31 日，是我国首支由中央、地方财政共同出资引导发起设立的知识产权运营基金。该基金募资规模10亿元，首期将重点关注移动互联网和生物医药产业。该基金将投资于拥有知识产权的前沿技术和以知识产权为核心资产的初创企业，以及各细分领域的知识产权运营基金。2017年该基金以50万元投资征图三维（北京）激光技术有限公司，并获得该公司16.67%的股份。

（5）陕西航空航天产业知识产权运营基金

陕西航空航天产业知识产权运营基金成立于2017年1月6日，设计总额5亿元，首期到位2亿元，其中中央财政专项资金4000万元。基金按照“政府引导、市场运作、专业管理、服务创新”的原则，以航空航天产业及相关领域为重点，与中国军民融合知识产权运营平台相互依托，开展知识产权运营，助力国家战略产业和陕西省优势产业加快发展。2018年该基金投资西安新竹特种车辆装备有限公司，以500万元获得该公司14.29%的股份。

3. 知识产权金融体系

2015年的强国意见指出：创新知识产权投融资产品，探索知识产权证券化，完善知识产权信用担保机制，推动发展投贷联动、投保联动等新模式；2017年在《国务院关于印发“十三五”国家知识产权保护和运用规划的通知》中明确指出要“创新知识产权金融服务”“探索开展知识产权证券化和信托业务”；2017年12月《国家知识产权局关于进一步推动知识产权金融服务工作的意见》指出，知识产权是国家发展的战略性资源和国际竞争力的核心要素，金融是现代经济的核心。加强知识产权金融服务是贯彻落实党中央、国务院关于加强知识产权运用和保护战略部署的积极举措，是知识产权工作服务经济社会创新发展、支撑创新型国家建设的重要手段。2020年3月11日国资委、国家知识产权局联合下发《关于推进中央企业知识产权工作高质量发展的指导意见》，对中央企业知识产权的运用也提出要通过质押融资、作价入股、证券化等市场化方式，挖掘和提升企业知识产权的价值，拓宽知识产权价值的实现渠道。

（1）知识产权质押融资

知识产权质押融资，是指企业以合法拥有的专利权、商标权、著作权中的财产权经评估作为质押物从银行获得贷款的一种融资方式，旨在帮助科技型中小企业解决因缺少不动产担保而带来的资金紧张难题。

中国银保监会联合国家知识产权局、国家版权局于2019年8月20日发布《关于进一步加强知识产权质押融资工作的通知》，要求进一步促进银行保险机构加大对知识产权运用的支持力度，扩大知识产权质押融资。根据国家知识产权局2019年主要工作统计数据及有关情况新闻发布会上公布的数据，2019年我国专利、商标质押融资总额达到1515亿元，同比增长23.8%。其中，专利质押融资金额达1105亿元，同比增长24.8%；质押项目7060项，同比增长30.5%。

举例来看，2014年北京文投集团成立北京市文化科技融资租赁股份有限公司，开始开展知识产权融资租赁的探索。截至目前，该公司累计实现文化企业知识产权投资项目超过350个，投放金额超过70亿元①。

江苏省知识产权局支苏平局长在2019年3月1日的全省知识产权局局长会议上指出，2018年江苏省专利商标质押融资总额近70亿元。

广东省2019年1—11月的专利权质押登记金额达156.9亿元，居全国第一，"粤港澳大湾区知识产权交易博览会"中促成知识产权交易额17.2亿元。2019年12月20日，中国建设银行东莞市分行向东莞市威克马测量设备有限公司贷款250万元，该笔贷款成为全国首笔"专利、商标、版权"混合质押担保贷款②。

（2）知识产权保险

知识产权保险是指投保人以其知识产权为标的向保险公司投保，在保险期间，保险公司按照合同约定向投保人为知识产权维权而支出的调查费用和法律费用进行赔偿。

自2011年以来，国家知识产权局委托人保财险开展知识产权保险试点工作，分阶段推出了专利执行保险、专利代理人职业责任保险和专利侵权保险三款专利保险系列产品，并在全国27个地市开展试点工作。截至2014年6月底，专利执行保险已在全国34个地市实现业务落地，累计提供专利执行保险风险保障9505万元，为744家企业的2496件专利提供风险保障和保险服务。

国内第一份"知识产权综合保险"保单于2014年6月在江苏苏州签署，该保单年度累计赔偿限额及每次事故赔偿限额皆为100万美元。企业在投保后，将获得一定的政策资金扶持，同时可防患未然进行风险评估和控制，保险公司

---

① 范建永、丁坚：《知识产权金融服务的市场创新研究》，载《中国发明与专利》2019年第5期。

② 参见《广东市场监管》2020年第1期。

承保企业在未来一年可能发生的知识产权侵权诉讼风险，而且将赔偿“第一方抗辩”的法律费用及侵权损害赔偿金，并承担一定的赔偿额。

全国首单“商标被侵权保险”于2019年12月落地江苏常州，由中国人保财险股份有限公司武进支公司承保。该保单将为德资企业因第三方侵犯商标专用权所造成的企业调查费用、法律费用及直接经济损失等提供风险保障，保障额度200万元。

2014年8月，国家知识产权局与中国人保财险首次签署了知识产权保险战略合作协议。此后，中国人保财险公司相继开发了覆盖专利、商标和地理标志，保障知识产权创造、保护、运用的全生命周期风险的15款知识产权保险产品。截至2018年年底，该公司累计为近1万家科技型企业的超过1.7万件专利提供了逾306亿元风险保障。

（3）知识产权信托

知识产权信托是指知识产权所有者将其所拥有的知识产权委托给信托机构，由信托机构进行管理或者处分，以实现知识产权价值的一种业务。

2018年10月，全国首个知识产权信托交易在皖签约，安徽国元信托有限责任公司、合肥高新融资担保有限公司分别与合肥市百胜科技发展股份有限公司、安徽中科大国祯信息科技有限责任公司、合肥联信电源有限公司三家企业进行了签约，共为企业募集首期资金2000万元，期限2年。本次交易试点是以知识产权收益权转让模式进行资金信托，在不改变知识产权权属的前提下，将未来一段时间企业知识产权收益权有偿转让给国元信托，由国元信托为企业募集社会资金。信托期满后，再由企业以知识产权未来收益权为还款基础，对知识产权收益权进行溢价回购。

（4）知识产权证券化

知识产权证券化是指发起机构将其拥有的知识产权或其衍生债权，移转到特设载体，再由此特设载体以该等资产作担保，经过重新包装、信用评价，以及信用增强后发行在市场上可流通的证券，借以为发起机构进行融资的金融操作。

2017年国务院印发《国家技术转移体系建设方案》，提出要“开展知识产权证券化融资试点”。2018年中共中央国务院发布《关于支持海南全面深化改革开放的指导意见》，决定在海南探索知识产权证券化、完善知识产权信用担保机制。2018 年海口市政府发布《知识产权运营服务体系建设实施方案（2018—2020）》，强调要以知识产权证券化为核心，全面推动知识产权运营城市建设。

2018 年 12 月 14 日，我国首支真正意义上的知识产权证券化标准化产品“第一创业——文科租赁一期资产支持专项计划”在深圳证券交易所成功获批，并于 2019 年 3 月 8 日成功发行。该项目基础资产是以知识产权未来经营现金流为偿债基础所形成的应收融资租赁债权，租赁标的物涉及发明专利、实用新型专利、著作权等知识产权共计 51 项，覆盖艺术表演、数字出版、影视制作发行与信息技术等文化创意领域的多个细分行业，中诚信证券评估公司对本产品的全部优先级证券给予 3A 评级。

2018 年 12 月 18 日，募集资金 4.7 亿元的“奇艺世纪知识产权供应链金融资产支持专项计划”在上海证券交易所获批，并于 12 月 21 日在上海证券交易所发行，成为我国首单知识产权供应链资产证券化，该项目以爱奇艺旗下北京奇艺世纪科技有限公司作为核心债务人，基础资产系电视剧著作权交易形成的应收账款债权。该项目的发行，是海南省委、省政府落实中共中央国务院《关于支持海南全面深化改革开放的指导意见》中赋予海南“探索知识产权证券化”重大改革创新任务的具体行动。

2019 年 7 月 31 日，全国首单专利许可知识产权 ABS“兴业圆融——广州开发区专利许可资金支持专项计划”于深交所成功获批，总发行金额 3.01 亿元，并于 9 月 11 日成功发行。该项目基础资产为广州开发区内 11 家高新科技企业的 103 件发明专利、37 件实用新型专利的专利许可使用费，通过该产品，每家企业可获得 300 万元至 4500 万元的融资款项，以帮助民营中小科技企业解决融资难题。

2020 年 3 月 3 日，国内首单专注于中小企业的专利知识产权证券化项目——浦东科创 1 期知识产权资产支持专项计划（疫情防控 ABS）完成了首期发行，项目采用储架发行方式，储架规模 10 亿元，首期优先级发行利率 3.59%。首期项目覆盖 9 家高新技术企业合计 60 件授权的发明和实用新型专利，融资额达到 3800 万元，企业领域覆盖了生物医药、高端制造、电子设备和电信服务等多个行业。该项目不仅是知识产权证券化领域的有效实践，也为高新技术中小型企业提供了融资渠道；同时，该项目作为疫情防控专项资产证券化产品，必定会为疫情防控贡献新的力量。

（5）知识产权银行

2014 年国务院发布《关于支持福建省进一步加快经济社会发展的意见》，明确提出“支持在厦门开展两岸知识产权经济发展试点”。2015 年，厦门市政府印发了《厦门市开展两岸知识产权经济发展试点工作方案（2015—2020 年)》，将两岸知识产权银行列入核心项目。2016 年 5 月，厦门市选定 8 家试点银行开展知识产权金融特色业务，为科技型企业提供专利质押贷款。2017 年 12 月，厦门农商银行何厝支行的新身份“厦门知识产权特色支行”成为全国首家知识产权支行，为广大科技型中小企业提供更好的知识产权金融服务和资本供给，助力科技型中小企业健康发展。

三、他山之石——以美国和新加坡为例

知识产权运营是以知识产权制度的产生为前提的，西方发达国家知识产权制度形成较早，因而其知识产权运营体系比较完善，运营模式也比较成熟，可借鉴之处比较多。但是，新兴的知识产权地区由于起点高，经过一段时间的优化和发展，也取得了不错的成绩，特别是近期新加坡知识产权局局长邓鸿森（Daren Tang）获得 WIPO 总干事职位提名，从侧面反映了新加坡近年来的知识产权政策获得了较高的国际认可。因此，笔者将以美国和新加坡为例，探讨二者在知识产权运营领域的做法，以期提供借鉴和参考。

（一）美国知识产权运营简介——以专利运营为例

美国的知识产权运营工作更多的是市场化的结果，在国际上比较广为人知的也是其专利运营的做法。因此，笔者将比较有代表性的高通和高智发明两家企业作为分析对象。

1. 高通（Qualcomm）

高通是全球 3G、4G 与 5G 领域的领军企业，也是移动行业与相邻行业重要的创新推动者。2019 财年，高通总营收为 243 亿美元，比 2018 财年的 226 亿美元增长 7%；净利润为 44 亿美元，相比之下 2018 财年的净亏损为 50 亿美元；运营利润为 77 亿美元，相比之下 2018 财年为 6 亿美元下滑 72%。

高通成立于 1985 年，是美国的一家无线电通信技术研发公司。其在 CDMA 技术方面处于国际领先地位，拥有所有 3000 多项 CDMA 及其他技术的相关专

利，很多专利技术也纳入了相应的标准。高通公司已经向超过 100 家制造商提供技术使用授权，涉及世界上所有电信设备和消费电子设备的品牌。凭借在 CDMA 领域的技术领先优势，高通主要通过三个渠道收取其他制造商 CDMA 技术的“标准费”。首先，手机生产商若想取得 CDMA 手机开发授权，必须缴纳标准授权费。按照高通公司的规定，全世界不管是生产 CDMA 系统设备还是手机的公司，都要缴纳大约 1 亿元人民币的“入门费”，才能进入这一行业。其次，生产 CDMA 手机时，需要购买高通公司的芯片，并且按销售额给高通提成。每台手机中收取 6% 的技术使用费。最后，为了升级支持芯片的软件，CDMA 手机生产商每次都要支付几十万美元的授权费。据统计，高通利用专利提走了韩国企业一半的利润①。

2. 高智发明（Intellectual Ventures）

2000 年成立的美国高智发明公司是目前全球最大的专业从事发明创造与投资的公司，旗下拥有 7 个专利运营机构和 1 个基金机构，主要在 IT、生物医疗、材料科学等领域开展专利运营工作。

（1）资金

高智发明公司的投资者来自不同的领域，既有金融领域基金，又有实体性企业、私募基金以及个人投资者。如微软、苹果、谷歌等，以及杜克大学、新加坡国立大学、秋田大学、清华大学等。

（2）专利

高智发明公司专利主要有两个来源：一是自主研发，二是外部收购。高智发明的科研基金主要负责内部研发，为此建立了专门的发明实验室，并邀请跨领域的行业专家开发创意，获得大量具有前瞻性的专利。发明投资基金负责外部收购专利，通过空壳公司收购一批具有市场潜力专利，并在此基础上完成二次开发和组合集成，然后再对外进行许可、转让。

（3）模式

高智发明公司的运营流程包括以下三个阶段：第一阶段：募集资本、组建团队寻找投资机会；第二阶段：选择目标专利，通过自研、收购、合作的方式

① 冯晓青、陈啸、罗娇：《“高通模式”反垄断调查的知识产权分析》，载《电子知识产权》2014 年第 3 期。

创建自有专利组合；第三阶段：通过专利出资、专利许可、转让的方式面向全球市场开展专利运营。

从上可以看出高智发明的收益来源于以下几个方面：一是为已遭受专利诉讼的企业提供解决方案、技术支持，收取专利许可费；二是通过诉讼活动主动获取收益，如 2010 年高智指控包括 Symantec、McAfee、Check Point、Trend micro 等安全软件公司，以及芯片制造商 Elpida、Hynix 等 9 家公司侵犯了其专利权，通过和解和法院判决获取收益；三是通过其前瞻性的科研成果创办企业以实现盈利，如高智发明于 2006 年创办了美国泰拉能源公司①。

（二）新加坡知识产权运营介绍

早在 2013 年，新加坡政府便采纳知识产权指导委员会关于新加坡发展成为“亚洲知识产权枢纽”的十年规划建议，该规划指出新加坡将通过三大方面的努力即知识产权交易和管理、高质量知识产权注册以及知识产权纠纷处理达到“亚洲知识产权枢纽”的总体目标②。

三大举措中排在第一位的是知识产权交易，这其中也包括知识产权运营。2017 年新加坡升级了之前的知识产权中心总体规划，更是将知识产权运营看作激活知识产权资产的重要手段。同时，为了支持新加坡整体的经济转型，新加坡知识产权局（IPOS）已经从一家注册和监管机构转型成创新机构，带动知识产权商业化，以促进新加坡的未来增长。新的规划中认为知识产权资产需要进一步解锁，包括更好的货币化。知识产权日益被认为不仅仅是法律权利，知识产权组合可以是一种极其宝贵的业务资产，需要主动管理，以谋取更大的利益。

新加坡为了促进自身成为亚洲知识产权交易和管理的中心枢纽地位，有针对性地提出了一些建议，包括：

1. 通过奖励计划吸引国际顶级知识产权中介服务机构，从而促进知识产权交易。

成立于 2019 年的 IPOS international，是新加坡知识产权局的全资子公司，在知识产权战略与管理、专利检索和分析、知识产权教育和培训等领域拥有 100 多名知识产权专家。IPOS international 不仅提供在线的知识产权快速诊断工

---

① 刘红光、孙惠娟、刘桂锋、孙华平：《国外专利运营模式的实证研究》，载《图书情报研究》2014 年第 2 期。

② 卢宝锋：《新加坡：迈向“亚洲知识产权枢纽”》，载《电子知识产权》2013 年第 4 期。

具，让用户了解自身知识产权运行状况、管理差距和风险，还提供更加个性化的知识产权咨询服务，如知识产权战略咨询、专利分析和技术扫描。例如，IPOS international 通过给用户提供知识产权战略咨询，可以帮助那些缺乏有形资产的初创公司获得投资者的青睐、利用多元化的策略防止无形资产的流失、利用专利组合与商业案例一致性评估外部合作伙伴的知识产权；在进行专利分析和技术扫描时，通过对知识产权大数据的分析，得出诸如技术生命周期的分析、技术功效矩阵的分析、竞品技术路线的分析、指定区域国家层面创新政策的分析等结论，以期获得对对应产业、产品、技术的深度了解。

2. 与行业合作建立一站式许可平台，能够让用户轻松获得新加坡境内有版权保护的相关作品的许可。

3. 引入知识产权融资计划，政府部分承保用作抵押品的知识产权价值。

IPOS 于 2014 年 4 月启动了知识产权融资计划（IPFS），帮助新加坡高技术公司利用知识产权作抵押来融资，并让新加坡金融业熟悉无形资产可以抵押的想法。自成立以来，许多本土公司都享受了该计划的好处，包括马赛国际有限公司、NSP 科技有限公司和全球漫游有限公司，业务领域涵盖鞋类、医疗设备、电信等行业。

4. 设立知识产权评估中心，促进知识产权估值研究和实践，从而支持知识产权交易。

2014 年 8 月，新加坡推出了 IP ValueLab（IPVL），这是 IPOS 的全资子公司。作为 IPOS 的企业参与部门，IPVL 旨在帮助企业释放其知识产权资产的价值，以获得并维持竞争优势。

IPVL 已启动一系列措施以提高新加坡的知识产权评估能力，如与新加坡会计委员会合作，制定和推广知识产权估价准则、方法和最佳做法，制定课程培训知识产权估价师，举办知识产权融资和估值研讨会。IPVL 还通过积极参与需要协助的知识产权丰富企业，从而深化了 IPOS 的企业参与活动，以更好地将知识产权纳入其业务战略。

5. 支持新加坡的知识产权证券化活动、引入知识产权基金，加强知识产权融资渠道。

2017 年 4 月 26 日，新加坡知识产权局宣布成立一个 10 亿元新加坡币的“马卡拉创新基金”（Makara Innovation Fund），该基金由新加坡知识产权局与马卡拉资本（Makara Capital）共同设立。它将分别向10个到15个中小型创新企业投资3000万元到1.5亿元新加坡币，这可以看作新加坡政府为协助企业将知识产权商业化而宣布的系列措施之一。相关行业包括：都市解决方案（例如物流、安保、废弃物管理）、高级技术（例如AI、大数据、网络安全、纳米技术）、金融科技、替代能源、医疗保健和生物医学。

四、我国知识产权运营面临的问题及建议

综合上述分析及域外的经验来看，我国知识产权事业起步较晚，虽然目前知识产权的数量上获得了显著的发展，但是在质这一层面距离发达国家还有些许距离。知识产权运营的工作经过近些年的探索，在取得了一些成就的同时也暴露了一些问题，主要集中在：人才短缺、平台同质化、价值评估机制有待改善这三个方面。

1. 知识产权运营人才的培养

2015年4月27日在国家知识产权局举办“知识产权强国建设”的座谈会上，申长雨局长认为建设知识产权强国，支撑创新驱动发展，一要靠人才，二要靠制度①。知识产权运营人才是一种复合型的人才，往往涉及多学科交叉，如知识产权、法律、金融、理工学科等方面的专业。而传统的学科划分，很难满足市场上对这类人才的需要；知识产权运营人才的培养周期长、难度高，仅仅依靠象牙塔内的老师去培养并不现实，还需要从社会上得到必要的支持。目前的知识产权运营人才培养机制上需要有针对性的调整。

因此，相关部门一方面应当充分调动高校在知识产权运营人才培养方面的积极性，使高校根据社会需求来进行专业的调整以及培养方案的优化；另一方面可以让有条件的高校招收知识产权硕士，解决知识产权运营人才的理工科背景问题，培养期间实施双导师制，聘请从事知识产权代理、管理、咨询、运营、评估和投资等具有实践经验的导师开设相关课程并指导学生，创新知识产权人才培养机制，让学子成为经得起市场检验的复合型应用人才。

2. 知识产权运营平台的建设

国家知识产权局运用促进司和知识产权出版社联合编写的《中国知识产权

---

① 林秀芹、张贤伟：《中国知识产权运营策略》，载《学术交流》2016年第1期。

运营年度报告（2018）》（以下简称《报告》）于2019年12月发布。以专利运营为例，该报告将专利运营分为转让、许可、质押三种类型，2018年全年专利转让是专利运营的主流形式，占全年专利运营比例的88.04%[①]。可见，目前国内专利运营领域同质化比较严重，低端的、重复的运营工作比较普遍，高端的、复杂的知识产权运营工作还处于起步阶段。

为此，在目前我国运营平台遍地开花的基础上，需要将更多精力和政策导向高端运营、个性化的运营上。正如上文提到的国资委和国家知识产权局联合发布的《关于推进中央企业知识产权工作高质量发展的指导意见》中，也建议要建立服务于科技成果转移转化的知识产权运营服务平台，鼓励企业运用知识产权开展海外股权投资，支撑国际业务拓展。笔者认为，可以结合我国具有突出的比较优势的产业——如我国高铁产业，开展具有知识产权运营市场前景的平台建设工作。我国高铁技术在经过引进、吸收、再创新之后，目前在国际市场上已占据一席之地。在响应国家“一带一路”“走出去”的战略期间，探索建立我国高铁产业知识产权运营平台，一方面，可以积累知识产权国际化运营、高端运营的宝贵经验；另一方面，高铁产业的知识产权运营具有现实的可行性，可以随着高铁技术走出国门获得可观的知识产权运营收益。

3. 知识产权运营中的价值评估

知识产权运营中除了买卖双方之外，最重要的就是价值评估这一环。以专利价值评估为例，目前较为通行的专利价值评估方法为成本法、市场法和收益法。但三者在实际运用中都有些许缺陷[②]。比如成本法，其基础是专利的价值至少应该等于当初创造获得该专利所付出的成本，该理论在实践中的指导意义有限，因为一是无法确切掌握创造所获专利的成本，二是忽略了该专利的市场价值，导致该专利价值与实际价值相差较大。市场法的要义在于具有与所评估对象类似的专利，且默认二者的价值应该相似。在实践中，且不说能不能找到这么一个类似的对比对象，即使存在，二者的时间跨度、地域跨度、技术发展阶段等因素是否具有可比性，因为这些因素将影响最终的评估价值。收益法的核心是该项专利未来所获的收益。实践中很难保证专利技术的预期收益能够兑

---

① 《中国知识产权运营年度报告（2018）》。

② 刘斌强：《价值评估与交易谈判助推知识产权运营》，载《中国发明与专利》2019年第12期。

现，即使具有未来收益的可能性，但是其针对不同对象许可费率的计算最终将影响价值评估的结果，而这一点在实践中很难操控。

因此，笔者认为，价值评估需要回归市场，以市场需求为最终导向，只有经历市场化的洗礼，才能逐渐摸索出久经考验的价值评估工具。因此，要大力促进评估机构的成长，为此类评估机构的生存营造比较适宜的政策环境；鼓励评估机构现有人才的再教育，更新人才技能和知识储备。同时，适时引入第三方机构，比如保险公司，针对知识产权价值评估可能存在的风险进行把控。

五、结语

知识产权运营已经逐渐成为世界各国经济发展新的增长点，对处于新旧动能转换期的中国而言，其重要性凸显。在建设知识产权强国的背景下，知识产权运营的发展既是实现我国经济持续增长的重要抓手，也是我国“十三五”时期经济继续腾飞的突破口。知识产权的科学运营可以促进我国从“知识产权大国”向“知识产权强国”的转变。通过上文的分析，我们可以看出，为使我国的知识产权运营工作更上一个台阶，我们需要重视知识产权运营领域人才的培养，知识产权运营是集技术、市场、法律、金融于一体的复合产业，对人才的专业程度要求可想而知，因此需要大力培养知识产权运营领域人才团队。我们还需要加大知识产权运营服务平台的建设，利用运营平台的市场化成果，提升知识产权运营水平和质量。完善知识产权运营中的价值评估机制，打通知识产权运营中供需双方的壁垒。知识产权运营是一项内容复杂、涉及面广、牵动利益各方的系统性工程。因此，要转变思维方式、立足国内实际、适当学习国外成功经验、总结和梳理得出有助于我国知识产权运营发展的良策，切实将我国建设成为知识产权强国。

区块链技术驱动下的数字版权保护革新

王 敏* 卢 鑫**

摘要：“互联网＋”时代变革了作品的创作与传播方式，数字出版市场从“滩涂”进入“蓝海”，迎来了空前的发展机遇期。与此同时，传统的版权治理体系囿于诸多痛点，严重掣肘了数字版权市场的良性发展。区块链技术的出现，为革新数字版权治理体系提供了新契机，其所具有的公开透明、不可篡改、去中心化等核心技术特征，能够有效地解开当前数字版权保护的“戈尔迪之结”。本文从确权、用权、维权三大应用场景具体切入，探究了区块链技术在数字版权保护全生命周期的“落地”，并就其所面临的挑战展开剖析，最终建议通过推行版权保护联盟链、完善上链前的审查机制及规范区块链智能合约的应用来实现数字版权法律制度与区块链技术的完美交融，以此推动“数字中国”的建设。

关键词：区块链 不可篡改性 智能合约 联盟链

引言

随着数字化和互联网技术的发展，网上传播和交易的数字内容呈指数型爆发，数字出版市场从“滩涂”进入“蓝海”，迎来了空前的发展机遇期。国家版权局发布的《中国网络版权产业发展报告（2019）》显示，我国网络版权产业市场规模持续保持高增速，2019 年中国网络版权产业市场规模达 9584.2 亿

* 浙江凯麦律师事务所律师。

** 浙江凯麦律师事务所律师。

元，同比增长 29.1%。

在数字出版市场发展如火如荼的背景下，数字作品的“可复制、非独占性、易篡改性”等“先天不足”导致版权侵权行为屡见不鲜，《2019 年中国网络版权保护年度报告》显示，“剑网 2019”专项行动查处网络侵权盗版案件的涉案金额总计高达 5.24 亿元，相较 2018 年的 1.5 亿元，增量接近 300%，数字版权侵权行为依旧泛滥。然而，面对严峻的数字版权侵权形势，囿于版权确权难、侵权监控难、维权取证难等困境，传统版权治理体系对保护数字作品捉襟见肘，“侵权易、维权难”成为数字时代版权保护的“痛点”，严重掣肘了数字版权市场的良性发展。例如，2017 年，因网络用户观看盗版视频而没有为正版视频服务付费，给网络视频行业带来了高达 136.4 亿元的用户付费损失。[①] 不可否认，数字版权保护已陷入“至暗时刻”，革新数字版权治理体系迫在眉睫。

区块链技术为当前数字版权保护难题的解决提供了新思路，诚如工业和信息化部发布的《2018 年中国区块链产业白皮书》所言，区块链能完美结合数字版权保护，解决盗版横行的现状。2018 年 9 月，最高人民法院也出台司法解释[②]承认了区块链存证在互联网案件举证中的法律效力，允许法官通过区块链技术或存证平台的认证来确认电子证据的真实性，这意味着区块链技术被正式引入了著作权保护的司法领域。如今，“区块链 + 数字版权”逐渐成为业界讨论的热点问题，各界均积极探究区块链技术与数字版权结合的应用问题，目前，杭州、北京、广州三家互联网法院已通过引入区块链技术，搭建了电子证据平台，分别是“司法区块链”“天平链”“网通法链”。然而，技术创新是机遇与风险并存的复合体，区块链技术的应用仍存在深层次的理论困境，面临着诸多挑战，需要完善制度与政策予以应对。

一、区块链概述

区块链概念最早见于 2008 年中本聪发表的论文《比特币：一种点对点的电子现金系统》[③]。通过文献综述，迄今为止，业界对区块链尚未形成统一定义，

① 参见中国电子信息产业发展研究院于 2019 年 12 月发布的《区块链数字版权应用白皮书》。

② 《最高人民法院关于互联网法院审理案件若干问题的规定》。

③ See Satoshi Nakamoto, Bitcoin: A Peer—to—Peer Electronic Cash System.

如长铁、韩锋[①]学者认为区块链是一个去中心化的分布式数据库，该数据库由一串使用密码学方法产生的数据区块有序链接而成，区块中包含一定时间内产生的无法被篡改的数据记录信息。徐明星、刘勇[②]学者认为，从多方面来看，区块链既可以是数据库，也可以是分布式系统，还可以是网络底层协议。袁勇、王飞跃[③]学者认为可以从狭义、广义两角度去把握区块链概念，狭义上，区块链是一种不可篡改且不可伪造的分散式共享分类账本，它根据时间顺序将数据块组合成特定的数据结构，并以加密方式保证。广义上，区块链则是一种使用加密区块结构来检验与保存数据、使用散布式节点共识算法来生成和更新数据的基础架构与计算范式。

本文参考我国工业和信息化部发布的《中国区块链技术和应用发展白皮书(2016)》中的概述[④]，认为区块链本质上是一个基于互联网的去中心化大数据记账与储存账本，可以存放在互联网进行行为记录，摆脱了中心化平台的控制，任何一个节点都有一份完整的备份，技术特征在于去中心化、去信任化、不可篡改性、可追溯性等。鉴于业界对于区块链技术原理及技术特征已形成较为丰富的研究成果，本文对此不再展开赘述，而是将目光跳出技术本身，聚焦于技术驱动下数字版权治理体系的革新及挑战。

二、革新——数字版权保护中区块链技术的应用场景

“确权—用权—维权”是数字经济时代下版权保护的三大环节[⑤]，有鉴于此，本文将从“确权—用权—维权”三个维度来探究区块链技术在数字版权保护中的“落地”。

---

① 长铁、韩锋：《区块链：从数字货币到信用社会》，中信出版社 2018 年版，第 47 页。

② 徐明星、刘勇：《区块链：重塑经济与世界》，中信出版社 2018 年版，第 23 页。

③ 袁勇、王飞跃：《区块链技术发展现状与展望》，载《自动化学报》2016 年第 4 期。

④ 我国工业和信息化部将区块链定义为“一种链式数据结构来验证与存储数据、利用发布式节点共识算法来生成和更新数据、利用密码学的方式保证数据传输和访问的安全、利用自动化脚本代码组成的智能合约来编程和操作数据的全新的分布式基础架构与计算范式”。

⑤ 赖利娜、李永明：《区块链技术下数字版权保护的机遇、挑战与发展路径》，载《法治研究》2020 年第 4 期。

（一）数字版权确权视域下的区块链技术应用

《保护文学和艺术作品伯尔尼公约》[①] 奠定了版权自动产生的原则，遵循此国际原则，我国《著作权法实施条例》[②] 中也规定了作品产生即依法享有著作权。但在现行制度下，作品本身无法完整展现著作权权属状态，难免就此产生了一些问题，如权利不经公示所处的状态不明尴尬局面、因权利人失联而堆积产生的大量“孤儿”作品。[③] 据此，很多国家包括我国在内均鼓励并实行版权自愿登记制度，以为版权的权属提供初步证明。综上所述，不同于专利权与商标权，著作权语境下的“确权”即版权登记，并不产生权利，只确认已发生的权利事实（“何人”在“何时”对“何作品”享有著作权），并形成权利表征。[④]

1. 现有中心化版权登记模式的弊端

目前，传统登记服务由中心化权威机构提供，这种版权证明方式广受诟病，主要存在以下问题：

（1）登记成本高。以中国版权保护中心收费标准为例，文字作品版权登记费一般是每件 100 元至 300 元；音频、视频按内容会有不同收费标准，但大多为每件 2000 元；图片则为每件 300 元至 500 元。

（2）我国在版权登记领域实行以国家版权局为首的集中管理、分散登记模式[⑤]，这种模式带来的弊端就是缺乏统一的登记规范标准，导致登记机构分工和管辖、登记程序、标准混乱不一，乃至不同省份在不同类别上进行登记的标准也不一致[⑥]，以建筑作品登记收费为例，中国版权保护中心单件收费 1500 元，而广东省版权局自然人作品单件收费 350 元，法人或其他组织单件收费 550 元。

（3）在中心化登记模式下，中心系统的管理者拥有完全的控制权，缺乏必

---

① 《保护文学和艺术作品伯尔尼公约》第 5 条第 2 款规定，享有和行使这些权利不需要履行任何手续，也不论作品起源国是否存在保护。

② 《著作权法实施条例》第六条：“著作权自作品创作完成之日起产生。”

③ 吕炳斌：《版权登记制度革新的第三条道路——基于交易的版权登记》，载《比较法研究》2017 年第 5 期。

④ 袁啸昆、袁玥、向雨心、董秩豪、罗佳音：《构筑信任，链向未来：区块链技术在著作权领域应用现状研究》，载《上海法学研究》2020 年第 5 期。

⑤ 目前是由中国版权保护中心负责计算机软件登记和版权质权登记，其他作品登记由国家版权局和各地地方版权局负责。

⑥ 黄保勇、施一正：《区块链技术在版权登记中的创新应用》，载《重庆大学学报（社会科学版）》2020 年第 3 期。

要的权限约束，也极易遭受黑客的集中攻击，导致数字版权信息易篡改，同时，用户隐私信息也存在泄露的高度可能性①，以中国版权保护中心为例，其一方面强制要求著作权人享受登记服务前实名认证并补充相关隐私材料，另一方面在用户协议条款中，却“刻意”设置了信息泄露免责的格式条款②，由此可见，中心化登记平台对于用户隐私信息维护力不胜任。

2. 区块链技术应用于版权登记的优势

使用区块链技术进行版权登记旨在建立一个由区块链技术支撑的版权保护平台，从区块链的核心技术要件看，在进行数字版权登记时，哈希算法的应用可以得出与数字作品唯一对应的哈希数字，即该数字作品的“身份证”，同时结合非对称加密技术，实现数字作品与作者之间的唯一确定的对应关系。当前，各国正在积极尝试区块链技术在版权登记上的应用，例如美国 Proof of Existence 版权登记服务平台③、中国小犀版权链登记服务平台④。

区块链给身陷囹圄的数字版权确权带来了曙光。首先，区块链去中心化的特征排除了中心机构的干预，提高了版权登记的效率，极大缩减了各种成本，为数字环境下的海量数字作品提供版权注册的可能性，例如我国首张区块链版权登记证书在2018 年9 月3 日由汇桔数字知识产权应用平台（IP 链）发布，该平台负责人表示，通过基于区块链技术的版权登记证书服务，可以让用户在 3 分钟内获取到区块链存证证书并且成本仅需 0. 3 元甚至更低。

其次，区块链以分布式的形式存储数据，能够通过各个节点同步记录数据，及时进行数据交流，据此，只要各地版权登记机构成为节点用户，就能够实现

① 陈子豪、李强、甘俊：《VC Chain：联盟式音视频版权区块链系统》，载《计算机工程与科学》2019 年第 11 期。

② 《中国版权保护中心用户协议和隐私政策》第七条第二款：您同意发生下列情形时，中国版权保护中心将不承担任何责任，包括但不限于：（1）因不定期对提供网络服务的平台或相关的设备进行检修或者维护而导致的服务中断。（2）因不可抗力、黑客攻击、病毒、木马、恶意程序攻击、网络拥堵、系统不稳定、系统或设备故障、通讯故障、电力故障、银行原因、第三方服务瑕疵等原因而导致的用户信息泄露、服务中断及其他损失。

③ 用户在上传作品并支付网络加密费用之后，Proof of Existence 可以为该作品创建一个哈希值，也就是不同于其他所有作品的身份 ID，并且放入区块链中，而后通过比较区块链里的哈希值和原作品的哈希值，并利用已经加盖的时间戳来证明在那个时点上该作品确实存在。

④ 小犀版权链是中国首家联合版权保护中心、公证处和产业基金组建的版权综合服务平台，其核心功能在于电子作品的版权确权。权利人将原创作品上传到区块链上，小犀版权链将作品名称、权利人和登记时间等核心信息生成唯一对应的时间戳，并将时间戳封存于不可篡改的区块链数据中，最终在区块链网络中生成唯一且不可篡改的存在性证明。

数据分布式共享，避免出现信息不对称的情况。正如邹均学者[①]所言，目前登记机构分工和管辖、登记程序、标准混乱不一，实质上是因为各地版权保护中心在运行上缺乏合作交流，没有及时进行数据共享，并且缺乏统一的认证标准和收费规范，而利用区块链技术则可以有效解决这一问题。

最后，在区块链共识机制[②]下，单个节点无法对信息作出修改。要实现修改必须动用系统内至少51%的节点，篡改成本过高，可行性极低，由此可充分保障链上数字内容的不可篡改性，同时，区块链中数字签名技术的使用，可以将版权信息中涉及个人隐私的部分加密上传，确保信息不被泄露，强化了个人隐私的保护。

综上所述，基于区块链登记模式能有效解决诸多中心化登记模式的弊端，2019年3月28日，中国版权保护中心主导的中国数字版权唯一标识（DCI）标准联盟链的正式“落地”[③]，投射出我国对于区块链确权模式的推行已成必然之势。

（二）数字版权用权视域下的区块链技术应用

版权交易是由版权人将对作品拥有的部分或全部财产性权利通过许可、转让等方式授权或让渡给作品使用者的行为。毋庸置疑，版权交易作为创作者用权的方式之一，极大地激励了创作者的创作热情。

1. 现有中心化版权交易模式的弊端

据笔者调研发现，数字版权既有版权主要交易模式为中介机构介入[④]模式（如图1所示），此种模式对于数字版权的交易有诸多弊端，例如：

（1）交易成本高、效率低。“创作者—中间商—消费者”之间的授权许可模

---

① 邹均、于斌、庄鹏：《区块链核心技术与应用》，机械工业出版社2018年版，第222页。

② 所谓“共识机制”，就是通过特殊节点的投票，在很短的时间内完成对交易的验证和确认；当出现意见不一致时，在没有中心控制的情况下，若干个节点参与决策达成共识，即在互相没有信任基础的个体之间如何建立信任关系，区块链技术正是运用一套基于共识的数学算法，在机器之间建立“信任”网络，从而通过技术背书而非中心化信用机构来进行全新的信用创造。

③ 中国数字版权唯一标识（DCI）标准联盟链体系（简称DCI标准联盟链体系）是由国家版权公共服务机构——中国版权保护中心联合多方发起成立、版权领域权威公信的标准化区块链联盟合作体系。DCI标准联盟链体系以DCI标准为基本遵循，以DCI体系为公共服务支撑，通过共识互信区块链内和区块链间版权数据及服务标准，致力于推动版权产业良性发展，打造数字经济时代共建、共治、共享的版权服务新生态。

④ 中介介入模式即版权人授权著作权集体管理组织、互联网内容平台等中介机构发行作品，利用其平台流量提升作品知名度，中介加密内容后将作品出售给消费者，收益按协议分成。

式，三方之间均存在信息壁垒，导致交易周期漫长，效率低下，相关成本畸高。

（2）交易秩序混乱。当前，一个版权作品往往被细分为多个版权进行独立出售，而不同的版权由不同的“中间商”管理。由于版权作品权利束①较为分散并且各种财产性权利可以单独交易产生不同的权利状态，而各大数字作品交易平台使用不能彼此互通操作的专有数据库，且没有分享这些信息的动机，由此产生了“数据孤岛效应”②，给版权交易各方均带来了极大的困扰，甚至造成了版权交易市场的乱象。

（3）平台提供商在版权定价与版权收益中占据绝对的话语权，创作者难以获得公平合理的版权收益。国家新闻出版总署原副署长孙寿山曾指出，很多平台运营商凭借寡头垄断优势，没有合理考虑内容提供者的利益，前几年在数字出版产业链中，从获利占比看，平台商拿走了 80%，出版单位和数字创作者共拿 20%，原始创作人的回报与其创作价值不相符。尤其是小微作品的创作者，在面对不合理的作品定价机制时，议价水平极低，生存环境相当恶劣，导致大量的优秀作品“胎死腹中”。

（4）“中心化”版权交易服务提供商存在“信任危机”，交易数据的真实性难以保证，数据造假易成为“中间商”攫取利润的“温床”。毋庸置疑，“中心化”版权登记模式容易导致创作者弱化关注作品质量，而投机于服务平台“暗箱操作”，这与我国著作权法鼓励创作、促进作品传播的初衷背道而驰。

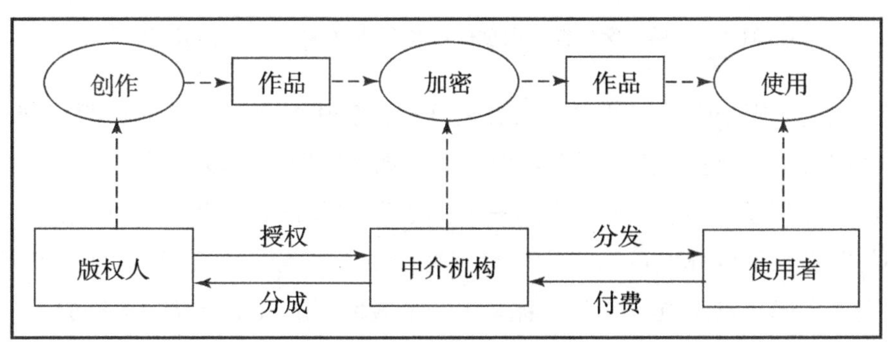

图 1　中介机构介入的交易模式

① “权利束”这一词汇来源于制度经济学，并逐步应用于法学领域权利研究中，法学家对于“权利束”概念的使用主要集中在财产权领域，用于研究集合在某一种特定财产上的诸多权利。

② 孙悦：《2017 年中国版权发展及热点问题回顾》，载《新闻战线》2018 年第 1 期。

2. 区块链技术应用于版权交易的优势

去中心化的区块链数字版权交易系统建立在智能合约①技术的基础上，区块链系统中包括从著作权到邻接权等所有数字版权的交易流程，均可通过智能合约预先设定程序自动运行，而合约代码写入区块链之后，合约的内容即被永久透明、不可更改地记录在链上，如图2所示为“原本区块链+原创保护和自助交易平台”②的版权交易过程。

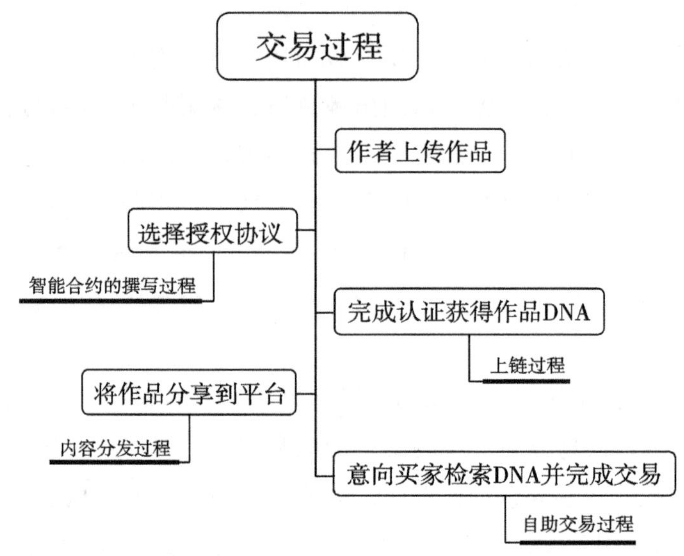

图2 “原本区块链+原创保护和自助交易平台”交易流程

区块链应用于版权保护中存在极大价值，能够构建统一的共享版权交易系统以及解决版权交易信息不透明不对称等一系列问题，具体如下：

（1）不同于“创作者—中间商—消费者”之间的传统授权许可模式，“去中心化”授权许可模式可以最大限度地减少交易过程中可能产生的中间环节，实现交易主体“点对点”交易，提高了交易效率，降低了交易的各种成本。

（2）借助于区块链技术搭建的版权交易平台可以将分散的版权交易数据进行集合管理，方便查看版权作品的财产权利状态，更加有助于精准交易，实现

① 智能合约是一段写在链上的代码，一旦某个事件触发合约中的条款，代码即自动执行。

② 原本是一个基于区块链技术的原创认证和交易的前沿平台，提供版权信息追溯、自助版权交易和全网侵权检测等功能。

作者、著作权人、版权服务商的互利共赢，也为版权交易提供更有序、高效的交易环境。

（3）在区块链平台上创作者可以通过智能合约自主定价或授权许可，当合约条件被触发时，系统便自动执行既定内容，等同于版权人直接管理其与相对人之间的授权许可，版权人能够获得公平合理的版权收益。

（4）在区块链平台中，交易信息记录在"分布式"账本上，并且该账本可以被随时随地查询和跟踪到，保障了交易数据的真实性，同时，数据要实现修改必须动用系统内至少51%的节点，篡改成本过高，数据造假近乎"天方夜谭"。以德国艾斯克瑞博平台（Ascribe）①为例，此区块链版权交易平台能够自作品上传至平台之日起进行实时数据记录和监控，并完成权利移转和资金结算，始终确保数据的透明性。

综上所述，去中心化的区块链数字版权交易平台通过强化供需、弱化中介，解决了"拜占庭将军问题"②，能够重塑著作权交易的信任体系，同时，实现信息与价值的高效和低成本流动。

（三）数字版权维权视域下的区块链技术应用

传统的版权治理体系下，数字版权侵权的维权难度过大，版权保护机制处于"半失灵"状态，区块链技术的出现，降低了维权的难度。正如党玺③学者所言，基于区块链技术的特征，当链上的作品产生版权纠纷时，时间戳载录的著作权形成时间可以为权利人提供版权归属证明；分布式账本能够准确计算出侵权行为人的违法所得数额；智能合约会自动向侵权者发送侵权赔偿通知，从而为法官判定赔偿数额提供裁判标准，解决了传统举证程序中的举证难度大、赔偿标准不一致、数额不合理等问题。

实际上，在数字版权侵权视域下，区块链最大的价值体现为电子证据存证。众所周知，在数字版权侵权纠纷中，相关的电子数据有易灭失、易篡改等特点，

---

① 德国初创企业艾斯克瑞博（Ascribe）是一个版权保护和转让平台，通过区块链技术为艺术家提供艺术作品的登记、注册、交易服务。艾斯克瑞博的主要特点是借鉴比特币总账本的方式，将注册版权交易、所有权转让交易、授权交易、委托交易等内容均通过区块链技术进行记录，方便作品所有权人的知识产权交易。

② 拜占庭将军问题即因市场经济活动中存在众多信息中介和信用中介而产生信息不对称导致交易双方无法建立有效的信用机制。

③ 党玺、王万玉：《数字音乐版权区块链技术保护的相关法律问题研究》，载《电子知识产权》2020年第4期。

据此，对侵权证据进行实时保全至关重要，然而，经笔者梳理，现有的证据保全方式在此类侵权纠纷中难以发挥其作用，如表1所示。

表1 传统证据保全方式

证据保全方式	自行取证	公证保全（主要途径）	诉前保全
主体	被侵权人自己	公证机构	法院
流程	通过截图、录屏等方式自行取证	根据规范取证流程收集、保存证据	
法院认可度	低	高	高
缺陷	难以确保取证规范度，难获法院采信	时间、地点固定，保全不及时，证据易灭失；单件花费高，难满足批量存证	裁量权在法院，时效性低

利用区块链技术存证有着得天独厚的优势。首先，区块链技术与大数据、人工智能等新技术“拥抱”①，可以实现侵权行为的在线监测，并自动取证、存证，能够及时保全证据；其次，区块链技术防篡改、可追溯等特点能够确保存证数据上链后的真实性，同时，区块链本身即为依据时间顺序进行链式储存，在对侵权行为进行持续记录的同时，即可形成完整的证据链条；最后，存证成本极低，尤其是满足了批量存证需求。

2019年上半年，在全国范围内，多家法院已陆续上线基于区块链技术开发的电子证据平台，对接电子法院系统，协助案件审理（图3为杭州互联网法院基于区块链的司法维权流程）。区块链维权应用在司法领域的先行，打通了数据信任的“最后一公里”，将电子数据到电子证据的通道完全建立起来，充分发挥了区块链技术的存证优势。

---

① 一方面，利用大数据可将各大网站平台内容纳入对比库，并实时更新；权利人可根据自身需求确定监测的范围（自媒体平台、大型门户网站等），而基于图像和文本的人工智能识别技术被广泛应用于对比过程中，部分平台还实现了全类型作品的对比分析。对监测对象的识别分析结果形成相似度，在超过用户自行设置的相似度阈值时，系统便自动抓取标记。另一方面，监测系统初步筛取出疑似侵权作品后，后台人工会结合内容来源、时间、授权情况进行二次确认，避免机器误判，若该作品高度疑似侵权，则向用户发布预警、向侵权网站或平台发出通知。

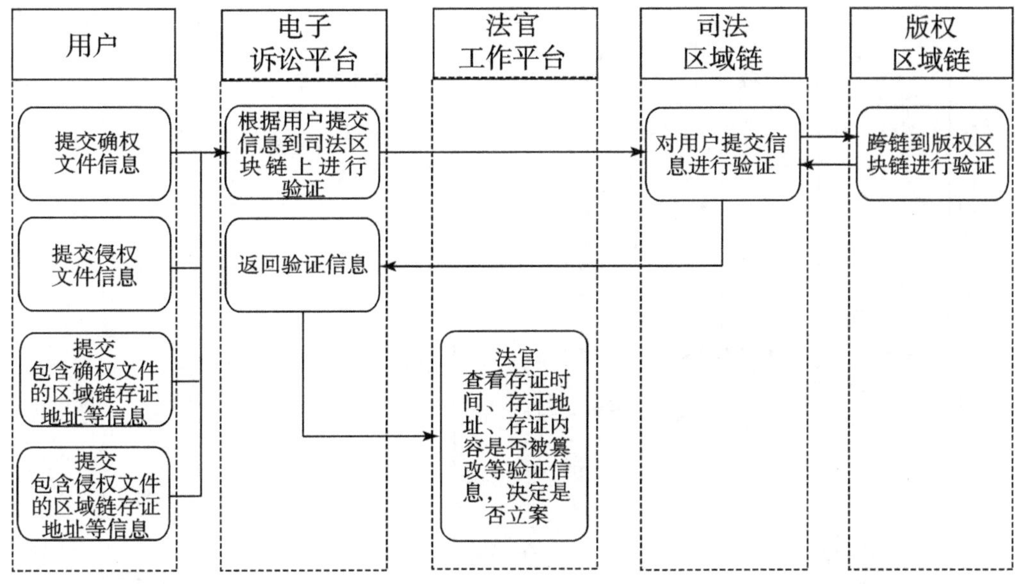

图 3　基于区块链的司法维权流程

三、区块链技术对数字版权保护的挑战

如前所述，利用区块链技术可以实现数字版权的全链路保护，但是，区块链技术尚处于发展阶段，相关应用仍处于萌芽期，在实践中仍面临着诸多挑战，需要我们抽丝剥茧，实现热技术下的冷思考。

通过笔者检索①，如图 4 所示，现有研究多集中于区块链技术本身，鲜少探讨技术应用下的法律架构，鉴于此，本文不再将视野聚焦于应用中技术工具本身所面临的挑战，而是对更深层次的法律架构风险进行剖析，以飨读者。

① 中国知网检索关键词：区块链 + 版权 or 区块链 + 著作权，共检索出 418 篇相关论文。

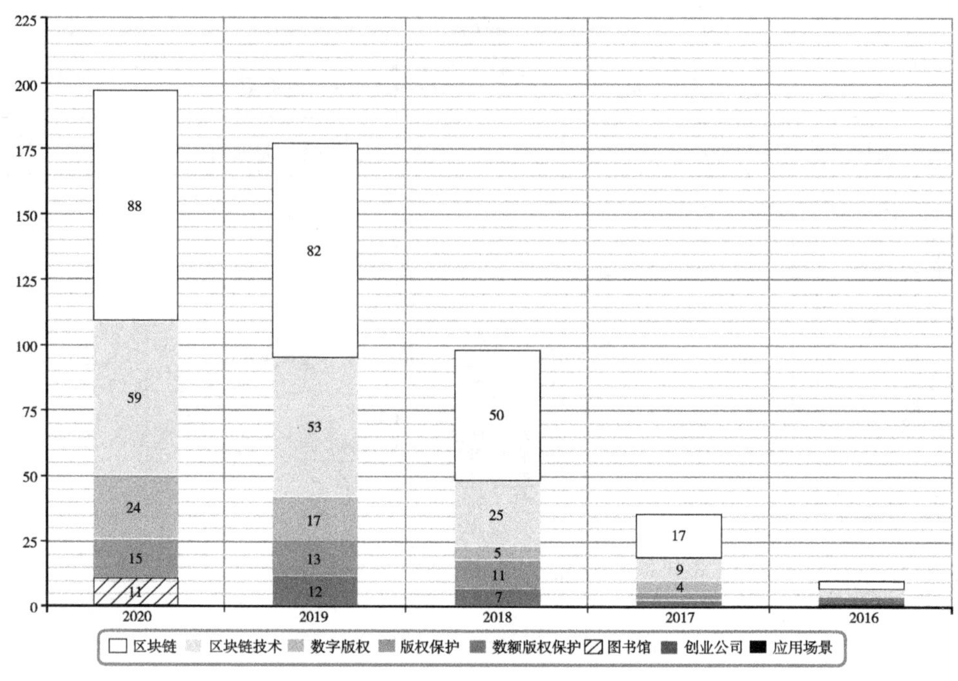

图 4　中国知网检索“区块链 + 版权”文章探讨主题梳理

（一）版权认证缺乏统一标准

根据节点准入机制的不同，如表 2 所示，区块链可分为公有链、联盟链和私有链，当下已落地的基于区块链技术搭建的数字版权认证平台，大多数属于私有链的商业模式，平台各自为政，版权信息并不互通，导致存在信息壁垒，例如，A 平台的上链作品被不法行为人获取后，仍存在重复登记于 B 平台、C 平台等的可能性。如此一来，版权认证统一标准的缺乏将使得版权确权可能成为伪命题。

表 2　公有链、联盟链、私有链主要对比

	公有链	联盟链	私有链
节点准入	自由加入，无准入机制	含准入机制	含准入机制
节点数量	全球化，数量不可计	行业内，数量可计	一个人或者一个机构

（二）上链前真实性风险

区块链确权平台只能保证上链后数据的真实性，上链前作品及其创作者的可信度无法证实，因而在认定是否属于合法作品以及谁是真正的权利主体上存在局限性。区块链技术中对于作品与版权人的信息存在性证明限于区块链网络中，假若作品的权利人不是区块链系统中的节点，区块链技术上的版权登记不能发挥证明作用。据此，对于未发表的或者已发表未进行版权认证的作品，不法行为人可能通过区块链技术进行抢先登记，形成权利公示，从而堂而皇之地成了作品的权利人，侵权作品一旦接入，由于区块链“无法篡改”的特性，难以进行修正，以至形成恒久的破坏性影响，真正的著作权人极有可能陷入维权难题。此外，若不法行为人将网络中的匿名作品、“孤儿”作品进行确权认证，势必引发现有版权制度秩序的混乱。

（三）区块链智能合约的局限性

区块链技术中嵌入智能合约对数字版权交易问题解决带来的新突破固然令人欣喜，但更要清楚地认识到智能合约的本质是计算机代码，在数字版权交易的运作中同样存在缺陷。

1. 智能合约语言转化困难

区块链智能合约必须由计算机代码编制完成，这要求计算机代码的编写必须以准确的语言对履约中所遭遇的所有内容列举穷尽，尽可能减少潜在的争议点，这为合约内容的表述带来了困难，也对合约编写的质量要求畸高。

2. 智能合约技术特征与现有合同法不相容

智能合约作为部署在区块链上按照预先设定规则自动运行的数学代码，不论是从储存介质上还是运行机制中均与传统的纸质合同及电子合同大不相同，但仍应被视为具有法律约束力的协议，此种认定在域外已逐渐达成共识。例如，2017 年 3 月 29 日，美国亚利桑那州颁布“第 2417 号法案”，将“智能合约”界定为“商业活动中与交易有关的，内容中涉及智能条款而具有有效性且可执行性的具有法律效力的合同”。

由于智能合约一旦订立运行即不可中止，一旦发生争议，传统合同法规则中包括的终止，修改，变更及补救措施在智能合约中均难以实现，在此基础上，双方的权利义务状态无法在智能合约订立后还原。同时，不可篡改的属性也使得合约相对方或是第三方都无法进行外部决策或加入外部干预机制进行处理。

四、区块链技术下数字版权保护的应对

区块链技术在数字版权保护中面临着诸多挑战，如何使技术与制度相互协

调，促进区块链技术与法律制度二者相适应，值得我们思考。

（一）积极推行版权保护联盟链

目前我国已落地的区块链保护平台多为采用私有链模式，造成了各平台之间的认证产生隔阂，不能兼容操作，导致区块链技术数字版权登记的权威性得不到保证，极易致使整个区块链保护体系崩塌。公有链模式和联盟链模式则能打通数据实施协同，避免出现因信息无法共享的多米诺骨牌效应。

鉴于公有链模式不存在第三方对链上行为进行监督和管理，可控性低，会面临更大的风险，容易成为犯罪分子的天然港湾，在我国仅存在理论上的构建可行性。据此，在区块链技术的分类选择中，本文建议借鉴区块链司法实践中的做法，选择联盟链的方式，制定准入机制，把第三方机构、版权管理机构、著作权集体管理组织作为各个节点纳入区块链网络中，建立版权保护联盟链，实现信息的互通。

在联盟链模式下，用户并非作为节点直接参与链中，而是通过客户端（节点共同信任构建的端口）实现与联盟链的对接，简言之，用户将数据上传客户端，由客户端负责上链，据此，客户端在上链前可以充当“守夜人”的角色，对用户拟上链作品进行审查，将抢先登记、非法登记的作品排除在外，构建线下—线上的互通信任，实际上，此种“用户—客户端—联盟链”架构在其他行业已崭露头角，如图 5 所示。

综上所述，联盟链既能构建版权认证统一标准，又能解决上链前的信任问题，应当成为未来区块链数字版权保护平台基础架构的不二之选。

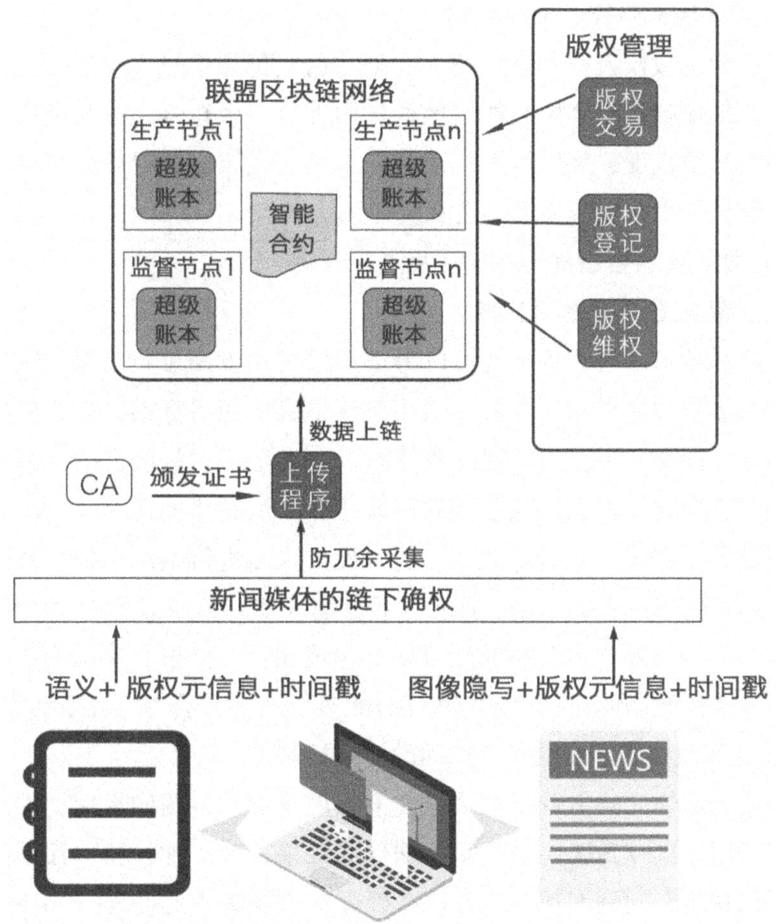

图 5 “新闻媒体联盟链版权保护”具体架构

（二）完善上链前的审查机制

联盟链模式能够有效地解决上链前的真实性风险，排除大量的违规作品上链，其中，“客户端”如何实现有效的上链前审查显得至关重要。

1. 加强区块链技术与其他技术的结合

目前，在“私有链”的模式下，已有部分平台采用人工智能、大数据等技术进行上链前审查，但相关应用的结合显得较为稚嫩，难以应对复杂的作品类型。因此，业界应当将视角更多投入于如何加强区块链技术与其他技术的结合，发挥协同效应，最大限度实现链下信息可信上链。

2. 建立区块链版权登记实名制

本文认为，版权人在“客户端”登记注册时仍需要采取实名制，通过实名认证的方式来保障每个公民只能在区块链中拥有一个账号，一旦出现违规行为就可以视其严重程度，采取封号一个月至数月，直至永久封号的措施，从而实现用户自律，最大限度规避上链前真实性风险。

（三）规范区块链智能合约的应用

1. 完善智能合约技术语言转化

本文认为技术语言转换难题可以考虑从以下两方面进行破解，第一，国家工信部牵头创设智能合约条款转化通用数字语言的相关标准，以适应社会公众的普遍需求，同时，结合人工智能等技术，建立基于法律语言语义分析的交易模型识别与安全检查模型，减小不规范转化、违法转化的概率。第二，加速培养一批“法律 + 技术”复合型人才，引入此类人才进行编码，提高转化的“精度”。目前，我国已有高校致力于培养复合型人才，例如清华大学于 2018 年 4 月正式启动了“计算法学”方向法律硕士学位项目，但仅靠一两所高校的力量无法解决人才短缺的问题，人才培养工作需要社会各界合力，任重而道远。

2. 建立区块链智能合约与法律间的协调机制

我国应当尽快完善出台相关法律政策以规范智能合约的运用，推动智能合约的发展同时达到尊重区块链技术特殊性的效果，对于纯粹技术性原因导致合约不能适用现行合同制度部分规定，在确保双方当事人之间充分知晓且愿意采用智能合约的方式订立合同的前提下，可以不予适用现行合同制度中的相关规定。[①] 与此同时，进一步完善现行制度中有关合同效力、合同变更、合同解除与违约责任追究等制度安排，助推传统合同制度适应新的技术形势，与智能合约顺利衔接，协同发展。

结语

正如习近平总书记在中央政治局第十八次集体学习时强调，区块链技术的集成应用在新的技术革新和产业变革中起着重要作用，我们要把区块链作为核

① 周润、卢迎：《智能合约对我国合同制度的影响与对策》，载《南方金融》2018 年第 5 期。

心技术自主创新的重要突破口，明确主攻方向，加大投入力度，着力攻克一批关键核心技术，加快推动区块链技术和产业创新发展。[①] 区块链技术在数字版权保护方面的应用无疑立于技术革新和产业变革的潮头，其能够有效地解开当前数字版权保护的“戈尔迪之结”，改造及重建版权“确权—用权—维权”的秩序，但区块链技术同其他科技一样利弊共存，在应用中仍有许多法律问题尚待思考。对于区块链技术应用于数字版权保护的法律问题的研究是一项长期而艰巨的任务，本文所剖析的挑战及应对仅为冰山一角。作为法律人，我们始终要关注区块链技术的内在技术风险与数字版权法律不相匹配的情况，采用形而上的价值透视，实现技术与法律的融合，让区块链技术真正成为数字版权保护的最优解，助力“数字中国”的建设。

① 访问地址：http：//www. xinhuanet. com/politics/leaders/2019 - 10/25/c_ 1125153665. htm，最后访问时间：2020 年 10 月 24 日。

第二章 专利商用化

Commercialization of Intellectual Property

专利质押贷款现状与对策

华　冰*

引言

当前，在经济发展新常态、“大众创业、万众创新”的新浪潮下，知识产权在企业发展中发挥着越来越重要的作用。尤其是知识产权与金融资源的有效融合，有助于拓宽中小微企业融资渠道，建立基于知识产权价值实现的多元资本投入机制，引导金融资本向高新技术产业转移，成为近年来从中央到地方都重点推动的业务领域。

中共中央、国务院发布的《关于深化体制机制改革加快实施创新驱动发展战略的若干意见》，以及国务院印发的《关于新形势下加快知识产权强国建设的若干意见》《国家技术转移体系建设方案》《关于推广支持创新相关改革举措的通知》，国家知识产权局印发的《关于进一步推动知识产权金融服务工作的意见》等，都对充分发挥知识产权金融服务作用、进一步激发全社会创新创造活力作出重要部署，具体政策措施包括创新科技企业抵质押物，创新专利投融资产品，鼓励投贷联动试点，完善风险防范和风险分担机制等。地方层面，北京、上海、广东、山东等都陆续出台了一系列知识产权金融创新支持政策，并明确了“十三五”末专利质押融资实现目标。

专利质押融资，即企业以其享有合法所有权的专利权作为质物，经评估后直接或通过担保公司向银行等金融机构申请贷款的一种债权融资方式。如果企业不能如期偿还债务，银行等金融机构作为债权人，有权处置作为质物的专利以担保债权的实现，或者担保公司履行保证义务后有权处置作为反担保的专利以实现担保公司的追偿权。

科技型中小微企业普遍具有轻资产、重专利、高成长、高风险的特点，在出现资金缺口时，传统抵押物有限，时常遭遇融资受阻。而专利作为科技型中小微企业的核心重要资产，专利质押贷款工作是现阶段解决企业资金瓶颈问题的有效方式，有利于促进科技型企业快速、健康发展。

本文以企业专利质押融资现状为主要研究标的，分析专利质押贷款服务体系目前存在的问题，并从融资模式、金融服务管理以及政策等方面对构建专利融资服务体系提出建设性建议，切实助力专利质押贷款落地。

一、我国专利质押融资发展现状

1996 年 10 月，国家知识产权局发布《专利质押合同登记管理暂行办法》，奠定了专利质押融资基础；2006 年，首次出现银行知识产权质押产品，并进行公开讨论；2007 年，银监会出台科技企业融资意见及细则；2008 年，国家知识产权局提出《国家知识产权战略纲要》；2009 年，首批知识产权质押融资试点，各地区形成知识产权质押融资补贴政策；2010 年，关于加强知识产权质押融资与评估管理支持中小企业发展的通知，将专利质押融资与中小企业发展挂钩。国务院办公厅《深入实施国家知识产权战略行动计划（2014—2020 年）》和《“十三五”国家知识产权保护和运用规划》中均指出，到 2020 年，知识产权质押融资年度金额达到 1800 亿元。

（一）专利质押融资主要模式

我国现有的专利质押融资模式，基本可以归纳为三种：传统资产质押模式、保险模式和风险补偿模式。其中，传统资产质押模式以银行为主体，专利质押时与担保公司、再担保作为风险控制手段，利用不动产抵押增信；保险模式包括评估责任险模式、人保模式和青岛模式；风险补偿模式系指广东中山等地区的风险补偿基金，用于降低银行风险。

1. 传统资产质押模式

传统资产质押模式是借款企业将专利质押给银行作为担保，由银行向企业发放相应贷款。由于商业银行对专利作为担保物持较为审慎的态度，为降低风险，银行一般会要求企业补充担保措施，例如，固定资产的抵押、股权质押或是保证担保方式。也是商业银行要求借款企业提供的增信措施，无论是抵押、质押还是保证担保方式，均是沿着这一思路出发，将专利与其他资产捆绑在一起，形成“捆绑”式的专利质押融资方式。

2. 担保模式

由专业担保机构提供保证担保措施的专利质押融资模式，该模式引入专业担保机构，由担保公司为企业的该笔借款提供担保。而企业不再将专利质押给银行，而是作为反担保措施质押给担保公司。江西、湖南主要采用此类模式。

由专业的担保公司提供保证，从根本上降低了银行风险，也解决了专利作为质押物可能对银行带来的所有风险。但这仅对银行而言，专利作为担保物的种种“缺陷”并没有从根本上得到解决，只是相应的风险被转嫁到了担保公司。此类模式在实操中除专利质押外，担保公司一般还会增加抵押、质押、保证等反担保措施。

3. 保险模式

保险模式在专利质押融资模式基础上引入保险机制，通过保险产品进一步分担及降低风险，提高银行参与专利质押融资业务的意愿。青岛、陕西和重庆都是积极推广此类模式的代表。

例如，青岛市于 2016 年 7 月 1 日推出的专利质押贷款保证保险新险种，由保险机构、担保机构和银行三方按 6:2:2 的比例共同承担融资风险，创立了以贷款风险分摊机制为核心的专利质/押保险贷款模式。陕西省和重庆市均在该省市出台的专利质押贷款管理办法中明确提出支持保险机构开发各类专利质押贷款保险产品，鼓励借贷双方以保险方式降低专利质押贷款风险。

4. 风险补偿模式

风险补偿模式具体操作为由政府出资，设置质押贷款风险处置资金池，商业银行提供的可贷规模按资金池放大一定倍数，为符合要求的企业提供专利质押贷款。一旦出现还款违约，利用风险资金池履行代偿义务，利用政府资金降低金融机构的风险。

风险补偿模式的本质在于政府为银行资金兜底，一旦出现坏账风险，政府设计的风险处置资金池将代为偿还贷款。政府通过对银行、担保公司等金融机构开展知识产权融资业务发生的最终风险进行补偿的方式是最直接的手段。具体地，风险补偿模式分为：政府补贴、构建风险补偿资金池、设立风险基金、以担保的方式进行风险补偿。

（二）我国政策支持情况

为推动专利质押融资工作开展，让更多企业盘活专利资产，也让专利质押融资惠及更多中小企业，国家出台大量政策和补贴机制，各地方也针对当地资源优势的特点，出台了不同的政策支持。主要体现在对企业、对中介服务机构、对银行等金融机构的补贴或奖励政策，以及对金融机构的风险补偿政策。

1. 支持企业

对企业的贴息政策：包括贴息期限、贴息率、贴息最高限额等。

贴息期间：一般为1—3年。

贴息率：一般按基准利率计，给予所付利息30%至50%的补贴，更高的有80%甚至100%，年最高贴息额度一般为10万—50万元。

担保费补贴政策：一般补贴10%—50%，部分地区实行全额补贴。

评估费补贴政策：一般补贴50%—80%，有些规定了单笔最高限额，部分区域实行分级补助，根据融资金额而设不同的补贴标准。

其他费用补贴政策：有些政府区域补贴包括保险费、登记费用、律师费用等。

2. 支持中介服务机构

不同区域对中介服务机构的奖励和补贴各有不同，有的给担保机构一定比例贷款额的一次性奖励，再补贴担保机构一定比例贷款额，设置上限；有的按贷款额度阶梯性给担保机构补助；有的给担保公司和评估公司奖励；有的按贷款额比例给中介服务机构补贴；有的在此基础上设置上限和下限。

3. 支持银行等金融机构

国家对银行等金融机构设置的补贴一般以贷款额度为标准，按比例给奖励，有的按比例补助风险准备金，对于新开展专利质押贷款的银行，也会有一定金额的奖励。另外，部分区域对利率较低的银行，会补助利息。

（三）市场现状

1. 绝大部分企业无缘专利融资

据公开数据，“十二五”期间，我国专利质押融资总额1533亿元、5000余笔，其中2015年新增560亿元、2000余笔。2006年至2015年，北京市共发放专利质押贷款131亿元、886笔，其中2015年新增33.6亿元、192笔，位居全国第六。2017年，全国专利质押融资总额720亿元，同比增长65%；质押项目数 4177 项，同比增长 60%，平均单项融资金额 1700 余万元。

从上述数据中不难看出，不管从单笔贷款额度还是服务企业数量上看，仅有少数企业能通过专利质押获得贷款，而且大多是成熟企业、国有企业或上市公司。甚至，现实中出现天价专利质押贷款，2013 年山东聊城泉林集团以 110 件专利、34 件注册商标等质押实现贷款 79 亿元，单件专利均价几千万元，这显然超出了中小微企业需要的资金规模，也未能反映出单件专利的正常价值。

因此，鲜有小微企业实现专利质押贷款是不争的事实，动辄数千万元、上亿元额度的贷款也不应是多数中小企业正常需求，明显偏离了专利质押贷款促进科技型中小企业融资、加速专利资本化的设计初衷。

2. 科技企业专利融资需求迫切

据调查，中关村近 49.5% 的企业将“资金”作为其发展的首要制约因素，但金融机构贷款占比不足 2%。融资难、融资贵依然是制约我国科技企业发展的重要原因。

科技型企业的特点是轻资产、高投入、高成长、高风险，一些科技型小微企业甚至没房没地没收入，只有知识资产，通过无形资产实现融资是科技企业内在需求，也是缓解科技型企业融资难的有效途径。但由于小微企业专利融资需求与商业银行风险防控要求脱节，“捆绑式”的专利质押贷款对大多数科技型小微企业来说只能是“传说”。

3. 商业银行内部受限阻碍重重

从银行本身分析，一方面，专利质押贷款仅是商业银行众多信贷业务之一，与对企业基本要求类似的信用贷款相比，手续更复杂、融资成本更高，银行缺乏内生动力；另一方面，银行本身的业务种类和业务逻辑与专利质押融资业务的开展条件适配度不高。例如，银行驾驭专利质押的能力不够，第一还款来源是刚性要求，而专利质押属于弱担保，轻资产、高投入、高风险的中小微科技型企业多数不符合银行风险防控要求等，也阻碍了专利质押贷款业务发展。担保机构面临与银行类似的问题。

从外部环境分析，近年来国家高度重视专利质押贷款工作，创新驱动发展战略意见、专利强国建设意见以及双创意见等重要文件均提出明确要求，银行监管部门也发文要求银行开展业务。同时，部分地方政府出台各种支持政策，力度相当大。

在上级要求和地方政策激励的双重驱动下，银行对符合其信贷条件的成熟企业或成长性较好的企业，在原有信贷方式基础上，增加专利质押担保，形式上表现为专利质押贷款，实质上是“捆绑式”。一是捆绑其他硬资产抵押，专利质押作为增信措施，一般情况下抵押物的市场价值完全覆盖全部贷款风险；二是捆绑企业信用，在授信额度内发放专利质押贷款。如果企业达不到银行授信要求，专利质押贷款就不能实现。

二、我国专利质押贷款问题分析

专利是科技型中小企业发展的核心竞争力，但在中小企业融资上并未发挥重要作用。究其原因，主要有以下几点：

（一）专利的价值判断困难

不能否认的是，专利具有重要的价值，特别是对于不少科技型企业来说，专利甚至是整个企业创造价值的源泉，但要想准确地判断出专利的价值却尤为困难。目前常用的专利估值方式还是参考无形资产评估方法，主要包括成本法、市场法和收益法。

从科技型企业的角度来看，专利的价值判断也很困难。一方面，初创期的科技型企业缺少必要的经营数据，无法按照现有专利评估方式获得专利价值评估。无论是市场法还是收益法均需要企业有相应的产品、销售额，正常经营以后才能估算，因此，初创期科技型企业无法获得专利价值评估。另一方面，专利的机制受技术革新、技术路线影响大，价值波动大，即使有了一定时间的稳定经营，轻资产型科技型企业希望获得纯专利质押贷款依旧困难。专利的价值在整个贷款期内有可能发生变化。例如，某项专利所指向的技术有可能因为技术更迭而变得毫无价值，也有可能因为产品更新换代而被淘汰。

（二）金融机构对评估结果的认可度不高

专利融资业务发展的最大瓶颈是专利自身价值波动大，难以评估。由于专利自身具有时效性、无形性、专有性及权利有限性等特征，这使得专利价值波动性较大，目前专利价值评估结果并不能完全得到银行等金融机构的认可。首先，目前国内没有针对专利资产制定专门的评估准则，实务中往往借鉴无形资产评估准则，缺乏具有针对性的评估标准。其次，评估机构不要求专业性，评估人员素质参差不齐。专利评估涉及法律状态、技术状态、经济价值等多个方面，评估要求专业度非常高，而各类资产评估机构水平良莠不齐，不同评估机构对同一专利的评估结果可能出现非常大的差异。即使同一评估机构采取不同的评估方法，评估结果也可能出现非常大的差异。因此，即使银行拿到评估机构的价值评估报告，其对拟质押专利的质押率也控制得非常低，基本上控制在专利评估价值的30%以内。这在一定程度上限制了企业的贷款规模，致使企业通过专利质押只能融到短期小额资金，满足不了企业的融资需求。①

（三）专利处置变现困难，银行风险高

与土地、房屋等不动产相比，专利的流动性相对较差，银行等金融机构不是专业的专利运营机构，一旦借款企业出现逾期，银行等金融机构很难像处置不动产那样，能迅速通过拍卖、转让等方式实现债权，收回贷款本金，导致银行的风险很高，与贷款的低收益难以匹配，银行的动力不足。

银行等金融机构本身并不是专业运营专利的机构，即使有评估公司为其提供专利的价值判断，其在专利的处置和交易也是困难重重。

1. 缺乏成熟统一的专利交易平台

目前国内缺乏成熟统一和市场公认的专利交易平台，一旦出现风险，银行很难对专利进行处置。

2. 缺乏对接技术需求的能力

专利往往需要同特定企业的特定产品相联系才能真正体现其价值。对于生产此种商品的企业，甚至采用此种技术路线的企业，此专利才具有价值，而对于其他企业该技术可能一文不值。银行等金融机构对于技术不了解，一旦出现专利权人逾期不能还贷的情况，无法找到价格合理有效的处置渠道。

3. 缺乏多方位判断专利价值的能力

专利的价值除了体现在其依附的商品上之外，也可能仅因为其具有防御性，能够帮助该企业实现专利布局而独具价值。对于此类专利，银行等金融机构乃至普通的专利评估机构没有对其行业的深刻了解、对技术路线的精准掌握、对其竞争企业的仔细筛选，很难顺利以应有的价值处置该专利。

（四）企业专利融资成本高

对于以轻资产为主的成长中的科技型中小企业，其本身的经营风险就比大

---

① 中关村知识产权融资服务体系构建研究。

企业高。因此，对这种类型的企业，银行在常规信用贷款时的贷款利率上浮比率可能要比大企业贷款利率高。由于没有固定资产抵押作为贷款增信措施，银行通常会要求企业提供担保机构对贷款进行担保。担保公司并非无偿担保，通常会向企业收取贷款金额2%左右的担保费。此外，如果企业以专利作为贷款质押担保，由于银行对拟质押的专利价值及风险缺乏判断能力，为了降低其贷款风险，通常会要求企业聘请专业的资产评估机构及律师事务所对拟质押的专利进行价值和风险评估。这无疑又增加了企业融资成本。这种成本过高的专利融资让很多流动资金本就紧缺的科技型中小企业望而却步，也是现有专利融资模式很难规模化发展的重要原因。

（五）出资者的风险和收益不匹配

1. 科技型企业特点

科技型小微企业普遍轻资产、高投入、高风险，债权融资是较好的选择，希望通过较低的成本获得银行的资金支持。但这类企业在前期很少有房屋等有形资产用于抵押，难以满足银行风险控制的要求，导致其融资难度大，成本高，额度小，很大程度上限制了科技型企业的发展。

科技型企业同时具备高成长、高收益的特点，一旦发展顺利，可以获得较大的收益，这种特点往往容易得到股权投资者的青睐。

2. 出资者的风险

不管是传统资产质押模式、保险模式还是风险补偿模式，现阶段均在通过各种方式降低或转移金融机构的风险，试图通过降低金融机构的风险来解决债权融资的高风险与低收益不匹配导致的动力不足问题。

为了降低风险，各地用“担保”“保险”的方式增信，有的在“担保”“保险”的基础上进一步增加增信措施或是组合使用多种增信措施，比如“担保+保险”的组合，又如“担保+再担保”“保险+再保险”等多种增信措施的排列组合，但无论如何变化，归根结底是为了弥补专利作为质押物价值实现无法保障的缺陷，进一步分摊银行风险，提高银行开展专利质押融资业务的积极性。

风险补偿模式在一定程度上降低了金融机构的风险，但专利融资的本质风险并没有真正地降低，只是将风险转移给了地方政府。从落地效果来看，并没有大规模地推广开，也没有惠及普通小微科技企业。

3. 如何平衡风险与收益

将专利作为质押物，为小微科技型企业提供贷款，出资方将承担高风险，与贷款的低收益相矛盾。现有的专利融资方式，都在试图降低出资者的风险。但是，科技型企业最大的特色是高成长和高收益，现有的专利融资模式中，并没有将高收益的特色与前期贷款出资者承担的高风险关联在一起，导致政府虽然一直在推动专利融资，市场规模却一直没有做大。

而且，由于专利质押融资的根本问题——质押物变现问题没有解决，高风险低收益问题亦没有解决。同时，由于金融机构需要转移风险，导致多方参与，监管主体过多带来的程序烦琐、市场化程度不高、贷款效率低等问题，影响了企业的积极性。

三、专利质押融资模式创新

（一）投贷联动创新模式

“投贷联动”顾名思义就是投资与贷款两种融资模式为同一家企业服务。其具体做法是将有融资需求的科技企业入库，在通过初步审核后，评估公司与基金公司协同对企业的专利和股权进行评估，设计交易方案；交易方案与企业达成一致后，评估公司、基金公司、担保公司和银行一同对企业进行联合尽职调查；项目过会后，基金公司向担保公司出具对企业股权和专利的兜底承诺函；同时，企业以“股权 + 专利 + 法人无限连带责任”的形式进行反担保，与担保公司签署担保协议；担保公司向合作银行出具担保函；银行收到担保函后，同企业签署贷款合同，对其发放贷款；企业在获得贷款融资的同时，给予基金公司未来 3 年内的优先投资期权，投资条件与估值和当轮投资人一致。

“投贷联动”的模式将专利质押的高风险与基金公司的投资高收益通过评估公司、担保公司结合在一起，银行作为出资方，经“股权 + 专利 + 法人无限连带责任”的担保后，其承担的风险大大降低，与贷款产品的低收益相匹配，从而实现企业获得资金支持、银行低风险低收益、基金高收益高风险等多方平衡的产品模式。

（二）专利运营 + 投贷联动模式

投贷联动模式相对于传统的专利质押贷款模式，已经在很大程度上解决了风险与收益差距的问题，但是，专利在整个环节中的作用不明显，难处置的风险一直未得到解决，于是，出现了“专利运营+投贷联动”模式。

该模式以专业的专利运营公司主导（以北京专利运营管理有限公司，简称北京IP为例），兼顾原投贷联动模式的运作方式，通过银行向企业贷款，基金公司获得优先投资权，同时，专业专利运营公司对企业的专利提供专业运营服务，包括企业知识产权战略、知识产权管理标准化、专利托管、专利转让、许可、作价入股、维权、PCT专利申请布局等。

该模式由专利运营公司负责专利评价和风险处置，利用专利运营有效化解了商业银行或担保机构面临的专利“三难”问题，充分发挥了专利运营作为银行与企业之间桥梁的作用。充分运用专利运营理念，集专利质押贷款、专利运营、股权投资等服务于一体，通过专利运营处置贷款风险，通过股权投资弥补贷款损失。不仅切实解决了一批中小微科技企业融资难和融资贵的问题，股权投资和专利运营增值服务也更好地助力企业发展。

专利运营机构的加入能够真正解决专利的价值判断与处置问题，从根本上解决现有专利融资模式中质押物处置变现问题，是专利质押融资破题的根本出路所在，也是未来该行业的发展方向。

同时，作为独立的企业法人，通过投贷联动可以通过股权投资加强与企业的紧密联系，将前期贷款潜在风险与后期股权投资可能收益有效关联，解决专利融资中的另一大难题。从而让更多的科技型小微企业不仅可以获得低成本债权融资；又可以降低银行的风险，提高银行的积极性；还可以培育更多的科技型企业，提高股权投资收益，多方受益。从而扩大专利融资的市场规模，有望成为科技型小微企业普适的融资渠道。

四、专利质押融资建议

基于上述提到的专利质押融资存在的问题，借鉴现有的专利融资模式和创新方案，如果能在贷款过程中降低处置的难度，精准对接处置目标，增加企业违约的成本，可有效提高专利质押贷款过程中的信用度，降低银行的风险。

（一）项目建议

基于上述基本思路，针对具体企业专利贷款工作方案建议如下：

1. 贷前

尽职调查时调查企业主要收入产品、现营利产品、未来主要营利产品、核心专利、主要竞争对手等情况，包括主要竞品和主要竞品公司，尤其是公司主要营利产品、专利产品的竞品公司，将相关信息体现在项目报告里。收集三个以上竞品公司的基本信息。

2. 贷中

挑选客户与主营业务、未来业务直接相关的专利作为质押专利，告知企业主，一旦逾期不还款，能尽快精准地将质押专利许可或转让给竞品公司，增加企业不还款的风险。

3. 贷后

定期跟踪企业经营情况，一旦出现还贷风险，便启动与目标专利买方接洽的程序。

4. 委贷启动后

与企业的各竞争对手公司谈判，或组织相关同行进行集中拍卖或组合许可，价高者得。许可费抵扣完贷款利息可偿还贷款本金。

这样做的好处有以下几点：

1. 在贷款放出之前结合尽职调查、行业调查、专利信息等途径（尽职调查为主，企业主最了解竞争对手情况），对质押专利的处置提前做一定的准备工作。

2. 增加企业主的还款积极性，因为一旦不还款，专利将转让或许可给竞争对手，既可能会失去其主要专利储备，又可能会失去行业地位，相当于在同行里将其企业经营状态不好的一面广而告之。

3. 提前储备专利潜在买方信息，一旦出现风险，处置目标明确，周期短，可实现快速变现；而且由于竞争关系，对方更能识别专利价值、实现专利价值，专利处置的变现额度可以更高。同时，多方同时接洽，可以使竞争对手之间形成竞价，一旦一方不买，竞争对手买走也会是压力，可以间接增加专利处置价格。

通过上述操作，一方面可以增加专利质押的专业度，提高银行对专利质押的信心；另一方面有专利处置的基础，利市专利处置效率，从而间接增加企业违约风险。从多维度促进企业守信按时还款，在专利质押全过程中增加专利自身的分量和价值，从根源上降低专利质押的难度。

（二）行业建议

从推动专利质押行业发展来看，要想大范围推进专利质押贷款，帮助小微企业解决融资难、融资贵的问题，需要从各方面推进，解决专利处置难问题仍是首要工作。具体建议如下：

1. 打造全国性专利投贷联动工作平台，构建包括质押融资、股权投资和专利运营联动服务体系，形成可持续发展的专利运营生态系统。

2. 由专业的专利运营公司主导，以专利投贷联动业务模式为基础，大力推进投贷联动、专利运营联动服务，提升专利专业服务能力和处置能力，破解现有专利金融服务模式的发展瓶颈。

3. 质押贷款业务中，筛选高成长优质企业锁定企业优先认股权，构建股权投资项目池，并通过质押贷款业务长期深入了解企业，提高股权投资成功率。

4. 设计专利评价分析产品和专利处置产品，构建专利池和专利孵化能力。其中，专利评价分析为质押贷款和股权投资业务中优质专利和优质企业筛选提供支撑；专利处置能力为质押贷款提供处置通道，降低质押贷款风险。

5. 与大学、科研机构等创新源头对接，构建专利资源池，以专利资源池为依托为企业提供技术引进支持或开展技术投资孵化业务，助力质押贷款企业和股权投资企业的技术进步和发展。

6. 政府对企业提供补贴或资助，对于企业选择专利投贷联动服务中联动服务的，给予专利融资成本如银行利息、担保费、评估费、运营服务费等补贴，鼓励企业选择联动服务。

7. 政府出台政策，为专业专利运营机构提供办公支持，为债权平台提供风险补偿政策支持。

8. 国家知识产权局与国务院相关监管部门加强沟通，争取相关部门对此项业务的支持。

药物新用途创新法治保障制度失灵的理论解析*

金春阳**

摘要：创新药公司对于新药、其初始用途以及后续研发出的新用途都可取得专利权及药物试验数据专有权保护，这两种权利皆为排他权，旨在保障创新药公司在市场上拥有独占营销地位。但在美国的实践中，一旦初始排他权到期，仿制药将被允许甚至鼓励上市，后续排他权无法保障创新药公司在药物新用途市场的独占营销地位。从行政监管、医药实践及司法救济三个方面解析药物新用途创新法治保障制度失灵的原因，发现利益相关方在行政监管和医药实践中规避后续排他权是导致制度失灵的主要原因，而后续排他权本身侵权易、维权难的特点是次要原因。

关键词：药品专利　创新药　仿制药　专利链接　方法专利

创新药公司在获得化学药（以下简称药物）上市批准后通常会继续研究药物，以期探索配制药物的新方法，修改活性成分，从而研发出不同或更好的安全有效的药物用法。创新药公司还会研究药物在治疗新病症方面的有用性。药物新用途研究持续时间长，投入资金量大，需要足够的激励措施予以鼓励。依据美国的联邦法律，创新药公司对于新药及其用途可依法取得专利权和药物试验数据专有权（以下简称初始排他权），而对于后续研发中发现的新用途，也可依法取得专利权和药物试验数据专有权（以下简称后续排他权）。无论是专利权还是药物试验数据专有权，皆为排他权，在一定时期内禁止他人实施专利

* 本文是教育部重大攻关课题“推进丝绸之路经济带建设研究”（14JZD022）及陕西省软科学项目“陕西开放协同高效的科技创新生态构建研究”（2019KRM003）的阶段性成果。

** 西安交通大学法学院教授、法学博士。

和使用药物试验数据。创新药公司在市场上利用此种排他地位为自己开发的创新药设定较高价格，从而使回收研发投资的制度设计被认为总体上是有利于促进民生福祉的①。

初始排他权到期后，美国联邦法和州法设计了一套规则确保便宜仿制药不仅得到迅速批准，而且在医生开出创新药时仿制药自动替代创新药②。在仿制药的批准、配售和使用方面，美国食品药品管理局的部门规章和实务操作、美国各州法律政策以及医药机构和医疗保险相关人员的行为削弱了后续排他权对于药物新用途的保护效果。在实践中，仿制药被习惯性地甚至是故意地配售于"侵权用途"，即侵害创新药公司的后续排他权所涵盖的用途。而根据美国现行法律，创新药公司在制止此类侵权行为时困难重重，几乎不可能行使其权利。美国联邦法律为激励药物新用途创新而设计的法治保障制度无法正常运转，形同虚设，创新药公司的后续排他权沦落为一纸空文，缺乏执行力。

美国社会虚化弱化创新药公司后续排他权的基本目的似乎在于保障便宜仿制药的可及可享。在美国社会，仿制药在新用途的大面积使用是用后续排他权的形骸化作为代价的。在削减医药费用、保障可及可享与保护知识产权之间，美国社会选择了前者。在初始排他权到期后药物新用途创新的商用选择上，美国社会作出了规避后续排他权，推动仿制药进入新用途市场的贴近公众朴素情感的选择。本文的第一部分探讨药物新用途创新法治保障制度的内容及制度失灵现象，第二部分至第四部分分别从行政监管、医药实践及司法救济三个方面解析药物新用途创新法治保障制度失灵的原因，从而对此问题有一个全面而深入的理解。结论部分结合我国正在推进的专利链接立法，提出建议及今后的研究方向。

一、药物新用途创新法治保障制度的内容及制度失灵现象

新药的全部潜力可能在其最初获得批准后的数年内才显现出来，但这种后

---

① See Gregory Dolin, *Exclusivity Without Patents: The New Frontier of FDA Regulation for Genetic Materials*, 98 Iowa Law Review 1399, 1423 (2013).

② See Erika Lietzan, *The Uncharted Waters of Competition and Innovation in Biological Medicines*, 44 Florida State University Law Review 883, 888–89, 936–37 (2017).

续研究需要时间和资金投入。尽管药物新用途研发所需投资通常少于从头开始研发新药所需投资，但仍然是十分可观的。进行美国食品药品管理局批准药物新用途所需的第二阶段和第三阶段试验可能需要3年到6年，花费1亿到3亿美元，在某些情况下，它可能更昂贵且需更长时间①。例如，礼来公司在盐酸雷洛昔芬获批用于治疗骨质疏松症前的试验中观察到其治疗乳腺癌的潜在用途，并在获批治疗骨质疏松症后两年发布的第一项乳腺癌研究中披露其治疗乳腺癌的显著效果。但美国食品药品管理局认为这远远不够，要求礼来公司开展进一步研究，直到2007年才批准盐酸雷洛昔芬用于两个乳腺癌适应症的治疗，此前礼来公司在近十年中对近30000名女性追加进行了三项对照临床试验，耗资不菲②。专利权和药物试验数据专有权是进行药物新用途研发的主要激励措施，二者本质上是赋予药物新用途发明人一段时期内禁止他人市场竞争的排他权。

（一）专利权

美国专利法保护已知物质成分的新用途。美国《专利法》第101条规定“任何人发明或发现任何新的、有用的程序、机器、人造物、合成物，或对它们进行了任何新的、有用的改进”，如果满足授予专利的实质条件，可以获得专利。由此可见，第101条规定了四种可获专利的主体，即程序、机器、人造物以及合成物。1952年，国会修法明确“程序”一词包括“已知机器、制造、物质或材料的新用途”③。创新药公司研发出药物的新用途后可以获取专利，但药物新用途专利的效力仅限于该新用途，不延及药物本身，也无权禁止他人将药物用于其本来用途。仿制药公司也可以研发出创新药的新用途，也可以就此获取专利，但此时，药物新用途专利和药物化合物专利分属仿制药公司和创新药公司，仿制药公司实施其药物新用途专利必将构成侵害药物化合物专利，需取得创新药公司许可后才能实施。

（二）3年药物试验数据专有权

如果某种药物新用途向美国食品药品管理局报批上市需要提交除了生物利

---

① See Caraco Pharm. Labs. V. Novo Nordisk A/S, 566 U. S. 399 (2012) (No. 10 - 844), 2011 WL 5073031.

② See Henry G. Grabowski & Jeffrey L. Moe, *Impact of Economic, Regulatory, and Patent Policies on Innovation in Cancer Chemoprevention*, 1 Cancer Prevention Research 84, 85 (2008).

③ See 35 U. S. C. §100 (b) (2012).

用度以外的其他临床试验数据，则《美国联邦食品、药品和化妆品法》规定药物新用途发明人享有 3 年药物试验数据专有权①。这与新药批准后可能附带的 5 年药物试验数据专有权本质上是一致的，美国食品药品管理局在这段时间内将不再批准其他具有相同适应症的药物上市，以确保新药和新用途发明人在市场上享有与其创新贡献度相匹配的独家营销权益。

药物新用途的 3 年数据专有权来自《药品价格竞争与专利期补偿法》，其最初于 1984 年 8 月的初稿表述是赋予法案颁布后获批新药 4 年数据专有权，赋予法案颁布前 2 年内获批新药 10 年数据专有权，并未谈及药物新用途的数据专有权。参与立法工作的创新药公司不约而同地表达了渐进式创新的重要意义，认为法案初稿对此只字不提是不恰当的，因为药物新用途创新对于促进公众健康的贡献丝毫不逊于新药活性成分本身。《药品价格竞争与专利期补偿法》文本因此而改变，对于提交了临床试验数据的药物新用途报批申请，赋予申请人 3 年数据专有权，在此期限内，美国食品药品管理局不再批准其他公司提出的相同用途上市申请②。

《药品价格竞争与专利期补偿法》法案提案人之一哈奇参议院议员在参议院审议该法案时反复说明了药物新用途 3 年数据专有权的来由及立法目的。他解释说新药报批申请人将获得 5 年数据专有权，新用途报批申请人如提交了临床试验数据将获得 3 年数据专有权，这是因为获得美国食品药品管理局所要求标准的临床试验数据需要投入大量时间和资金。《药品价格竞争与专利期补偿法》的另一位提案人瓦克斯曼众议院议员在 1984 年 9 月法案提交众议院审议时就法案表述做出说明，认为 3 年数据专有权赋予制药企业一定时期内的市场排他权益，从而激励制药企业围绕已批准药物开展持续研究，发掘重大治疗用途，并积极向美国食品药品管理局披露临床试验数据。瓦克斯曼众议院议员解释说，法案起草者的立场是，赋予那些发现具有重大价值且值得投入资金开展临床试验，并致力于研究药物新用途的公司 3 年数据专有权是合理的。

（三）7 年孤儿药物试验数据专有权

依据《美国联邦食品、药品和化妆品法》，自 1983 年以来，获批上市的药

---

① See 21 U. S. C. § 355 (j) (5) (F) (iv).

② See Alan D. Lourie, *Patent Term Restoration*, 66 Journal of the Patent Office Society 526, 547 - 548 (1984).

物如果是治疗罕见疾病的药物（俗称“孤儿药”），申请人还可享受为期7年的药物试验数据专有权，在此期间内，美国食品药品管理局不再批准其他就相同药物化合物的相同用途提出的上市申请①。7年数据专有权和3年数据专有权本质上都是排他性权利，只能禁止他人就相同用途展开的竞争而无法禁止他人就相同药物化合物展开的竞争。7年孤儿药物试验数据专有权对于生物制剂创新药公司尤为重要，因生物制剂新用途不能享受3年数据专有权而只能获得7年孤儿药物试验数据专有权。

美国食品药品管理局对于孤儿药物试验数据专有权申请采取随时受理的积极态度，制药企业在药物的首次申请及其后的补充申请中均有机会获得7年数据专有权。如果药物在首次申请上市时没有达到孤儿药标准而在后来达到相关标准的，也可获得7年数据专有权。最初批准上市用于常见疾病治疗的药物在随后研发中发现可治疗罕见疾病而获得7年数据专有权的例子不在少数。

药物新用途专利权、3年及7年数据专有权的初衷及目的相同，皆为激励药物新用途创新持续进行。这三类权利的存在旨在为药物新用途研发企业创设一定期间内独享市场收益的机会，竞争对手销售的药物在此期间不得用于相同用途。这三类权利在法律上为药物用于新用途设置准入门槛，而不禁止在新用途之外的竞争。任何人不经权利人许可不得涉足新用途而获取经济利益，但都有权在新用途之外的用途合法营销药物。专利权保护、3年及7年药物试验数据专有权理论上是用于阻断市场竞争的短期门槛，现实中却形同虚设，没有发挥预期作用。创新药公司有能力研发药物新用途，却在本该无人竞争的市场中拼不过仿制药公司。这是美国食品药品管理局、各州、医生、药剂师、仿制药公司及医保公司的政策和实践结合所产生的合力作用下的结果。根据现行法律，创新药公司几乎不可能阻止这些销售行为或事后获得司法救济。

二、药物新用途创新法治保障制度失灵的行政监管原因

（一）同药同标条款的曲解与“瘦身标签”的合法化

《美国联邦食品、药品和化妆品法》规定仿制药贴附的标签应当和创新药

---

① See 21 U. S. C. §360cc (a) (2012).

保持一致[①]，在美国食品药品管理局颁布的部门规章中，对此上位法的解读是，仿制药贴附的标签可以略去受创新药后续排他权保护的病症[②]。仿制药贴附的标签略去部分内容，就变成了创新药标签“瘦身”后的“瘦身标签”。美国食品药品管理局可以向贴附“瘦身标签”的仿制药上市申请人颁发上市许可。对于美国食品药品管理局的此种实务操作，创新药巨头百时美施贵宝公司在诉讼中提出质疑，认为这超出了法律的授权范围[③]。在本案中，百时美施贵宝公司的创新药不仅能治疗高血压，还对其他两个受后续排他权保护的病症有效，而这两个病症都没有在涉案仿制药“瘦身标签”的适应症说明里显示。《美国联邦食品、药品和化妆品法》在要求仿制药标签和创新药标签保持一致的同时，允许在两个例外情形下两种标签可以有所不同，但出于回避后续排他权目的而“瘦身标签”适应症的行为并不包含在这两个例外情形之内[④]。

第一种例外情形是指美国食品药品管理局允许仿制药公司改变给药途径、剂型、强度或多种活性成分中的一种时，仿制药标签可与创新药标签有所不同，但此种不同仅限上述列举条目的不同，显然不包括适应症的不同。第二种例外情形是在仿制药和创新药由两家不同公司生产或销售情况下，标签不得不有所不同的，可以有所不同。仿制药公司即便和创新药公司属于两家不同公司，也可通过协商获得创新药公司关于后续排他权所保护适应症的许可从而在其标签上显示，很难说属于“不得不”贴附不同标签的情形。

美国食品药品管理局不仅认为《美国联邦食品、药品和化妆品法》的同药同标条款从字面含义上就允许仿制药公司在上市申请中将受创新药公司后续排他权保护的病症从仿制药标签中略去，还拿出众议院能源和商业委员会1984年的一份报告用于佐证其观点。这份报告就当时正在审议中的《药品价格竞争与专利期补偿法》作出评述，认为其允许仿制药被批准用于创新药的部分用途。实际上，这份报告评述的法案是第335（j）（2）（A）（viii）的非专利用途条款，而非第335（j）（2）（A）（v）的同药同标条款。非专利用途条款要结合前一条的专利申明条款来理解。专利申明条款规定，仿制药公司在上市申请中

---

① See 21 U. S. C. §355（j）（2）（A）（v）（2012）.

② See 21 C. F. R. §314. 94（a）（8）（iv）（2017）.

③ See Bristol – Myers Squibb Co. V. Shalala, 91 F. 3d 1493, 1499（D. C. Cir. 1996）.

④ See 21 U. S. C. §355（j）（2）（A）（v）.

应当就创新药专利作出专利权届满、无效或不侵权申明，其后的非专利用途条款则规定，如果仿制药报批的用途不在创新药新用途专利的权利范围内，仿制药公司的报批材料应当包括此项内容的申明书。众议院能源和商业委员会的报告把非专利用途条款解读为仿制药公司可就创新药的初始用途获得上市批准，而无须同时就创新药的新用途报批。其实，无论从非专利用途条款文意本身，还是从其立法历史，都很难找出一个合理的说法来调和该条款与同药同标条款之间的冲突。

众议院能源和商业委员会报告发布数月后，《药品价格竞争与专利期补偿法》进行了修改，为药物新用途新设置了药物试验数据专有权。因此，从时间先后顺序也可以看出，众议院能源和商业委员会的报告仅是就仿制药上市报批中新老用途与专利之间关系做出的解释，并不涉及新老用途与药物试验数据专有权之间关系应当如何解读。美国哥伦比亚特区联邦巡回上诉法院在判决中审查了美国食品药品管理局的行政审批决定，认为其从立法历史中找到了认可“瘦身标签”的强有力的佐证。法院还认为，国会是在仿制药行政审批程序不会阻止“瘦身标签”的前提下新设了药物试验数据专有权的，该数据专有权不会影响之前“瘦身标签”的合法地位。“瘦身标签”之争至此尘埃落定，美国食品药品管理局可以批准仿制药上市用于治疗高血压，百时美施贵宝公司就创新药的其他两个新用途拥有的后续排他权无法阻止仿制药上市步伐。因此，至少从本案宣判的1996年开始，无论是药物新用途专利权，还是新用途试验数据专有权，都无力阻断仅贴附老用途标签的仿制药上市。

（二）仿制药用于新用途的事实和意图不影响上市审批

在特定情况下，有的仿制药只是零星用于不再受初始排他权保护的老用途，而绝大多数用于受后续排他权保护的新用途，即便这是事实也不会改变美国食品药品管理局的做法，更不会影响法院的态度。我们可从2002年一个涉及左卡尼汀的案件中窥其一斑①。创新药公司先是获批用于治疗新陈代谢功能障碍，随后获批用于治疗晚期肾脏疾病。其产品有口服剂和注射剂两种，但只有注射剂被批准用于治疗晚期肾脏疾病，而这种新用途的销售额占注射剂总销售额的80%以上。晚期肾脏疾病属于罕见疾病，创新药公司因此拥有“孤儿”药物试

① See Sigma - Tau Pharm. Inc. V. Schwetz, 288 F. 3d 141, 147 - 148 (4th Cir. 2002).

验数据专有权。但这些事实都无法阻止美国食品药品管理局批准两款仿制药，即便仿制药公司计划仅销售该产品的注射剂。仿制药公司即便在其标签中剔除了晚期肾脏疾病治疗用途，仿制药事实上也将不可避免地，甚至是有意为之地被用于受创新药公司后续排他权保护的用途。美国联邦第四巡回上诉法院支持了美国食品药品管理局的审批决定，从此仿制药公司可以销售众人皆知会被用于受创新药公司后续排他权保护的用途，法院却认为这是相关法条所允许的行为①。

美国食品药品管理局本应当否决本案仿制药的上市申请，因为美国食品药品管理局自己制定的"孤儿"药物试验数据专有权实施条例规定，在专有权期限内，任何意图将仿制药用于"孤儿"病症的上市申请都应被否决。该条例还规定，美国食品药品管理局在判断意图使用的用途时，应当综合考虑仿制药是否在申请人知情下将被销售、使用在其未标注或未宣传的用途上②。显然，美国食品药品管理局在本案中没有按照实施条例的要求去做，而这直接导致了法院的误判，因为法院通常会尊重行政机关对于其制定的部门规章的解读。本案中的仿制药"瘦身标签"也可以说属于部门规章定义的"贴错标签"的情形③，因其省略的适应症对照该药物惯常使用的结果来看具有十分重要的意义，但此种解释显然不是美国食品药品管理局的立场。

美国食品药品管理局行政决定加上法院判决所形成的合力使得"瘦身标签"披上了合法的外衣。一般而言，一旦创新药的初始排他权到期，最初的适应症不再受到保护后，新用途创新所获得的后续排他权不能阻止仿制药的上市申请得到批准。理论上，仿制药公司可将仿制药面向不再受初始排他权保护的适应症销售，创新药公司可继续享有新用途创新带来的市场排他权益，这是药物新用途后续排他权的本来目的，但这一切看起来都只是空中楼阁，如水中之月镜中之花。药物新用途市场和老用途市场一样，都是对仿制药公司开放的。

（三）橙皮书的药物评级与治疗效果等效性

美国食品药品管理局不仅会批准仿制药贴附"瘦身标签"，省略部分适应症后投入市场，甚至会将仿制药视为治疗效果与创新药等效。20 世纪 70 年代，

① See Id. At 144 – 145.

② See 21 C. F. R. § 201. 128 (2017).

③ See 21 U. S. C. § 321 (n), 352 (a) (2012).

各州开始制定法规以鼓励甚至是要求对于医生处方中开具的创新药用便宜的仿制药取而代之[①]。各州请求美国食品药品管理局给予专业指导，制定指南列出可替代与不可替代药物的名称。美国食品药品管理局在1979年制定了囊括所有安全有效创新药的清单，并列出了治疗效果等效的仿制药。治疗效果等效是指仿制药替换创新药后能够带来相同的临床效果和安全性。该清单在1980年出版后，被业界称为橙皮书，每个月都会补充一些内容，每年都会整体更新一次。

美国食品药品管理局在做出治疗效果等效性判断时不会考虑药物注册的适应症范围。相反，正如橙皮书的序言所解释的，如果生物等效性测试显示两种药物属于药学等效物，美国食品药品管理局就把二者视为治疗效果等效的药物。药学等效物是指两种药物具有相同的活性成分、给药途径、剂型和强度。如果两种产品在相似的实验条件下显示出具有相当的生物利用度，则它们具有生物等效性。换句话说，美国食品药品管理局将治疗效果等效性定义为有形产品的特征在人体内显示出的生物利用度的函数，这和行政审批核准的适应症范围是截然不同的两个概念。

美国食品药品管理局在橙皮书的制作设计中避免了将其治疗效果等效性判断的适用范围限定在已被核准的适应症。仿制药被核准的适应症范围有宽有窄，有的和创新药适应症范围完全一致，有的仅在其中部分范围内得到核准，但橙皮书对此不作区分。橙皮书不会把治疗效果等效性评价跟适应症挂钩。在1996年到2016年，橙皮书的前言也曾有所保留，告知读者在未经核准的适应症使用药物的，治疗效果等效性评级不一定正确。2017年版橙皮书没作任何说明就把这句警示性的话删除了。自橙皮书出版以来的30多年里，只要有仿制药品获批上市，人们就能得知不与适应症挂钩的治疗效果等效性评级。

美国食品药品管理局其实不需要采取这一种适应症等效则全部适应症等效的做法。美国食品药品管理局使用治疗效果等效性概念的时间早于国会颁布的规范仿制药上市审批的《药品价格竞争与专利期补偿法》。《药品价格竞争与专利期补偿法》对提供治疗效果等效性评级没有任何规定，因此美国食品药品管理局可以在没有新立法的情况下停止提供此类等效性评级，或者完全改变评级

① See Henry G. Grabowski & John M. Vernon, *Substitution Laws and Innovation in the Pharmaceutical Industry*, 43 Law and Contemporary Problems 43, 49 (1979).

系统。再者，当前橙皮书中的语言为发布评级时考虑仿制药被核准的适应症范围提供了基础。橙皮书指出必须对两种产品进行“充分标记”才能在治疗效果上等效。橙皮书还指出，治疗效果等效物在“标签规定的条件下”施用于患者时，有望具有相同的临床效果和安全性。这两段表述都可以作为将治疗效果等效性评级跟适应症挂钩的依据。但美国食品药品管理局从来没有采取过这样的立场，即两者的标签都必须标记为相同用途，才能被视为具有治疗效果等效性。相反，对于把后续排他权保护的用途从标签中省略的仿制药，橙皮书毫无保留地给出生物等效和药学等效的评级，并在前言中指出这样的仿制药具有相同的临床效果和安全性，可以替代医生处方中的创新药。

三、药物新用途创新法治保障制度失灵的医药实践原因

（一）州法和医保机构对药剂师的药物替换要求

美国食品药品管理局提供的治疗效果等效性评级和适应症无关，这意味着一般而言，即便医生的处方将创新药用于后续排他权保护的用途，也将被自动替换为仿制药。这是因为依据美国各州的药师法，橙皮书的治疗效果等效性评级会加速甚至触发替换的发生。尽管确切的措辞有所不同，但在每个州，法律都授权甚至要求药剂师在处理创新药处方时将创新药替换为具有治疗效果等效性的仿制药，除非处方上明确标注必须“照单配药”①。各州的医师法不要求医生在处方表格上注明患者的病情或药物的预期用途。各州的药师法和药师协会规章通常不要求药剂师查询患者的病情或处方药的预期用途，也不要求药剂师在用仿制药替换处方开具的创新药之前核实仿制药是否已获批准在此用途使用。医保机构通常要求用具有生物等效性和药学等效性的药物替换创新药，而不考虑患者的病情或实际使用药物的适应症范围②。

通过将销售转移到仿制药甚至用于新用途，州药师法和医保机构政策为仿制药越过由联邦《专利法》和《药品价格竞争与专利期补偿法》创建的准入壁垒打开了方便之门。美国食品药品管理局给出的不加保留的治疗效果等效性评

---

① See New York ex rel. Schneiderman v. Actavis PLC, 787 F. 3d 638, 644 – 645 (2d Cir. 2015)。

② 例如，新泽西州的法律 N. J. Rev. Stat. § 17B：27F – 3 (2017).

级助长了这种趋势，因其打消了仿制药公司向创新药公司寻求许可的念头。如果仿制药公司向创新药公司支付许可费以标记仍受后续排他权保护的新用途，则该仿制药将被批准在新用途使用，并列为治疗效果等效。但如果仿制药公司拒绝支付许可费，尽管该仿制药没有获得批准用于新用途，也将列为治疗效果等效。无论哪种情况，州药师法和医保机构政策都允许甚至是鼓励仿制药替代创新药，仿制药无须许可就可销售，用于受后续排他权保护的新用途。如果创新药公司的后续排他权无法有效阻止这种情况发生，则仿制药公司就没有必要寻求许可，更不必缴纳许可费。

（二）州法和“嘈杂标签”对药物超适应症使用的鼓励

药剂师在将创新药替换为仿制药时对于仿制药的实际用途并不知情，替换行为本身可能不构成对后续排他权的侵害。但医生开具处方的决定显然是构成侵权的，医生可能会选择将仿制药用于受创新药公司后续排他权保护的用途。当医生开出处方将药物用于未被核准使用的适应症时，美国食品药品管理局通常不会介入。美国立法、行政和司法的共识是医疗产品由联邦政府管理，而医疗行为由州政府管理①。美国食品药品管理局的部门规章规定，一旦新药（包括仿制药）经过州际运输后进入各州药房，作为医疗行为的一部分，医生可以合法地改变药物包装说明书中的使用条件②。州法通常允许医生将药物用于未经核准使用的适应症③。

美国食品药品管理局之所以采取上述药品政策是为了适应超出标签范围使用药物的需要。美国食品药品管理局认识到，联邦监管机构的监管可能赶不上临床治疗需求的变化④，应当允许医生根据其临床判断并取得患者同意，选择某种药物用于疗效尚未确定的用途。这个政策总体而言是合理的，问题出在将政策扩大适用了。医生在处方中将仿制药用于未经核准的适应症，不是因为仿制药疗效显著，而是因为创新药价格昂贵。虽然将创新药用于新适应症可能会

---

① See Patricia J. Zettler, *Toward Coherent Federal Oversight of Medicine*, 52 San Diego Law Review 427, 430 - 431 (2015).

② See 37 Fed. Reg. 16, 503 (Aug. 15, 1972).

③ See Sandra H. Johnson, *Polluting Medical Judgment? False Assumptions in the Pursuit of False Claims Regarding Off Label Prescribing*, 9 Minnesota Journal of Law, Science & Technology 61, 68 (2008).

④ See Randall S. Stafford, *Regulating Off - Label Drug Use: Rethinking the Role of the FDA*, 358 New England Journal of Medicine 1427, 1427 (2008).

增加患者的经济负担，但这是最初设置后续排他权制度时就已规划好的，立法的目的就在于，用市场排他地位所带来的经济回报的前景为开发药物新用途提供动力。

美国的法律有时鼓励甚至是指示医生将仿制药用于侵权用途。上文介绍的“瘦身标签”仅是仿制药对略去的适应症保持“沉默”，而另外一种标签的“嘈杂”表现则是故意让医患知道仿制药略去的适应症。《美国联邦食品、药品和化妆品法》规定，即便创新药后续排他权的存在使得仿制药不能在某种儿科适应症上获得上市许可，仿制药的标签仍然可以注明其对于该适应症的有效性和安全性[①]。仿制药标签可能会说，由于营销专有权由另一家公司持有，该仿制药未标记其儿科用途。仿制药标签甚至可以提供有关适应症的说明，即美国食品药品管理局认为在儿科适应症上安全使用所必需的任何信息。“嘈杂标签”发出被略去新适应症的噪声，实际上让医患知晓了仿制药同样可以用于新适应症。

在以上因素共同作用下，药物新用途排他权的实际运行结果与美国联邦法律的立法目标相去甚远，甚至是背道而驰。美国联邦法律旨在让创新药公司拥有其研发新用途的独占性营销地位，通过独家销售回收研发投资。但当美国食品药品管理局在橙皮书中无视仿制药被核准上市适应症的范围，将其认定为可以替换创新药的药物时，表面上尊重创新药新用途后续排他权而“瘦身”的仿制药标签就不具有任何实际意义了。各州的药物替换法律和医保机构的政策无视仿制药的批准范围，通过授权或要求药剂师用治疗效果等效的仿制药替换创新药，从而加剧了后续排他权形骸化问题。即便医生开具处方将创新药用于新用途治疗新适应症，在州法和医保机构政策运行下，通常都会导致仿制药而非创新药的配售。州法和医保机构政策的效力低于联邦法，还不至于把后续排他权无效化，但各州的法律都允许医生开具处方将仿制药用于未被核准的适应症，即便其属于受后续排他权保护的新用途，这些因素叠加起来，实质上导致后续排他权空有其名。美国食品药品管理局对此熟视无睹，认为这是医生的医疗行为，不应干涉，还默认“嘈杂标签”欲盖弥彰的标注，使得儿科新用途排他权形同虚设。药物新用途排他权最初的目标是让创新药公司享有独家销售利益，但最终的结果却是仿制药公司占据药物新用途的大部分销售额。

---

① See 21 U. S. C. § 355a（o）（2）（2012）.

四、药物新用途创新法治保障制度失灵的司法救济原因

（一）说服缺乏实效性

药物新用途排他权的虚化、弱化、形骸化源于美国食品药品管理局和医疗相关人员的合力结果，仅靠说服医生和患者尊重后续排他权是不能解决这个问题的。在实践中，想要说服医生在开具处方时不用仿制药替换创新药的难度极大。大多数州的法律允许医生在处方表格上写“照单配药”。但只要美国食品药品管理局认为仿制药在治疗效果上和创新药是等效的，医生就知道这两种药在临床上并无区别，就没有医学上的理由在处方表格上写“照单配药”。患者更不会坚持用昂贵的创新药，而将低廉的仿制药弃之不用。即使医师和患者都知道需要为创新药的研发投资付费，否则会打击创新药公司进一步开展药物新用途创新的热情，他们也不太可能在两个临床效果上完全相同的药物中作出对昂贵药物的选择。如果我们默认当前的做法，放任药物新用途排他权的形骸化愈演愈烈，悲剧将再次出现，寻求自我利益最大化的个体行为破坏创新环境，最终将损害共同利益。

（二）公法救济缺乏实效性

在这种情况下，实际上创新药公司很难获得司法救济来保护后续排他权。公法能够提供的救济很有限。《美国联邦食品、药品和化妆品法》赋予创新药公司药物试验数据专有权的效果是美国食品药品管理局在一定期间内不得批准其他公司在同一药物用途的上市申请，但这一公法上的权利被美国食品药品管理局用“瘦身标签”的形式巧妙地规避了。药物试验数据专有权属于公法上的管制性排他权，只能规制行政机关，无法约束其他单位或个人的行为，也无法禁止仿制药公司制造和销售仿制药用于新用途。药物新用途专利同样缺乏公法上的效果。只要仿制药用的是“瘦身标签”，药物新用途专利权就无法阻止美国食品药品管理局批准仿制药的上市申请，即使普天下的人都知道其将被用于受专利权保护的新用途。即便仿制药公司明知绝大多数仿制药在销售后将被用于侵权用途，法院也还是支持美国食品药品管理局对于使用“瘦身标签”仿制药公司的上市批准申请。

（三）私法救济缺乏实效性

私法解决方案的效果也不理想，专利侵权案件面临严峻的挑战。尽管从理

论上讲专利侵权诉讼是可行的，但患者作为直接侵权人并不是创新药公司理想的被告。医生和医保机构也不是。尽管医师可能负有直接侵权责任，药剂师和医保机构都可能面临间接侵权责任，但创新药公司在市场上的成功取决于医师的处方、药剂师的配药和医保机构的支持。根据现行法律，创新药公司依据一项以“瘦身标签”所略用途为权利范围的专利权，是很难在与仿制药公司的诉讼中获得胜诉判决的，因为举证证明仿制药公司构成教唆侵权是一件高难度的事情。创新药公司必须证明仿制药公司的行为构成“积极的”教唆行为[①]，而“瘦身标签”对于受后续专利权保护的新用途保持沉默，显然不存在“积极的”教唆行为。再者，《药品价格竞争与专利期补偿法》在设计仿制药批准上市程序中，将仿制药公司针对受后续专利权保护药物提出的上市申请视为直接侵权，联邦法院有权管辖，从而引导创新药公司和仿制药公司在仿制药上市之前就把专利问题解决掉[②]。在这种专利纠纷上市前解决机制下，仿制药公司知悉仿制药在配药过程中将被用于受后续专利权保护用途，甚至是存在用于该用途的故意，也不足以证明“积极的”教唆存在[③]。创新药公司在仿制药上市后提起专利教唆侵权诉讼的，不仅需要证明直接侵权已经发生，还要证明仿制药公司采取了旨在导致直接侵权发生的积极行动，并且是这种积极行动而非其他因素导致了直接侵权的发生。能够冲破多重举证难关最终胜诉的案例十分罕见。而对于放弃教唆侵权主张，转向依据帮助侵权理论寻求救济的创新药公司而言，证明仿制药不具有实质性的非侵权用途又是一道难以逾越的关口[④]。

五、结语

私权性质专利权和公权性质药物试验数据专有权对于创新药公司保护药物新用途创新均显力不从心，缺乏实际效果，但这并不意味着没有解决此类问题的其他办法。我们可以在现有法学理论中探索其他解决途径。如果仿制药公司

---

① See Takeda Pharm. U. S. A., Inc. v. West - Ward Pharm. Corp., 785 F. 3d 625, 630 - 631 (Fed. Cir. 2015).

② See 35 U. S. C. §271 (e) (2) (A) (2012).

③ See Warner - Lambert Co. v. Apotex Corp., 316 F. 3d 1348, 1364 (Fed. Cir. 2003).

④ See 35 U. S. C. §271 (c) (2012).

根据创新药公司的药物试验数据获得仿制药上市批准后，将仿制药销售用于受数据专有权保护的用途，则有可能构成对药物试验数据的不正当使用。创新药公司可依据反不正当竞争法提起诉讼，这是我们今后应深入研究的方向。但不正当竞争之诉的前景并不乐观，因为药物新用途创新法治保障制度的失灵源于广泛的行政审批、药物配售和医疗给付系统中的部门规章、医疗实践和医保政策的组合，广义上可以说是美国社会的一种价值选择，即在不正面否定药物新用途创新后续排他权的前提下，推动仿制药尽快上市，并用于仍受后续排他权保护的新用途。这种“明修栈道，暗度陈仓”的做法是美国社会的现实，阻碍了后续排他权的实现，但推动了仿制药的可及可享。药物新用途的后续排他权是美国专利链接制度中的一项重要内容，对于正在考虑移植专利链接制度的我国，应当对美国专利链接制度理论和实践的背离现象有充分的了解，去伪存真，不可囫囵吞枣，在药物新用途创新的商用道路上，处理好知识产权、药物试验数据专有权和公众健康权之间的辩证统一关系。

专利使用权出资问题浅析

李英姿*

据中国国家知识产权局于2020年1月14日公开发布的数据，2019年，中国发明专利申请量为140.1万件，共授权发明专利45.3万件，国内发明专利授权36.1万件，其中职务发明为34.4万件，占95.4%。截至2019年年底，中国大陆地区（不含港澳台地区）发明专利拥有量共计186.2万件，每万人口发明专利拥有量达13.3件。[①] 专利权可作为非货币财产作价出资，在法律上有明确依据，在实践中也获得了广泛运用，专利出资起到了鼓励创新、活跃经济的重要作用，然而目前对于专利使用权能否出资有不同意见。本文拟对该问题作粗浅探讨，以供抛砖引玉。

一、相关法律规定

《公司法》第二十七条规定："股东可以用货币出资，也可以用实物、知识产权、土地使用权等可以用货币估价并可以依法转让的非货币财产作价出资；但是，法律、行政法规规定不得作为出资的财产除外。对作为出资的非货币财产应当评估作价，核实财产，不得高估或者低估作价。法律、行政法规对评估作价有规定的，从其规定。"《公司注册资本登记管理规定》第五条也规定股东可以知识产权等非货币财产作价出资，同时规定"股东或者发起人不得以劳务、信用、自然人姓名、商誉、特许经营权或者设定担保的财产等作价出资"。《最

* 泰和泰律师事务所律师。

① 数据来源：国家知识产权局官网，http：//www. cnipa. gov. cn/twzb/2019nzygztjsjjygqkxwfbh/index. htm。

高人民法院关于公司法司法解释（三）》第九条对非货币财产出资人未全面履行出资义务的情形做了规定。《合伙企业法》第十六条规定："合伙人可以用货币、实物、知识产权、土地使用权或者其他财产权利出资，也可以用劳务出资。合伙人以实物、知识产权、土地使用权或者其他财产权利出资，需要评估作价的，可以由全体合伙人协商确定，也可以由全体合伙人委托法定评估机构评估……"根据该规定，合伙企业的合伙人也可以用知识产权出资，并且该知识产权出资可由全体合伙人协商确定评估作价。

《最高人民法院关于审理技术合同纠纷案件适用法律若干问题的解释》第十六条第一款规定："当事人以技术成果向企业出资但未明确约定权属，接受出资的企业主张该技术成果归其享有的，人民法院一般应当予以支持，但是该技术成果价值与该技术成果所占出资额比例明显不合理损害出资人利益的除外。"根据该规定，权利人以专利权及专利申请权向企业出资时，如未对技术成果权属做明确约定，则接受出资的企业享有该技术成果所有权，但在例外情况下，企业不得享有所有权。例如，某专利权人以专利权出资，但未与其他股东明确该专利权权属，约定该技术成果作价 100 万元，占股 10%，后权利人与公司其他股东就专利权属发生争议，经评估该专利价值 1000 万元，那么在这种情况下，按此条规定专利权属仍然应当归专利权人所有，这是否可以推断出该解释其实默认了专利使用权出资的合法性？如果当事人以技术成果向企业出资，并且明确约定该技术成果权属仍归专利权人所有，那么在这种情况下，是否也意味着该解释默认专利使用权出资的合法性？笔者认为，答案是肯定的。

根据上述法律规定，我国法律明确了知识产权可作为非货币财产出资，并应当对知识产权评估作价。但是，针对专利使用权是否能作为出资，法律并未予以明确禁止。

二、司法实践

笔者以"专利使用权出资"为关键词，在威科法律数据库检索相关案例，相关案例数量较少，现笔者选取以下两个案例进行简析。

1. 云南亿润文化旅游发展有限公司与上海亿润影视制作有限公司股东资格确认纠纷案①

上海亿润公司于2009年6月与云南亿润公司签订合股经营协议，以案外人华某“一种用于存放佛教信众骨灰盒的地宫”专利独占使用权作为出资，在公司内部作价125万元，占云南亿润公司25%的股份，由其他股东将125万元打到上海亿润公司账户，然后再由上海亿润公司将该货币资产作为股东出资。后双方因合作发生纠纷，云南亿润公司认为上海亿润公司既未将专利权转移到云南亿润公司名下，也未依法交付作为出资的实用新型专利，在2012年6月召开股东会，在上海亿润公司缺席的情况下做出决议，解除上海亿润公司的股东资格。云南亿润公司后向上海市静安区法院起诉，请求法院判令确认上海亿润公司不享有云南亿润公司股东资格。一审法院认定，云南亿润公司在具体实施项目过程中已经使用了上海亿润公司有权实施的专利技术。因此，无论上海亿润公司以借款（其他股东的垫资）还是以技术使用权作价出资或其他股东出资购买专利技术使用权，上海亿润公司均已完成出资。云南亿润公司不服一审判决提起上诉，二审法院认为，云南亿润公司系以其他股东出资购买上海亿润公司的专利独占使用权的方式来获得该专利使用权，并完成公司的注册资本金投入，以及使上海亿润公司获得云南亿润公司股东身份。该出资方式不同于通常意义上的股东以非货币资产投资的形式，因此也不能简单以通常的非货币投资方式来审查股东是否完成投资。根据本案具体情况，二审法院认定，云南亿润公司以及其股东对于专利技术股的定价是确认的，上海亿润公司获得专利权人授权并且云南亿润公司在相关项目中已经使用了该专利，故上海亿润公司已经向云南亿润公司交付了该专利技术使用权。

可以看出，在该案中，法院观点是认可以专利使用权作为出资的，该专利使用权作价确定、接受专利使用权出资的公司实际使用了该专利，即便该出资股东并非专利权人，只要其获得了专利权人的授权，即可视为该股东已经履行了出资义务。

① 上海市第二中级人民法院（2016）沪02民终2714号判决。

2. 李甲与宁波××医疗器械有限公司股权确认纠纷案①

2005年2月，李甲与他人共同设立宁波××医疗器械有限公司，在与李乙、潘某某、周某某签订的《合资合作协议书》中约定其以三项专利技术使用权出资，占公司25%股份。公司成立后，因其未将专利转让到公司名下，因此该公司将其股份转让给他人且进行了工商变更登记，故李甲向法院提起诉讼要求确认其股东资格。一审法院认为，李甲未按照公司章程办理专利技术的过户，且无其他证据证明其具有公司股东资格，因此驳回其要求确认股东资格的诉讼请求。二审法院认为，公司在工商部门备案的公司章程上载明了李甲是以专利技术出资，于公司成立6个月内依照有关规定办理专利技术的过户手续，故该章程约定了李甲的出资方式为专利所有权，但由于李甲对章程的这一约定并不认可且未签署公司章程，因而其与其他股东并未就公司设立达成合意，因此，其不具备成为该公司股东的条件。

在本案中，一审法院以公司章程中载明需要过户专利技术为由，认为章程约定的是以专利所有权出资，而非股东内部《合资合作协议书》约定的以专利使用权出资，因专利权人未办理专利权转移变更手续，因此其不具有公司股东资格。二审法院则认为，公司其他股东与李甲之间对出资方式约定不明，故李甲无股东资格。可以看出，该案中一审、二审法院并未对专利使用权能否作为出资这一法律问题进行评价。

从上述两案例可以看出，上海法院对专利使用权出资予以认可，宁波法院虽未支持原告诉讼请求，但判决理由并未对专利使用权出资进行否定。这两个案例正好也印证了《最高人民法院关于审理技术合同纠纷案件适用法律若干问题的解释》第十六条之规定，隐含了对专利使用权出资的承认。

三、分析与建议

对于专利使用权能否出资，目前我国法律并无禁止性规定，相关司法判例也未明确予以否定。学界对此观点不一，有持肯定态度与持否定态度的。肯定说认为专利使用权具有资本属性、是一种财产权、满足公司出资标的的构成要

① 浙江省宁波市中级人民法院（2011）浙甬商终字第62号。

件，故应当予以支持。否定说认为专利使用权是债权、专利使用权出资违背了公司资本维持原则、专利使用权不具有独立性、专利使用权与公司责任承担相冲突，因此应当予以否定。还有学者认为需要对专利使用权根据不同的类型加以限制。[①]

笔者认为，目前不宜对专利使用权作价出资予以否定，理由如下：首先，法律并未明确禁止专利使用权出资，“法无禁止即可为”。其次，目前世界上主要国家均未立法明确否定专利使用权出资，一些国家如美国在司法实践中明确了专利许可使用权出资的合法性[②]，故此我国也不宜在法律中对专利使用权作价出资予以否定。最后，专利权作为一种重要的知识产权，尤其是发明专利，授权难度相对较大，如法律限定专利权人只能以所有权出资，那可能会有部分专利权人担心专利权过户到公司名下后如双方合作发生纠纷，自己的权利难以得到保护，会在一定程度上抑制专利权的商业运用。因此，目前我国立法不宜特别明确禁止专利使用权作价出资，以鼓励创新、活跃经济。

① 温欣：《专利使用权出资研究》，西南政法大学 2018 年硕士学位论文。

② 杨名龙：《专利权出资法律问题研究》，西南政法大学 2017 年硕士学位论文。

我国专利商业化运营风险防控的基本问题

张　冬*

摘要：面对全球化的科技战，做好本土知识产权商业化运营风险防控，正在成为国家知识产权治理能力建设的基础。研究发现，专利运营就是通过专利商业化运用实现专利权财产价值的最大化的系列过程，其中的专利申请、专利交易、专利变现等环节均潜存阻碍再创新、专利滥用甚至破坏可持续创新发展的风险。基于新发展理念，专利商业化运营是一个法律治理的动态过程，同时也是经济运行的发展状态，应当全口径地通过国家立法对专利评估、专利质押、信息披露等市场行为予以及时的、体系化的预警和控制，进而创建全国统一的专利运营服务平台体系，提升基层专利运营主体的交易风险预警能力，成建制地控制国家知识产权运营风险，以期创建不违反国际法且符合我国国情的专利商业化运营新模式。

关键词：专利商业化　运营风险　预警与控制　可持续创新发展

知识产权商业化运营作为法律运行的特殊形态，是一个立法、执法、司法、守法的法治动态过程，同时也是经济社会运行的发展状态。①竞争全球化的时代，做好本土化知识产权运营的风险防控，成为创新型国家建设的重要举措。

* 哈尔滨工程大学教授，博士生导师，知识产权法研究所所长。

① 吴汉东：《中国知识产权法律变迁的基本面向》，载《中国社会科学》2018 年第 11 期。

一、问题的提出：专利运营风险贯穿商业化的整个过程

专利创新活动在成为一种直接的市场盈利行为的同时，也成为一种全新的商业投资模式。2018 年，我国知识产权使用费进出口总额超过 350 亿美元。专利、商标质押融资总额达到 1224 亿元，同比增长 12.3%。其中，专利质押融资金额达 885 亿元，同比增长 23%，质押项目 5408 项，同比增长 29%。这种创新主体新类型的增多，加剧了资本化专利战的发生，也使得我国专利产业安全遭受前所未有的挑战。

“投资、运营和收益”是专利商业化运营的主要环节，它们促使专利的财产功能得以充分实现。其中的专利运营是指专利的商业化运用[①]，包括专利主体凭借应用措施获取专利收入[②]等行为。其本质是在专利资产转化为金融资本的过程中，市场资本与专利资本的交易，除传统意义上的专利买卖、许可外，也包括专利权担保融资等利用复杂许可模式及金融运行等手段实现专利价值；发掘专利的潜在价值、推动专利资产的货币化。这是专利除了作为保护其产品市场空间的防御型工具之外，实现其财产价值的最佳途径。

一国的专利能力体现在多方面，其以产品创造为核心，围绕权属转移、交易运用而形成对智力成果综合的控制、整合及运用能力。研发与确权、保护与管理、运用与转移等因素，成为衡量以专利为代表的知识产权产业安全和专利治理能力的重要因素。诚然，我国企业的知识产权国际化运营举步维艰，急需扶持。由于国内企业自身具有核心创新力的专利资源比较匮乏、对海外市场的专利制度认识及运用能力较弱，常常陷入海外专利运营效率低、遭遇反垄断调查、专利诉讼纠纷等困境，并由此对其国际市场份额、潜在预期收益和未来市场拓展带来系列阵痛。专利属性决定了专利运营的潜在高风险性，一是专利申请授权阶段的品质属性，Lanjouw and Schankerman 指出，专利的权利要求数量

---

① Griliches Z., Patent statistics as economic indicators: a survey and productivity: the econometric evidence. Chicago: University of Chicago Press, 1998, pp. 287 – 343.

② Svensson R., Commerialization of patent and external financing during the R&D phase, Research Policy, 2007, 36 (7): pp. 1052 – 1069.

与其发生侵权诉讼率成正比；二是专利申请授权后的价值属性[①]，Malackowski and Barney 研究发现：专利维持年限越高，其“向前引用”次数则越多，且更易陷入侵权纠纷。

同时，面对超越企业规模的国家间数字技术竞争的升级，非专利实施主体（以下简称 NPE）震荡洗牌与实体经济冲突的加剧，如何有效促进我国专利密集型产业积极参与国际专利竞争格局？面对专利权固有属性及其运营过程中引发的效力风险、交易风险及其价值变现风险，如何强化企业专利资产的对抗性评价？面对我国知识产权司法及平台建设现状，如何有效参与产业运营规则的制定以面对专利风险对冲？（这些议题对增强我国专利密集型产业竞争力以及国家知识产权治理能力的重要意义，现实也紧迫。）

这里拟利用迈克尔·波特的价值链（value chain）理论范式，分析专利在流通交易中的最终运行效益与效果，以专利商业化安全能力评价为视角，透视当下我国企业专利运营风险，即在包括专利资本化运作、专利质押融资、专利证券化等形式的商业化运用过程中，由于专利本身和外界复杂因素影响，导致专利权属变更及价值波动等不确定损失的风险发生。其中本土产业创新水平及其安全发展能力，正成为我国专利运营风险的根本诱因。

二、专利商业化运营的基本模式：风险潜存，自始至终

专利领域的创新活动正成为一种新的商业投资模式和直接的市场盈利行为。[②]而 NPE 震荡洗牌与实体经济冲突加剧，使得专利运营市场中充斥着专利运营机构、经纪居间、投资机构等多样化的角色，相应地，专利运营模式也趋于多样化，在加剧我国专利产业安全风险的同时，也对其如何参与国际专利竞争格局提出新的挑战。

1. 实体企业的专利运营模式

企业专利运营是其盘活资产、抵御风险的重要途径，有学者以“潜藏价值”论证专利资产对企业增值的重要性。其具体运营模式主要有三：

---

① Christopher A. Cotropia, The folly of early filing in patent law, Hasting Law Journal, 1009, 61 (1).

② 张平：《专利运营的国际趋势与应对》，载《电子知识产权》2014 年第 6 期。

其一，独立的专利运营公司。以高通的“专利 + 芯片”模式为例：其作为老牌的无线电技术研发公司，除通过其芯片实现手机与运营商网络通信而获取高额的基带芯片销售收入外，成立的 QTL（高通技术授权公司）通过对外许可 CDMA 手机技术专利、从事相关专利技术和产品的投资和收购，凭借多模块的“技术标准”构建了 CDMA 技术大联盟，从而攫取巨额利润。

其二，防御型专利运营。其指为抵御诉讼，积极收购核心技术及外围的有效专利，并出售次要专利。譬如小米的专利布局，在进行标准化专利研究之外，小米还积极开发有潜力的专利组合、参与相关组织活动，并对目标专利组合进行尽职的专利调查及评估，以此构建小米“技术专利池”，积极推进专利海外技术标准化的实施，防范专利侵权风险及抵御国际专利诉讼。

其三，实体企业与 NPE 合作。在不具备专利成果转化能力的专利权主体与资本优势企业之间，存在交易对象寻找难及利益失衡等困境，使得诸多企业自身的专利库容量虽大，却无法覆盖自身技术，且专利权人也无法得到应有的实际利益。而企业与 NPE 的合作搭建了交易平台：NPE 以高价取得科研机构等的研发成果专利权，企业通过缴纳一定加盟费与 NPE 进行合作，以此获得其需要的专利许可，此种各取所需的运营模式成本低廉，企业既可凭借专利授权抵御侵权诉讼，又可适时利用许可进行反诉而迫使对方与其达成和解，使得专利权从“技术保护伞”变为企业之间商益博弈的利器。

2. 非实体企业的专利运营模式

迈克尔·波特的价值链理论主张企业以创造价值为任务，而非实体企业的专利运营更关注专利收购、培育与商业化竞争分析、评价等层面，在知识产权时代扮演着“专利军火商”“专利镖局”等角色，进行专利“圈地行动”，制作有攻击性的专利。

首先，美国高智发明模式（Intellectual Ventures，IV）最具代表性。其以专利或发明创意收购、对发明和技术构思符合要求的发明者给予资助并申请专利等为主要业务，专注于投资、大型基金公司的应用、设计核心技术领域。

IV 专利诉讼方式多样：其一是借壳诉讼，如绿洲研究（Oasis Research）诉 Adrive 案，IV 在向 Craw ford 购买发明后，将这些专利转卖给仅成立 12 天的绿洲研究，次月绿洲研究则向多家云计算服务商提起诉讼，其凭借的正是自 Craw ford 处购买的专利，表面上看 IV 并未牵涉其中，实则是幕后操控者。

其二是直接诉讼，自21世纪初以来，IV声势浩大地以自己的名义向多家知名企业频频提起诉讼，如2011年，IV依托其所掌握的专利权向10余家公司提起侵权诉讼，其中包括摩托罗拉等世界知名企业，并声称IV为所涉专利在资产购买、支付发明人费用等方面投资巨大。

其三是专利保险，IV通过收取加盟费为企业提供专利池的保护，而与IV结成专利同盟的企业，在遭遇专利诉讼或侵权威胁时，IV则凭借其大容量的专利库为"被保险"企业提供可避开专利诉讼主张的"专利池"；与此同时，甚至能够"反客为主"，利用其现有资源对主诉方提出专利反诉。

不可否认，高智模式在一定程度上引领着技术变革时代潮流。正如MYHRVOLD所言：发明是下一代的"软件"，面对现存的资金短缺、发明成果零散等窘境，应建立高效的发明生态系统，将发明成果与资本市场成功衔接，形成良性循环。①

其次，是美国Rational Patent Exchange公司（以下简称RPX）模式。RPX是在企业普遍面临专利恶意诉讼的背景下，衍生出的一种新型专利运营机构模式，其由风险联合投资组建，专利集中于移动通信、互联网搜索等领域，以专利保险和协同收购为主要业务，目标是通过防御性专利的收集、许可权的直接交易，提供专利交叉许可、交易联合等规避风险的解决方案，实现企业的专利风险管控。

RPX集中收购预防专利，并将这些专利纳入其防御性专利收集计划（Defensive Patent Aggregation），其收购方式主要有三：市场收购，即从中介机构或专利权人手中收购；诉讼收购，即在专利权人保留专利权行使的同时，向其取得许可；合作收购，即从分散的弱力量公司取得专利许可，通过构建专利组合，增强防御能力。会员可以有偿地实施RPX公司的专利而免遭恶意诉讼，并享有与RPX达成不起诉合约，短期许可合同以及预防专利库等权利。其运营模式有利于为专利所有者与使用者缔造透明的市场及公平的价格，并通过合作实现可观的收益。

3. 专利交易平台运营模式

当前，以专利为代表的知识产权市场存在诸多问题，包括市场信息不充分、

---

① Funding Eureka, Harvard Business Review, 2010, 88 (3): 1-11.

不完整，知识产权价值决定的单面性，交易过程、合同条款和定价等缺乏标准，时间和交易成本混乱，双边许可体系显存缺陷等；基于此，专利交易平台应运而生，其专门致力于建立有效、透明的专利信息交易市场，促进专利高端服务业的发展。

国际上，国际知识产权交易所公司（Intellectual Property Exchange International Inc.，IPXI）是全球首家通过市场定价和标准化条款，为全球专利非独家授权和交易提供全新模式的交易平台。其方式是：将欲交易的专利量化为单位许可权（ULR），以预估专利单位许可权的发行价格及数量，同时，IPXI将随时提供相关专利的使用情况和价格，促使单位许可权的市场价格和发行数量在交易中趋于合理①。

IPXI可助力我国企业在同等条件下以公平价格取得西方先进技术，提供非对抗式的授权机制，与发达国家建立技术桥梁，并在共同体规则内接受许可或发放许可的专利，通过获取更多技术评估、使用的信息发展专利组合。IPXI商业模式依靠专利技术使用者成为“良好企业公民”，为专利运营提供了公平、透明的交易环境。遗憾的是，诉讼依旧是IPXI真正引起关注的途径，导致其饱受诟病而最终失败。

国外专利投资公司的发展为我国专利市场带来威胁，在国内，专利运营主要仍集中在专利代理、专利咨询等传统业务领域，与国外的运营发展势力悬殊。由北京知识产权交易所有限公司等三家公司发起成立的中国技术交易所，是以专利成果转化、技术交易为主的综合性运营平台，其提供知识产权评估相关服务：包括以专利视角对某项专利技术进行法律状态、技术水平、市场价值三方面评估，以及针对商标市场价值进行评估等。平台也为美国、日本等发达国家服务机构提供各类代理服务，与多国建立战略合作关系。

可见，专利交易平台的作用有三，一是可以促进专利使用价值与商业价值的结合，以专利相关服务直接促成专利技术产业化；二是实现专利技术市场交易和专利技术实体运用的结合，通过上市交易方式将专利许可使用权价值市场化，减少权利人因打击专利侵权而产生的诉累；三是实现专利融资服务与专利技术交易市场建立的结合，可利用交易中的一级市场完成融资，同时形成快速

① 《知识产权授权和交易新模式：IPXI交易平台》，载《中国专利与商标》2013年第1期。

流通的专利技术交易市场。

但是专利交易过程潜存诸多风险，主要包括研发风险、可生产性风险、市场风险、竞争风险以及法律风险等，其中的商业风险包括来自市场、技术、价值与现实政策等各方面因素。譬如，技术因素凸显在研发创作过程中，所承受来自研发环境、硬件设备、成本等现实风险及研发人员的技术盲区等潜在风险；专利资本货币化过程中，我国专利服务尚缺乏体系化的、行之有效的知识产权运营服务平台。

三、专利商业化运营风险的识别要素

知识产权的准入催生大宗的交易需求，其竞争已上升至风险控制与商益博弈层面，是对企业专利“价值链”综合竞争力的考量。专利实施的内外部环境、许可、交易及垄断合规性等共同构成了专利运营生态圈，而作为无形资产的专利权由于自身特点极易被侵犯。而我国专利交易平台尚缺乏专业性、统一性及全面性，无论实体企业还是非实体企业的运营模式，均面临着来自竞争对手、专利供应商、欧美运营公司在商务、诉讼、法律及行政等多层面的风险。突出风险有三：

1. 专利权效力风险

专利实施许可中，尽管被许可方获得了技术使用权，但许可方仍保有技术所有权，使得被许可方受制于其对技术的处分①，这会使得被许可方面临两大风险。

其一是专利权无效或权利受限制的风险。专利许可合同签订、被许可利用该技术生产过程中，若专利权失效使得该技术进入公知领域，此时被许可方除支付使用费的损失外，也扰乱其借助专利技术开拓市场的经营布局。而专利权失效原因一方面源于许可方，譬如专利权人申请无效、因未缴纳专利年费而失效；另一方面源于第三方，譬如行业竞争的惯用手段——专利权被他人请求宣告无效。首先，专利权的获取须满足法律规定之要求，任何人均可据此对专利权授予提出异议或无效请求；其次，由于专利权的独占性，最可能成为在同领

① ［美］德雷特勒：《知识产权许可》，王春燕译，清华大学出版社2003年版，第884－845页。

域无法获利的竞争者请求宣布无效的目标。

其二是“第二专利”的潜在风险。当事人在许可合同签订过程中时，被许可方会要求许可方的专利是其拥有且具有有效性，但即使专利权人所转让的专利无使用权及地域瑕疵，被许可方在使用该专利权时，也可能侵犯其他专利权人的权利，譬如“第二专利”。第二专利是指基于已有专利（第一专利）实施的实质性改进，并获得专利权的专利技术。若许可的专利为第二专利，被许可方在使用该专利技术制造或生产产品时又依赖于第一专利的实施，此时若无第一专利权人授权，被许可方将可能遭遇第一专利权人的侵权指控①。

2. 专利交易风险

专利运用对专利经济价值实现的重要性不言而喻，发挥专利的经济价值最重要的则是进行专利交易，专利交易的主体特殊性、客体无形性、范围广泛性等特质，增加了交易的复杂性和风险的易发性。

其一是交易信息不对称的市场风险。专利交易信息表现形式多样：一是信息稀缺，交易双方均无法获取明确信息；二是信息分布失衡，双方信息占有量不对称；三是交易双方利益差别化，即信息优势方或以其优势侵犯他方利益，易使各方丧失潜在利益，同时易导致交易费用高、交易率低及纠纷频繁。我国是政府主导、高校和科研机构为主研发及企业为主转化的体系，各方在创新成果转化间利益悬殊，科研机构追求技术实力的提高，而企业作为专利运营主体仍只能被动接受。

因为对专利交易市场调研缺失，诸多专利持有者无法了解企业需求而远离专利市场，缺乏相关专利市场化前景的信息调研，致使技术供给与需求脱节。加之对专利价值的评估不足、缺乏技术成果市场价值信息等，直接导致企业弱化专利转化过程的资本投入，最终易导致技术成果交易量骤减，技术需求不足与技术供给过剩并存。

其二是专利交易（中介）平台发展滞后的服务风险。当前，以交易平台为代表的中介服务机构对专利交易的重要性越发凸显，而技术中介在市场技术推

---

① 《专利法》第五十一条规定了“强制许可”，但必须满足三个条件：一是第二专利权利要求书与第一专利权利要求书相比，其覆盖的发明或实用新型具有显著经济意义的重大技术进步；二是申请人应当提出未能以合理条件与第一专利权人签订实施许可合同证明；三是第一专利所有人应有权按合理条款取得第二专利所覆盖的发明的交叉许可。

广、促进成果转化、科技评估及管理咨询等方面发挥着重要的作用。诚然，我国已初步形成了以高新技术园区、有形技术市场等为代表的载体中介，以技术咨询与培训机构、法律与专利事务所等为代表的服务中介，以风投公司为代表的管理中介，但是其发展尚无法满足市场需求，存在社会意识不足、相关法律法规不健全、专业人员匮乏、服务领域狭窄、行业协会作用局限等一系列问题。究其根本，我国技术中介机构多脱离于政府部门，在运营观念、运作方式、服务内容等方面受行政思维的局限，而规范技术中介平台机构发展的法律体系尚未建立，致使诸多类型的专利平台机构的运行机制仍不明确。

显然，面对互联网协同运营的全新发展环境时，我国缺乏统一的权威平台，难以进行资源汇集、决策分析。运营市场标准混乱，专利分析、价值评估、保险担保、经纪居间、翻译等运营业务难以找到合适的服务商，交易过程中风险规避难。对知识产权运营交易过程的管理和监控缺失，易引发权利主体的道德风险。

其三是专利价值评估缺失的技术风险。专利价值包括提供新产品和市场的显性价值和阻碍竞争者进入某技术领域、保护企业的市场地位、保护核心技术及外围专利等隐性价值，如果专利经济价值不确定，那么评估将是建立在相关市场分析基础上的预测性、随意性估判。我国专利价值评估缺乏统一标准，加之机构监管缺失，更增加了评估的随意性，且专利价值受其技术含量、相似产品性价比优势及市场推广等因素影响，其价值波动性加剧了其评估难度，如替代技术的出现，可能导致其价值化为乌有①，而专利价值评估的缺失将直接导致专利实施许可费过高、诱发专利间接侵权、技术无法转化为产品等恶果。

3. 专利价值变现风险

专利变现是专利商品化即知识商品化权利的转让和许可，在对专利进行评估后，如何最终完成专利交易实现其价值转化，是专利不同运营模式的核心环节，专利变现形式主要包括以自主专利或技术出资入股，以及将专利进行质押融资。而作为中小企业重要融资途径，专利质押融资的发展与现实资金需求失衡，源于其存在的巨大风险。

---

① 李增福、郑友环：《中小企业知识产权质押贷款的风险分析与模式构建》，载《宏观经济研究》2010 年第 4 期。

其一是专利质押的法律风险。尽管现行《担保法》规定可转让的专利权可以依法质押，但是立法滞后，实践中专利质押融资仍面临法律风险。《物权法》规定了专利质权登记设立的原则，且未经质权人同意不得转让或许可他人使用。而实践中，质权人与出质人信息不对称，质权人难以确保对专利实施和转让许可的控制。同时专利权时刻面临着权利归属的不确定性、侵犯他人专利权的可能性等威胁，以及审判难、执行难等法律问题，难以保障专利质押融资当事人权益的实现。

其二是专利质押的流通变现风险。专利质押变现实质上即是专利权处置和交换价值实现的过程。但新技术的出现使得设质的专利技术将面临被替代的风险，且技术更新速度不断加快，技术和市场双重作用，双方当事人在后期处分专利权时，易因质押专利技术的贬值而遭受损失，加之当前我国成熟的专利技术交易市场尚未形成、评估和转让程序不够规范、交易成本颇高①，加剧了专利变现的难度。当遭遇贷款人无法偿还时，金融机构难以通过类似有形资产租赁等途径回收资金，此时双方当事人意图凭借专利变现来偿还贷款仍是困难重重。

此外，在专利质押过程中，企业与银行形成了债权债务法律关系，企业有义务向银行或中介机构提供其相关经营活动信息，而由于专利质押的特殊性，与其相关的业务往往牵涉企业技术秘密，易致企业商业秘密泄露从而遭遇损失。同时，企业的设质专利在进行专业评估时，可能因多种因素遭遇压价，或被质权人以低于实际的价值变现。

四、专利商业化运营风险的法律控制

面对专利生态圈内外部的复杂环境及潜在风险，建议采用合纵连横的专利运营思路，渐次形成体系化的专利运营产业链条，顺应市场全球化及业务多元化的国际趋势，强化全球司法格局下的法律利用及权威性平台建设，积极参与产业运营及安全能力的规则制定，构建符合本土利益的专利运营新模式，提升我国专利产业安全能力建设。

① 刘沛佩：《知识产权质押融资的法律依据与制度重构》，载《重庆社会科学》2010 年第 12 期。

1. 专利运营风险防范的制度建设

（1）规范专利评估的市场行为

事实上，国内现有专利评估机构明显缺乏权威性，困于专利估值与融资的紧密联系，诸多评估机构为迎合市场需求，估值往往背离真正价值，为虚高“套现”目的推波助澜，扩大了专业产业安全建设之漏洞。建议通过立法规范专利评估指标，主要包括：专利类型、专利技术特征、专利保护期限，相似专利或其可替代技术的数量、专利地域性、专利实施的难度，行业成熟度、专利的开发程度、专利对产品收益的贡献等。同时，应当制定严格的专利评估机构市场准入条件，对评估机构的专门人员应具备的专业知识、资质、能力等作出明确要求，探索成立公益性质的专利评估机构。此外，对专利评估报告负责人的法律责任给予明确规定，可以考虑建立专门的数据库，保证专利评估的公平性、公开性，避免专利被肆意滥用，甚至成为作弊的工具。

（2）规范专利质押融资的市场行为

实践中，有些市场估值低的“专利垃圾”被出售给服刑人员，成为减刑工具，这种专利变现渠道正成为灰色地带。而目前市场上存在大量私下交易的低价流通专利，其交易目的是利用其申报高新技术企业，从而享受税收、资金扶持等优惠政策，使得专利沦为纯粹的“门槛性”工具被随意滥用，专利产业安全能力急剧弱化。对此，建议在立法层面，一方面，设立专利质押融资的准入条件，规定企业统一的负债率、最低风控指标，结合专利评估指标设置例外规定，对市场潜在价值巨大的专利企业给予扶持，以降低金融机构的贷款风险，同时满足企业的融资需求。另一方面，明确专利质押期间权利瑕疵（放弃或撤销）的责任。设质专利权作为一种负担权利存在合理限制，应规定设质期间专利权人放弃权利，需经质权人同意且另行提供担保。同时，非因双方原因致使权利减损或灭失的，应采用公平原则，双方共同承担风险。

（3）建立专利交易信息披露制度

信息披露制度是强化专利产业安全、实现专利市场监管的重要途径。其一，可以在立法层面规定专利交易的强制信息披露制度，将其作为交易主体的法定义务，其信息应包括交易主体相关资质、经营情况及项目相关概况。其二，规范交易主体违反信息披露制度的法律责任，依据过错原则及损害程度承担相应责任。当前尤其应优化网络环境下的专利信息服务，促进社会公众对专利信息的无障碍获取和深度利用。其三，强化互联网侵权行为处罚，与金融相关部门联网建立“侵权信用档案”。其四，企业加大对知识产权价值的挖掘和利用力度，尤其是数据信息、生物医药等专利密集型产业目录中的本土企业。

2. 专利运营风险控制的平台建设

（1）做好知识产权运营平台体系的运行管理和绩效评价

目前，在国内的专利运营中存在专利交易服务资源分散、无序，信息汇聚程度低，政府资源和市场资源难以有效对接等问题，而现存专利交易平台又普遍不具权威性，使交易主体对交易安全存有疑虑，且其相关运营服务功能片面，缺乏专有数据和检索功能。应借鉴 PPP 模式（Public Private Partnership），即政府与社会资本合作模式，政府与社会资本通过合作来提供公共品或服务的方式建立全国性的专利运营服务平台体系，以此强化我国的专利产业安全。

一方面，首先，不妨借鉴 PPP 模式的责任分担机制，将专利项目的设计、财务和运营维护等商业风险由社会资本承担，而法律、政策和最低需求等风险由政府承担，以降低投资失败的系统性风险。其次，借鉴 PPP 模式的利益回报机制，将专利运营项目的业务类型区分为营利性、准营利性和非营利性，通过多种方式支持社会资本参与建设。最后，可以借鉴 PPP 模式的运作方式及评价机制，参考 BOT（Build - Operate - Transfer）方式推进，且从定性和定量两方面展开评估才能获得批准。全国性的专利运营服务平台应包括专利信息检索、运营交易管理、专利价值评估、诚信信息评估、金融服务、运营人才培养、同其他平台对接等功能；也可建立相关的运营配套功能区、公共服务区，设置社会实体展示区、交易大厅、创客空间等加强专利运营社会合作。

另一方面，引导市场化的专利运营服务平台或机构提供一体化的专利服务。专利服务机构的业务水平、服务意识与诚信意识也需提升，应当形成从专利研发、申请、调研、咨询、评估、融资至交易等各环节一体化服务体系，加强与企业、科研院所等其他主体的合作，促进专利交易及其产业化。

（2）强化专利运营主体的交易风险调查

专利运营中技术和法律的复杂性导致专利交易过程潜在风险巨大，也是威胁专利产业安全建设的重要因素，而专利交易风险调查就是运营主体通过对目标专利的调研分析，预测其相关风险及收益比例，依此作出运营决策依据。显然，专利风险调查有助于运营主体管控合同风险、预防专利侵权、避免专利欺诈、提高交易质量①。

其中，专利买方应加强其对调查的重视程度。具体调查内容包括交易主体适格性（包括是否取得共有人同意）、是否存在担保、有无法律争议、交易标的的技术秘密（技术秘密可专利性）、专利有效地域性、专利组合的合法性、是否易于回避设计等，而专利卖方应注重其交易过程中的商业秘密保护，譬如先行签订初期保密协议、在合同中订立保密条款等。

此外，运营主体需要提升预估专利权交易过程中法律风险的预警能力，包括合同欺诈、专利技术不符合约定、权属转移手续瑕疵、合同价款支付问题、延期履行丧失可得利益等。同时，专利主体更应当防控专利交易完成后的法律风险，包括超范围使用专利或擅自转让许可、专利权丧失、因重复授权而出现第三方指控侵权等。

---

① 袁真富：《专利交易的风险调查——以法律风险为主要视角》，载《中国发明与专利》2009 年第 12 期。

专利成果商用化实操法律要点解析

——以某地方高校项目为例

孙 旺*

摘要： 在国家宏观战略、法律法规、相关政策支持下，专利成果商用化发展迅速，市场规模持续扩大，对法律服务的需求也不断扩张且趋向专业化。本文以某地方高校与社会企业成功实施的专利成果商用化项目为例，梳理了专利成果商用化项目涉及的商用化方式确定、合作方尽职调查、专利价值评估、股权比例设置、合同条款设置、知识产权策略、后续权益保障等关键环节的法律实操要点。

关键词： 知识产权 专利 商用化 高校 法律风险

知识产权是国家软实力的象征，也是驱动社会创新发展的源泉。自党的十八大以来，以习近平同志为核心的党中央领导集体对知识产权工作作出了一系列战略部署。习近平同志在党的十九大报告中指出要“强化知识产权创造、保护、运用”，将知识产权工作推向一个新的高度。中国知识产权制度的时代构建，必须坚持新时代发展的核心理念，强调人本主义的“创新发展”、公平正义的“协调发展”、人与自然和谐的“绿色发展”、面向世界的“开放发展”、利益平衡的“共享发展”。针对知识产权的运用方面，习近平同志召开中央财经领导小组第七次会议时强调应当注重知识产权运用，尽快完成促进科技成果转化法的修订，规范交易行为，促进科技成果运用和增值。[①] 2018 年政府工作

---

* 天津金诺律师事务所合伙人，天津律师协会知识产权委员会委员。

① 吴汉东：《新时代中国知识产权制度建设的思想纲领和行动指南——试论习近平关于知识产权的重要论述》，载《法律科学》2019 年第 4 期。

报告也明确提出要支持高校和企业融通创新，加快创新成果转化应用。

高等院校作为集培育人才与科学研究于一体的事业单位，是知识的聚集地，同时也是科技创新的源泉，是我国知识产权创造的主力军，但要把高校科研的技术成果转化为社会生产力，就需要高校加强与市场之间的联系，协调整合市场资源，支持高校科研人员将自身专业优势与市场需求相结合，进行科技成果转化。引进外部资本，加强校企合作，推动专利成果商用化。

针对科技成果转化以及专利成果商用化问题，国家已经在政策、法律等各方面给出了明确的制度指引。2015 年 3 月国务院出台了《中共中央国务院关于深化体制机制改革加快实施创新驱动发展战略的若干意见》。2015 年 10 月 1 日《促进科技成果转化法》正式实施。2019 年财政部出台了《关于进一步加大授权力度　促进科技成果转化的通知》。

根据国家宏观政策，教育部作为主管部门也陆续出台了相关政策为科技成果转化工作作出了具体的实操指引。2016 年 8 月教育部联合科技部出台了《关于加强高等学校科技成果转移转化工作的若干意见》。2016 年 10 月教育部办公厅出台了《促进高等学校科技成果转移转化行动计划》。2017 年 12 月教育部办公厅发布了《关于进一步推动高校落实科技成果转化政策相关事项的通知》。从相关政策的陆续发布不难看出国家、教育部对高校科技成果转化的重视与支持。

在法律、政策的支持引导下，我国高等院校科技成果转化规模呈现持续高速增长态势。2020 年 5 月 21 日科技部网站发布新闻，《中国科技成果转化 2019 年度报告（高等院校与科研院所篇）》公布，报告显示 2018 年，3200 家高校院所以转让、许可、作价投资方式转化科技成果的合同金额、合同项数持续增长。合同金额达 177. 3 亿元，同比增长 52. 2%，合同项数为 11302 项。转化合同总金额超过 1 亿元的单位有 32 家，同比增长 14. 3%。财政资助项目产生的科技成果转化合同金额增势明显，合同金额为 56. 1 亿元，同比增长 78. 4%。

面对如此大规模市场的高速增长，与科技成果转化、专利成果商用化相关的技术合同服务需求也大幅度增加。本文将以笔者参与并成功实施的地方高校专利成果商用化案例对专利成果商用化实操法律要点进行梳理。

一、案例情况简介

某地方高校掌握一种高分子复合材料技术，该材料能够利用光照和生物发光共振能量转移过程，实现对病原菌的高效杀伤和 PM2.5 的有效消除。针对该技术高校已获得一项技术专利，并另有一项技术专利正在申请当中。某社会企业了解到该科研成果后，主动提出希望与高校合作获取该技术并进行共同研发、开展深度产业化合作。

面对社会企业的合作需求，高校本着服务区域经济建设，加强校企合作的原则批准了该项合作，并委托笔者所在的律师事务所组成知识产权法律服务专业团队为该专利成果商用化提供专项法律服务，助力本次专利成果商用化顺利实施。2020 年 8 月 28 日，该地方高校举行了与社会企业的签约仪式，项目正式落地实施，校企合作开展顺利。

二、法律要点解析

专利成果商用化项目涉及的法律关系复杂，实际操作中涉及的法律工作非常繁杂。高校在专利成果商用化项目中属于技术提供方，作为高校法律顾问，应当通过法律手段达到厘清高校权利义务、维护高校及科研人员合法权益、促进项目顺利实施、降低对后续科研的影响、保证高校获得预期收益、保证高校对于合作企业的影响力、实现高校科学合理的后续退出等一系列目的。即使未达成前述目的，法律服务团队也为高校提供了尽职调查、合规分析，起草、修改、审核相关合同，在签约主体、转让标的界定、股权比例核定、价款支付方式、技术资料交付方式、技术后续开发、股东特殊权利、事业单位出资保护等方面提出合规建议等法律服务。笔者以本项目为例，梳理了如下专利成果商用化项目法律实操要点：

（一）专利成果商用化方式确定

实施专利成果商用化项目首先需要确定科技成果转化方式，《促进科技成果转化法》第十六条规定，科技成果持有者可以采用下列方式进行科技成果转化：自行投资实施转化；向他人转让该科技成果；许可他人使用该科技成果；以该科技成果作为合作条件，与他人共同实施转化；以该科技成果作价投资，折算股份或者出资比例；其他协商确定的方式。具体采用的方式需要根据技术特性、双方期望达到的合作效果确定。

根据高校与社会企业初步洽谈结果，双方在合作中期望达到企业具有较高的自由度，校企合作又能较为紧密的合作效果，针对合作目的，法律服务团队推荐项目采取技术转让与技术出资两种方式共同进行。其优势在于技术转让、技术出资能达成技术所有权归属于企业的法律效果，有利于企业对科技成果投入更多资金、精力，提高专利成果商用化效率。技术出资能够使专利成果从生产要素转变为资本要素，通过共同持股将高校与企业密切地联合在一起，双方形成利益分享、风险同担的利益共同体，实现资源的优化配置。

（二）合作方尽职调查

实施专利成果商用化项目前，应对合作方进行详细的尽职调查。对合作相对方调查需要覆盖历史沿革调查、公司组织结构调查、财务情况调查、业务情况调查、合规情况调查、劳动情况调查等尽职调查环节，结合本项目高校在专利成果商用化中调查合作方时需要重点调查以下方面：

1. 公司的历史沿革

通过调查企业工商底档确认企业是否依法存续，企业设立资格、条件、方式是否符合当时的法律规定，运营情况是否合规，经营范围是否与拟商用化的专利成果相关。

2. 公司的组织机构

通过调查企业公司章程、企业组织架构图、企业董监高议事规则了解企业的部门设置是否齐全，管理机构设置是否合理，运营机制是否科学，确认公司实际控制人，为入股后派驻人员作准备。

3. 公司的技术实力

通过调查企业资质、企业科研人员组成、科研水平、专利情况、技术优势、研发成本投入情况确认其是否具备后续成果转化的技术实力。

4. 公司的业务情况

通过调查企业业务资质、主营业务情况确认企业是否具有实现专利成果商用化的相关业务资质，其主营业务是否与拟商用化的专利成果相关，主营业务盈利情况如何。

5. 公司的资金实力

通过调查企业注册资本实缴情况及财务信息确认其是否具备支付合作对价及完成后续成果转化的资金实力。

6. 公司的对外债务

需要确认公司不存在未披露的大额债务，通过合同对企业过往债权的承担做出约定，防止在高校入股后，对公司未披露债务承担股东偿还责任，高校作为事业单位，承担股东还款责任可能造成国有资产流失，相关负责人可能需要承担个人责任。

7. 公司的合规情况

通过在信用中国、裁判文书网查询企业是否存在被行政机关处罚记录，是否存在失信记录，是否为失信被执行人，是否存在执行中案件，若存在执行情况可能导致企业无法支付转让对价，需要审慎考虑是否进行合作。还须要求公司披露进行过程中诉讼，防止转让或出资后公司被列为被执行人，高校作为股东需要承担股东偿还责任。

（三）专利价值评估

《公司法》第二十七条规定，股东可以用知识产权作价出资，对作为出资的非货币财产应当评估作价，核实财产，不得高估或者低估作价。法律、行政法规对评估作价有规定的，从其规定。也就是说，法律规定以知识产权出资应当进行评估，但其他法律、行政法规另有规定的除外。2019 年修订的《事业单位国有资产管理暂行办法》规定，国家设立的研究开发机构、高等院校将其持有的科技成果转让、许可或者作价投资给国有全资企业的可以不进行资产评估。该特殊规定虽然表面上豁免了部分情形下专利成果商用化的知识产权评估，但是该办法的效力级别仅为部门规章，并不是法律或行政法规无法达到排除公司法规定的法律效果，且从整个项目的合规风险来说，高等院校在开展专利成果商用化项目的过程中应当对知识产权成果进行价值评估，原因如下：

1. 价值风险

专利技术的价值具有特殊性，其价值确认需要考虑专利独立性、公益性、积累性、可替代性等众多因素，因双方价值立场不同，很难实现协商作价，引入独立第三方机构评估有利于为合同标的确认一个相对公允的价格，避免双方争议，且能够起到留痕作用，证明合同签署流程中的价格确认环节的公开、公平。

若不经评估，合同定价过低可能存在国有资产流失风险，合同定价过高，企业可能在高校出资后申请重新评估，若此时评估定价低于合同价格，高校将面临补足出资义务，需要付出额外的资金代价并可能影响双方的后续合作，导致高校无法获得后续收入。

2. 实操风险

实务中，知识产权出资需要在工商主管部门办理股权登记手续，各地工商程序的办理要件可能存在差异，可能部分工商登记部门将评估文件列为必要文件。因此，为避免无法办理工商登记手续，建议相关主体在合同签署前履行知识产权评估程序，出具评估报告，并以评估报告为依据确定合同价格。

（四）股权比例设置

《技术出资合同》股权比例设置是高校的核心利益点之一，股权比例一方面体现出高校对于公司整体估值的确认，另一方面是高校成为股东后股东红利分配的计算依据。企业提出的方案是按照专利评估价格与企业现有全部认缴注册资本之比计算股权比例。

在尽职调查中，法律服务团队经查询企业公开年报得知企业尚未缴齐注册资本，且该企业为创业企业，成立时间相对较短，在股权投资领域属于估值较低的企业，基于以上事实，法律服务团队为高校出具《法律意见书》提出不能以认缴数额计算股权比例，企业目前处于初创阶段，在未实缴出资的情况下，公司价值可能远低于认缴注册资本，以认缴注册资本为估值计算股权比例对高校极不公允，建议以经验资的实缴注册资本为现有估值，计算高校股权占比。计算方法：专利评估价格 ÷（企业经验资的实缴注册资本 + 专利评估价格）× 100%。经过高校与企业多轮谈判，最终双方采纳了法律服务团队的计算方法。

（五）合同主要条款设计

专利成果商用化项目的法律合规保障核心是技术成果转化合同，在本项目中维护高校及企业合法利益，促进专利成果商用化项目高效合规实施的法律性文件是双方签署的《技术转让合同》与《技术出资合同》。在合同条款设计时法律服务团队应以促成交易为前提，在关键条款上注重风险控制，保障地方高校的核心利益，厘清双方权利义务，避免后续引发权属争议，明确约定争议解决方式。专利成果商用化合同条款设计要点如下：

1. 合同标的确定

专利成果商用化合同的标的即拟转让、出资的技术，对于合同标的的技术范围描述应当准确，若描述范围过于宽泛，则意味着转出所有权的技术范围过于宽泛，高校对于合同标的的利用、进一步开发可能构成专利侵权，将导致高校研发受阻。若技术描述范围过于狭窄，则可能导致许可技术不足以进行成果转化，双方合同目的无法实现，造成合同双方权益受损。在本项目中高校向律师服务团队介绍了标的技术的细节，并详细表述了其意向转让的范围，律师服务团队提出可以约定双方转让、出资的技术以专利技术分子式为限，既能满足企业的技术要求，高校也可继续就相关领域进行研究开发，取得进一步科技成果，实现双方的利益平衡。

2. 款项支付条款

专利成果商用化合同标的具有特殊性，技术资料交付后，作为技术转出方、技术出资方即处于相对被动的地位，因为技术已由保密转为向合作方披露，且无法恢复原状。基于此特殊性，法律服务团队在草拟、修改《技术转让合同》时一般都会提示作为技术转出方的高校要求合作方先行付全款或大部分款项，高校作为事业单位信用水平高，履约能力强，可在收到款项后交付技术资料，办理知识产权登记变更程序。在草拟、修改《技术出资合同》时一般都会提示高校应在完成出资后尽快督促合作方办理股权登记程序，将高校出资尽快进行行政确认，并约定相关违约条款，提高合作方违约成本，最大限度保护高校的合法权益。

3. 技术效果约定

专利成果商用化项目对合作企业对于技术的消化、吸收、运用能力要求极高，企业付出相关成本后可能存在无法有效实施技术，取得预期技术效果的可能性，容易引发双方争议。在起草、修改、审核专利成果商用化合同过程中，应对技术实现效果进行约定，避免双方产生争议。在本项目中，法律服务团队从保护高校利益出发，对技术效果约定进行了明确的义务界定，防止企业因操作实施原因与高校发生争议，相关条款设计如下：

（1）技术资料交付限定

明确约定双方认可技术资料交付范围为专利资料、制备方法、流程、实验参数、原料配方等，并以资料清单的方式明确列举，防止企业以高校技术资料交付存在瑕疵为由主张高校违约。

（2）培训效果限定

将培训约定量化、客观化，不对培训作出效果性承诺。明确约定培训方式为：由高校指定人员在高校实验室为企业开展为期一周的针对合同的专利技术涉及的聚合物制备与应用的相关培训，向企业传授前述专利技术及其相关内容，并向企业至少演示一次与专利技术相关的全流程实验，并向企业提供针对流程实验能够达到技术效果的报告，如企业后续仍需要高校提供上述服务工作，高校应根据自身实际情况决定如何配合支持。明确培训效果且留下能够证明技术效果的流程性文件防止因培训方式及培训效果产生争议，同时保持执行灵活性，高校可以根据实际情况决定是否及以何种形式为企业提供后续培训配合。

（3）后续义务限定

专利成果商用化进程中，高校主要负责研发进程，在达成合作后，后续产业化、市场化进程主要由合作企业实现，高校研发人员不具备实现产业化、市场化的相关能力，且过度参与市场化运作也背离了科研人员的本职工作，高校在专利成果转让或出资后应以提供辅助、顾问指导为宜。因此，法律服务团队在设计合同条款时明确约定，高校在成为企业股东后负责为本合同涉及的项目的技术二次研发、产业化技术方案设计、工业化研究、相关认证、技术问题解决、后续产品开发等工作在高效及科研人员职责范围内提供辅助性技术支持。

4. 保密约定

专利成果商用化项目中对双方保密义务的要求较高，因此法律服务团队建议除合同保密条款外，高校与企业另行签署体系化的保密合同作为《技术转让合同》与《技术出资合同》的附件。保密合同涉及保密信息的定义、保密范围、保密人员、保密义务、秘密使用限制、保密期限、侵权救济方式、违约责任、争议解决方式等必要内容。

5. 违约豁免

高校属于事业单位，受政策及上级单位决策影响极大，专利成果商用化项目属于长期合同，在合同履行期间存在因政策或决策影响中止、终止合作的可能性，但是该影响无法作为不可抗力、情势变更等免责事由豁免高校的违约责任。为避免高校因政策或决策原因陷入违约困境，法律服务团队建议在合同中增加特殊违约豁免条款，约定如下：鉴于高校技术转让及最终出资及后续合同履行需履行审批手续，能否通过审批尚存在不确定性。若在合同履行过程中因政策影响或上级单位决策要求不能继续履行合同，则高校不构成违约，无须就此承担任何违约或赔偿责任。

（六）知识产权策略

专利成果商用化项目是一个持续动态化的项目，专利技术转让、出资完毕后双方仍可能进行后续研发，涉及技术成果确认、二次开发成果归属、后续课题奖项申请分配等问题。因此在《技术转让合同》与《技术出资合同》中应当对双方针对知识产权可能产生的后续深入开发、产业化进程作出预判和明确的权属约定，避免双方发生相关争议。

1. 项目产业化分工

项目产业化是知识产权成果商用化将技术转化为实际生产力的步骤，双方应当发挥各自优势促成项目产业化。企业应当发挥资金、人员、市场优势，负责为项目产业化提供必要的支撑环境、产品生产必要的资质、提供项目技术孵化的工业化研究、产业化技术方案设计、项目后续的经营资源、流动资金、市场渠道、人力资源等投入。高校应当发挥研究、创新优势，负责提供技术咨询、后续技术问题解决、后续研发工作。

2. 技术改进成果归属

《民法典》第八百七十五条规定，当事人可以按照互利的原则，在合同中约定实施专利、使用技术秘密后续改进的技术成果的分享办法；没有约定或者约定不明确，一方后续改进的技术成果，其他各方无权分享。但本项目进行时间为2020年，《民法典》还未正式生效实施，故适用法律应为《合同法》，《合同法》第三百五十四条规定，当事人可以按照互利的原则，在技术转让合同中约定实施专利、使用技术秘密后续改进的技术成果的分享办法。没有约定或者约定不明确，一方后续改进的技术成果，其他各方无权分享。

因此根据法律规定，若无另外约定，一方后续改进的技术成果，其他各方无权分享。但出于互利互惠、深入合作原则，高校与企业对后续改进的技术成果归属进行了另行约定，合同约定双方均有权对本合同涉及的技术进行改进。甲乙双方在专利技术以分子式为限的基础上进行后续开发的相应技术，应由双方共同所有。双方在专利技术分子式相关范围外的后续开发技术成果仍为开发方所有，与另一方无关。一方面保证了双方在合作范围内的利益分享形成研发合力，另一方面也保证了高校对于相关技术的后续深入开发的独立性，有利于激发科研人员的创新动力。

3. 学术成果归属

专利成果商用化后，相关专利权人虽然发生了变更，但高校科研人员发明人的身份并未发生改变，依然可以作为实际发明人申请教育系统内部奖励、奖金等激励，为明确相关事宜，关于与发明人身份相关的成果归属应在合同中明确约定，在本项目中，合同约定本合同涉及项目的学术成果（发表相关学术文章、评奖、获得科研项目资助等）归高校及高校人员所有，不随专利申请权、专利权的转移而变化。

（七）后续股东权益保障

在本知识产权成果商用化项目中，双方不仅是知识产权的转让方与受让方的关系，更是股东与公司的关系，本项目兼具技术合同关系与投资合同关系的双重属性，因此，在该项目协议及操作流程的设计过程中应当注重高校后续股东权益保障。股东权益主要体现在公司稳定性、决策影响力、利益分配方面，针对前述核心利益操作要点如下：

1. 专利技术限制转让

由于技术转让、技术出资会导致专利申请权、专利权的权属变化，后续高校利益的实现依赖于企业的产业化开发产生盈利分配的股东红利，因此需要企业长期持有合同专利作为知识产权策略，否则高校将面临无法获得后续利益等问题。针对该风险，合同明确约定，企业不得将合同中涉及的相关专利技术以任何形式转让或许可他人实施。

2. 公司稳定性

在尽职调查过程中，律师得知合作企业是一家技术型创业企业，核心技术掌握者为企业创始股东、实际控制人，因此需要防止该实际控制人在掌握专利技术后依托技术另起炉灶，越过高校以新公司从事产业化进程，损害高校的合法利益，因此，法律服务团队为防止类似情形发生，设置了原始股东锁定条款。约定如下：除非经高校事先书面同意，在专有技术实现产业化之后 5 年内，且在高校持有公司股权期间，企业原股东不得将其持有的公司全部或部分股权，以转让、赠与、质押或其他任何方式（包括但不限于信托）进行处置或在其上设置任何第三人权利，或对任何第三人作出任何类似承诺。此约定的转让还包括仅以协议方式作出约定而未办理工商变更登记，或以其他任何形式的股权转让及实际控制权的转移，也不得新设、投资经营范围相同或类似的其他公司、合伙企业、其他组织。

3. 决策影响力

股东决策影响力主要通过保持股权比例稳定与派驻人员的手段实现，在本项目法律服务团队借鉴私募股权投资基金（PE）协议为高校设计了反稀释条款、优先购买权条款，以达到高校可以灵活选择增持股权提高持股比例或维持现有股权比例的目的，维持高校的表决权权重保持在一定比例之上，在股东会表决层面维持较为稳定的影响力。由于事业单位对于参股企业具有特殊要求，法律服务团队建议高校在正式入股后在公司章程中加入其单位规定的特殊要求。除此之外，为加强高校对于董事会重大决策事项及财务信息的知情能力，增加了派驻董事、财务人员的条款，一定程度上介入公司实际经营，维护高校的合法权益。

4. 利益分配

由于高校不能深度参与公司实际运营，对于后期股东红利部分的收益，高校往往处于被动地位，原因在于利润分配方案的制定权、利润分配时间的决定权仍处于企业掌握下。针对该问题，法律服务团队在合同中增加了利润分配条款，明确约定除非股东会全体同意另有决定，公司利润每年分配一次。公司缴纳有关税款后的利润，按下列顺序分配：弥补上一年度的亏损；按照《公司法》规定提取法定公积金；根据股东会的决定提取任意公积金；根据股东会批准的年度奖励计划，提取团队奖励；在可分配利润范围内根据股东会批准的公司利润分配方案按照实缴比例在各股东之间进行利润分配。公司董事会审议批准利润分配方案后，应在两个月内完成利润派发事项。对利润分配的频率、顺序、内部程序、时间要求作出了约定，提高了利润分配的实践可操作性。

5. 税收优惠

专利成果商用化作为国家大力支持发展的领域，针对专利成果商用化项目中涉及的科研单位、合作企业、个人，在企业所得税、增值税、个人所得税、关税和进口环节增值税上均有一定的税收优惠政策。在本项目中法律服务团队也有所涉猎，但限于专业领域及篇幅问题，不在本文中赘述。

三、结语

专利成果只有同国家需要与市场需求相结合，实现从科研、实验、运用推广的三级跳，才能真正实现专利创新驱动社会发展的功能。专利成果商用化是一个长期性的系统工程，涉及技术、法律、财务、税务等多个专业领域，法律服务是其中不可或缺的一个重要环节，从项目筹备阶段的尽职调查、价值评估到实施阶段的交易结构设计、合同起草最后到产业化阶段的校企分工、利益分配，专利成果商用化项目已形成规模庞大的法律服务市场，法律工作者应当抓住机遇，提升综合法律服务水平，为专利成果商用化提供法律支持与保障，承担社会赋予法律工作者的社会责任。

专利商业化的关键因素

朱殿尧*

摘要： 本文从专利商业化所属的学科范畴入手，将专利商业化的难题从创新经济学领域中技术成功与商业应用的不确定性，一项技术的提出与衡量其价值的难度，以及寻找交易伙伴带来的挑战共三个方面映射到了创新过程领域中的搜寻和选择两个方面，并从搜寻和选择两个方面深入展开，分析影响专利商业化潜在交易者寻找专利价值衡量的因素，并提出了对应的解决方案。

关键词： 专利商业化　创新搜寻　专利价值

引言

专利制度能够解决 Arrow 信息悖论——希望购买信息的人由于信息没有充分公开而不能对信息作出估价，但是一旦对信息的潜在购买者公开信息，潜在购买者由于已经获取信息，因而也不必再购买信息①。可见，专利商业化行为是实现技术信息交易的重要载体和手段，专利商业化或专利交易至少部分上属于专利市场中技术交易的范畴。对于专利侵权诉讼、谈判而导致的专利许可也属于专利商业化的一种形式，这种专利商业化是利用市场机制对已形成的产品

---

* 中国专利技术开发公司，国家专利导航项目（企业）研究和推广中心高级知识产权师。

① Kenneth J. Arrow, Economic Welfare and the Allocation of Resources for Invention, The Rate and Direction of Inventive Activity: Economic and Social Factors, Princeton University Press, 1962.

或服务市场存量份额在市场主体之间切割分配的手段，而非通过利用专利信息加速创新或加速市场化，从而提高市场上产品或服务的增量，不在本文讨论范围内。

然而，技术市场中妨碍技术交易的严重问题包括技术成功与商业应用的不确定性，一项技术的提出与衡量其价值的难度，以及寻找交易伙伴带来的挑战[①]。从创新的过程视角来看，创新包括搜寻、选择、实施和获取四个阶段[②]，寻找交易伙伴对应创新过程中的搜寻阶段，技术成功与商业应用的不确定性及技术价值衡量的难度则对应创新过程的选择阶段。

一、交易伙伴的寻找

（一）专利文献内容的特点

相比寻找技术的需求方而言，专利数据库提供了更加全面、便捷和可检索的技术供给信息，通过专利信息检索、分析是寻找潜在技术供应方的有效途径。对于专利文献而言，专利确权的全面覆盖原则[③]导致撰写权利要求时，尤其是独立权利要求，广泛地存在一种倾向，即权利要求特征数量尽可能少、特征的概念层次尽量上位（也有著作将这种行为称为专利抽象[④]），说明书的内容作为权利要求的解释，这种倾向不可避免地影响到了说明书的撰写方式。以上位概念为例，某专利和通信双料国际巨头，在涉及 5G 关键技术“超密集网络”（Ultra – dense network）方面的专利文献中对术语“超密集网络”一律采用其上位概念“密集网络”（dense network）进行表述，导致利用通用表述“超密集网络”或“Ultra – dense network”不能检索到该申请人的专利文献，说明该申请人的知识产权部门对该公司在全球各地挖掘的专利进行了统一撰写（质量）控制，并且根据该公司专利的用途在撰写方面试图规避检索。

---

① ［美］Bronwyn H. Hall，Nathan Rosenberg：《创新经济学手册》（第一卷），上海市科学学研究所译，上海交通大学出版社 2017 年版，第 710 页。

② ［英］乔·蒂德等：《创新管理——技术变革、市场变革和组织变革的整合》（第四版），陈劲译，中国人民大学出版社 2012 年版，第 179 – 475 页。

③ 刘银良：《知识产权法》（第二版），高等教育出版社 2014 年版，第 147 – 148 页。

④ ［美］Christina Bohannan，Herbert Hovenkamp：《创造无羁限：促进创新中的自由与竞争》，兰磊译，法律出版社 2016 年版，第 139 – 150 页。

因此，在上述倾向的影响下，专利的语言常常趋向于晦涩难懂，且内容碎片化。这种碎片化包括两层含义，一层是专利文献内部内容要点分散，针对一个特征进行了诸多角度的论述，以满足对权利要求特征的支持。另一层是一件专利一般仅保护一个发明点，这个发明点往往很小，而一项产品或可在市场上交易的技术往往要包含许多这样小的发明点。这使得潜在的买方低成本（包括时间成本和资金成本）地获取确切的技术信息变得困难。

专利文献内容概念上位化、分布碎片化的撰写特点，使得专利语言自成一套体系，专利的撰写、对抗对手的专利情报分析方面的考量使得工程技术人员、技术决策人员等专利文献的最终使用者难以理解专利文献内容的要义，因而使专利体系与其直接服务的技术体系之间增加了一层隔膜，提高了从专利文献到获得技术情报和生成技术决策过程的成本。

（二）搜寻要素的构建

为促进专利的商业化，应便于潜在的技术需求方检索到目标专利。技术需求方是技术决策和技术应用者，他们对技术描述所使用的是工程、应用场景方面的语言，而非上位的、碎片化的专利语言。

虽然专利法规定了说明书应当包括技术方案所属的技术领域、解决的技术问题和产生的有益效果，但是根据笔者的经验，目前关于技术领域、技术问题和有益效果的描述“粒度”过于粗放，不能在海量的专利文献中有效缩小搜寻范围，同时由于没有专门的搜索字段，技术领域、解决的技术问题和产生的有益效果的描述均记载在说明书中，因此说明书中其他部分的内容会对技术领域、解决的技术问题和产生的有益效果的检索产生大量的噪声。

因此，为了使潜在的技术需求方快速、准确地获取目标专利信息，应当使潜在的技术需求方和供给方在一个共同的、更精确的语境下通过专利撰写人员和检索人员实现供需双方的对接，这一共同语境即为工程、应用场景方面的描述，技术方案所处的准确的学科分支位置或所应用的产品的具体结构部件就是这种工程、应用场景描述语言的具体表达。目前的 IPC、CPC 分类体系通过专利文献分类人员提供了这一描述语言，但是由于 IPC、CPC 分类体系是国际协同一致的产物，其确立、变更和增加都需要一定的程序，而许多产业是快速发展的，尤其是那些对专利情报需求强烈的细分产业，对于涉及这些产业的特定需求，IPC、CPC 分类体系往往不能提供足够精确的描述信息。所以在专利文献中应增加更具体的信息，对于偏通用型的专利技术，应当在专利文献中增加该技术所处的学科体系最下位的技术分支的定位和描述信息；对于偏具体应用型的专利技术，应当在专利文献中增加该技术所处的最具体的产品结构或用途（如疾病治疗）的定位和描述信息。

专利技术的供给方为了实现在专利文献信息中增加专利技术在技术体系中精确的定位信息，不但要求专利工程师能够将技术语言转化为专利语言，还要求专利工程师熟悉所挖掘的专利技术所在的技术体系，并且能准确地确定被挖掘专利技术位于所在技术体系的最细节、最下位的分支，即专利工程师要同时熟悉产业技术体系和专利撰写技术。

技术需求方在进行目标技术检索时，要求检索员能够将技术决策和技术应用者所使用的工程性、场景性语言与技术方案的专利语言二者之间进行准确、快速的映射，以实现对目标专利技术全面、准确、快速的定位。

二、专利技术的选择

（一）不确定性

技术成功与商业应用、商业上的成果之间具有不确定性。长期以来，不确定性一直被看作创新所固有的特性，不确定性领域事关新技术表现、未来持有成本、补充供给、权威标准的确立和可能过时的问题①。例如，始于 1981 年的法国 Minitel 网络早于互联网向用户提供各种电子商务服务，虽然当时在法国国内取得了成功，但是并未扩散到全世界并取得全世界范围内的成功，反而因为技术的陈旧、开发 Minitel 网络应用程序复杂而失去了对商业开发者的吸引力，并最终使得网络规模变小，尤其是在 20 世纪 90 年代互联网出现以后②。如今 Minitel 网络已退出历史舞台。

创新的不确定性主要是由于关键技术的非连续性，关键技术的非连续性会改变产业发展的知识基础和需求类型，导致拥有新能力专长的企业进入并获得

① ［美］Bronwyn H. Hall，Nathan Rosenberg：《创新经济学手册》（第二卷），上海市科学学研究所译，上海交通大学出版社 2017 年版，第 16 页。

② David C. Mowery，Timothy Simcoe，Is the Internet a US invention? —an economic and technological history of computer networking，p. 1377.

快速增长。例如，计算机产业发展的历史中，在微处理器作为计算机基础电子元件出现后，导致即使是生产规模很大的系统商也都退出了元件设计和生产领域，一家领先的元件企业开始统治该产业①。

专利技术作为创新的一种重要表现形式，其不确定性与专利技术价值衡量的困难本质上是同一个问题，专利价值一旦被准确衡量，专利技术的不确定性也就随之减小甚至消失。下文将从专利信息分析及产业特点的角度阐述影响衡量专利技术价值的要素。

（二）价值衡量要素

1. 不同技术路线间的横向比较

技术市场的价格也受供求关系的影响，可替代性的技术供给越多，技术的价格就越低，因此一项技术的价值不仅取决于自身的性能、发展阶段、配套技术，还取决于有竞争关系的技术的发展态势，如潜在目标专利技术的替代性技术以及可能的颠覆性技术的发展态势。这要求对并列的多个技术主题的专利态势进行统计分析，包括趋势数据分析、产业生命周期分析、同一技术路线内关键技术的态势分析。

在不同技术路线的横向分析比较时，不能单纯地从数量角度进行比较，需要考虑不同技术路线存在不同的专利密度②。同时，也不宜不加选择地将所有申请人的专利申请或授权专利都纳入统计范围，因为大部分专利技术具有累积性特点③，某段时期内（如 1 年内），一个申请人申请或授权 10 件专利与 10 个申请人各申请或授权 1 件专利是不同的，前者的 10 件专利是同一技术路线上具有累积性的 10 件技术，而后者一般是并列的、无累积性的 10 件技术，二者的技术高度和发展程度是不同的。

---

① ［意］弗朗科·马雷尔巴：《高科技产业创新与演化——基于历史友好模型》，李东红等译，机械工业出版社 2019 年版，第 102－103 页。

② Harhoff D.，Von Graevenitz G，Wagner S. Conflict Resolution，Public Goods and Patent Thickets，Social Science Electronic Publishing，2016，pp. 710－713.

③ Carl Shapiro：Navigating the Patent Thicket：Cross Licenses，Patent Pools，and Standard Setting，Innovation Policy and the Economy，2001，Volume I，p. 1.

2. 同一技术路线内专利技术分析

（1）专利组合

法律史和经济分析表明，单一的专利保护常常是非常有限的[①]，因此要分析潜在目标专利之间的逻辑关系，其是否对目标技术主题形成专利组合。从专利组合的高度来看，整体的价值大于部分之和——专利的真正价值不在于单件专利的价值，而在于相关专利构成的集合，紧密相关的专利组合构成一个超级专利，有助于企业专注于后续的研发、吸引相关外部创新、避免高成本的诉讼、提高议价能力、增强诉讼中的辩护优势、提高专利政策话语权、提升对资本的吸引力。专利组合内容具有多样性，有利于提前解决技术的不确定性问题、自由拓展研发领域、缓解上游产品市场条件的不确定性、阻挡未来竞争者进入市场、提升对专利法修改的适应能力[②]。

（2）专利申请人、技术路线及产业的技术图谱

创新性经济环境具有如下三个特点：第一，关于创新程度的不完整信息往往是最常见的；第二，发明专利只有有限的知识产权保护作用；第三，信息披露使知识公开，这使得模仿成为可能[③]。美国 20 世纪 80 年代的一份调查显示，大部分工业企业不认为专利能提供最强的知识产权保护措施，尤其是方法创新，由于侵权取证困难而缺乏保护[④]，这一调查结论对于当前创新保护行为具有一定参考意义，技术秘密仍然是企业知识产权保护的重要手段。因此在获得专利组合数据的同时，应当在技术体系分支的背景下，努力还原目标市场主体（该主体可以是技术提供方也可以是市场竞争者）专利权覆盖范围以外的其他技术点，确认市场主体在这些技术点上的技术是现有技术，还是利用技术秘密进行了保护，从而形成申请人技术图谱，并分析申请人的专利在其技术图谱中的地位。

同一技术路线内各专利申请人的技术图谱作为一个图层，将这些图层按技

---

① ［美］Lynne Pepall：《当代产业组织理论》，唐要家等译，机械工业出版社 2012 年版，第 387 页。

② Gideon Parchomovsky and R. Polk Wagner：Patent Portfolios，University of Pennsylvania Law Review，2005，pp. 31 – 38.

③ James J. Anton，Dennis A. Yao，Little patents and big secrets：managing intellectual property，RAND Journal of Economics，Vol. 35，No. 1，Spring 2004，p. 2.

④ Levin，R. C.，Klevorick，A. K.，Nelson，R. R.，and Winter，S. G. Appropriating the Returns from Industrial Research and Development. Brookings Papers on Economic Activity，Vol. 3（1987），pp. 793 – 795.

术体系分支对准并叠加，就形成了该技术路线的技术态势图，根据上文对累积性创新技术的分析思想，技术路线的技术态势图不必对所有专利申请人的技术图谱进行分析，而只需分析技术路线内重要申请人的技术图谱即可，这样的方法能够在效果与成本之间达到较好的平衡。对于一个产业，将不同技术路线的技术态势图作为一个图层，将技术的应用场景结构图作为对准参考，并叠加各技术路线态势图，就获得了产业技术发展态势图。有了清晰的产业技术发展态势图，就能比较容易地从不同层次评估一项或一组专利技术的价值了。

（3）沉睡专利

专利制度和创新竞赛通过相互作用来影响市场结构的一种方法是通过“沉睡专利”来进行的，沉睡专利背后的动机是企业为真正有价值的专利所产生的垄断利润创造一个缓冲保护区，在位企业可能从不使用高成本的技术，然而其仍会像对待低成本技术一样为它申请专利，通过获取该专利，令其休眠或沉睡，在位企业将增强其垄断地位。

因此，在分析目标专利技术价值时，要考虑目标专利技术组合是否使用到竞争者的基础专利，如果用到了竞争者的基础专利，不一定会被对方利用沉睡专利策略阻挡进入市场，但是会增加进入市场的成本。

（4）突破性关键技术

非连续性关键技术的突破会带动其他技术分支的进步，进而推进产业的发展。如专用短程通信（DSRC）和车载自组网（VANET）技术共同为基于通信的车辆应用（车联网）提供了难得的发展机遇①，在笔者做过的一个专利分析报告中，车联网各技术分支中专用短程通信分支在2009—2011年出现了一波快速增长，随后的2011—2012年移动自组织网络技术专利申请数量出现高速增长，车联网下的其他技术分支的申请量则在2012年之后均呈现出长时期的高速增长态势。可见，突破性关键技术专利数量引领了其他技术专利数量的增长，突破性关键技术的专利信息印证了相关学术论断。

在专利情报分析当中，既要能够根据突破性关键技术找到各技术分支间时间上的相关关系，同时也要具备从专利数据信息中发现前沿突破性关键技术的

---

① ［德］马克·埃梅尔曼等：《车联网——汽车应用及其他应用》，樊秀梅等译，北京理工大学出版社2018年版，第1页。

能力。例如，在集成电路制造产业分析中，光刻、刻蚀、薄膜和掺杂氧化的分支数据分别在2012年、2014年、2011年和2015年达到顶峰，随后震荡下降，并且均从2015年开始出现了显著的、单调下降（没有震荡）；而封测分支的申请数据于2010—2017年发生震荡，并呈现微弱上升趋势，在21世纪初期封测分支与光刻、刻蚀、薄膜和掺杂氧化的分支数据呈现相反的发展趋势，因此有理由认为光刻、刻蚀、薄膜和掺杂氧化技术发展遇到了瓶颈，而封测分支正在试图成为未来发展的方向。后通过国际半导体技术路线图（ITRS）2015版证实：二维CMOS技术的平面特征尺寸即将达到物理极限成为明显的技术挑战，一系列在器件①及封装层面使用第三维度的解决方案正在成为可能②。

对于突破性关键技术需要分析关联技术分支之间的相关性，提取个别技术分支与其他分支的逆趋势性数据，如个别分支专利数据呈现上升趋势，其他分支专利数据呈现下降趋势，则有可能是产业或技术路线遇到技术瓶颈，而在其他方向寻找新的技术突破；仅（重要企业的）个别技术分支呈现下降趋势，则有可能是技术嗅觉灵敏者因新技术的出现对传统产业技术前景出现了悲观判断。这两种情况都能够发现突破性关键技术，突破性关键技术可以帮助动态地评估专利的价值，使得行业参与者在战略发展的高度对专利信息价值作出评估和判断。

（5）专利撰写质量

对于单件专利而言，除专利权稳定性这种基本的要求外，还需要考察专利权利要求是否覆盖到发明点及其全部简单改进，评估是否有规避设计的空间，如果存在规避设计的空间，在市场有利可图时，可能会有竞争者跟随进入市场。所谓跟随策略是指已经建立的大型企业让创业企业去从事新产品及这种产品的市场原始开发，而不是冒着新产品可能开发失败会危及其已有产品系列的风险。如果因为专利撰写导致专利布局上的漏洞，不但会引入不必要的竞争者，而且会在这种竞争中由于早期开发市场而承担让对手搭便车的劣势。

3. 基于产业特点的专利价值衡量

（1）网络效应

如果仅一个人拥有一部电话，这部电话对消费者来说毫无价值，但是随着

---

① 特指单结元件，如晶体管、电阻或电容器。

② ESIA et al.，International Technology Roadmap for Semiconductors 2.0（2015 Edition，Executive Report），pp. 19－21.

越来越多的消费者加入这个电话系统，价值就会快速增加，这就是所谓的网络效应。如果一项专利技术具有网络效应，那么其技术上的微创新对技术的价值影响是微不足道的，而竞品的用户发展阶段才是影响该专利技术的重要因素。

（2）兼容、标准

不能兼容现有通信标准的通信设备，则不能接入通信网络，这样的专利技术则是没有价值或低价值的。如果打印机的市场占有率较高，则对打印机与墨盒之间的接口尺寸利用专利进行了保护，则市场上因为接口尺寸专利的保护，使其他墨盒与打印机不能兼容，则受接口尺寸保护的专利技术具有更高的价值。

三、搜寻、选择的实现路径

在明确了影响专利技术的搜寻、选择的情况下，就可以针对这些要素进行实现层面的设计。

（1）标引字段

为了使技术应用及技术决策人员更好地使用专利信息，降低其与专利分析人员的沟通成本、提高沟通效率，专利文献当中应增加专门的工程语言和应用场景的描述字段，描述字段应当由专利技术的开发者提供，也可以由专业的标引人员提供。为了使工程语言和应用场景的描述字段在描述精准度和更新实时性上优于 IPC 和 CPC 体系，可以采用开放式平台，由企业或研究院所等以技术体系架构为基本结构进行描述字段的维护和更新。

（2）平台

我国从事基础研究的高校、科研院所众多，且持有大量专利，尤其是高校。在基础研发与产业化之间存在“死亡之谷”，研究成果的市场转化率极低①。高校院所更适合作为技术信息的提供方，而由市场化能力更强但基础研发普遍薄弱的企业进行技术的市场化开发，技术的供需双方需要一个专利技术交易的平台。截至 2021 年 1 月 7 日，我国国家知识产权局已批复/建设国家、地方、行业各类国家知识产权运营平台（中心）16 个。

---

① U. S. Department of Commerce, Between Invention and Innovation – An Analysis of Funding for Early – Stage Technology Development, Nov. 2002, pp. 35 – 36.

（3）行业软件

专利技术价值的衡量涉及不同技术路线发展状况的评估，甚至涉及产业图谱的描绘，因此需要进行大量的专利统计分析工作，定制行业分析软件对专利技术价值衡量工作进行支撑。

（4）人才准备

专利技术商业化的行为已经超出了目前市场主体知识产权部门常规的专利挖掘、维护、专利诉讼等业务范畴，往往涉及企业的战略决策，需要专利技术文献、技术路线、行业等不同粒度的专业分析，这要求专利技术价值衡量团队具有深入的专业技术、专利竞争策略、检索、统计分析和专利分析的复合能力。

专利商业化需要对专利信息的价值进行衡量，这种衡量贯穿于技术路线和产业层面，借助专利组合理论、技术图谱、沉睡专利可以从静态角度衡量专利价值，借助关键性突破专利技术的发现和分析可以从动态角度衡量专利价值。这种价值分析可以用于分析并购和产业投资对象。例如，在并购阴极射线管（CRT）电视机业务时，需要对其中的主要组件显示器技术进行专利分析，挖掘是否存在其他颠覆性技术，如等离子或液晶显示技术，以及这些颠覆性技术的发展态势。又如，对国民经济发展具有重大影响的半导体产业进行投资，需要对投资对象进行存量专利的分析和比较，从而选出最优投资对象。

专利商业化在我国有着广泛的需求，良好的专利商业化运作能够加速创新及创新技术的市场化。我国专利商业化的基础设施建设中，专利运营平台建设已经走在前列，本文对专利商业化的基础设施要素进行了分析，并提出了可操作性的实现方案，包括专利语言与工程和应用场景语言之间的对接信息建设、专利价值分析维度，还提出了应开发专利价值分析行业软件以支撑专利商业化的运行。

第三章　司法保护中知识产权价值判定探索

Commercialization of Intellectual Property

知识产权可仲裁事项不确定性因素分析及避免*

陈虹睿**

摘要：我国知识产权呈现出“了解不足、认识不够、参与意愿不高等问题”，这与我国知识产权大国的格局不相适应。通过对知识产权仲裁规则和数据溯源，发现知识产权相关人士因为对知识产权仲裁信心不足，对现有法律许可的知识产权可仲裁事项并未充分利用。仲裁当事人高度自主性和知识产权的地域性之间的矛盾，知识产权合同嵌入性纠纷问题，伴随仲裁“司法职能属性”强司法审查问题加剧了仲裁在知识产权领域的不确定性风险，而不确定性才是对知识产权仲裁信心不足的主要原因。发展知识产权仲裁，必须降低不确定性风险，进而塑造社会对该机制的信心。不确定性风险的降低最迫切的不是扩大知识产权可仲裁范围，而是通过分解方法精细化知识产权可仲裁事项来限缩知识产权仲裁的管辖权余地，制定知识产权仲裁规则赋予仲裁庭对先决事项的早期驳回权来避免程序上的不确定性。

关键词：知识产权　仲裁　司法审查　不确定性

非诉解决（ADR）知识产权争端会推动知识产权商业化利用，是当事人合同自由在程序法上的一种延伸。仲裁作为一种重要的非诉解决范式在知识产权方面发挥越来越重要的作用。在政策层面，我国一直积极推动知识产权仲裁来缓解知识产权诉讼压力，提升知识产权全面发展，但是总体而言，我国知识产权仲裁仍然呈现出“了解不足、认识不够、参与意愿不高等问题”。当下有人

* 本文为国家社科基金一般项目（项目编号：17BFX143）及2019年陕西省自贸区重点课题阶段性研究成果。

** 西安交通大学法学院副教授，法学博士，公共管理学博士后。

士认为导致上述情况的主要原因是法律许可知识产权可仲裁的事项过少，应该通过立法的方式扩大知识产权可仲裁范围。但是短期内立法扩大知识产权仲裁范围既不现实也暗含危机，笔者认为数量少、案件类型单一是因为知识产权相关人士对知识产权仲裁信心不足，而导致信心不足的最直接原因，不是法律赋权过少，而是现有法律赋予知识产权仲裁管辖权过多。基于此，本文最后借鉴国际立法和新近案例，对现有法律和仲裁机构程序规则提出改善建议。

一、对知识产权仲裁信心不足导致该类型仲裁发展迟缓

我国知识产权仲裁发展时间长，国家支持力度大，但是多年的发展并不尽如人意。在中国，一开始就对知识产权仲裁给予了高度重视。从中央到地方，2007 年以后都对知识产权机构建设给予了极大支持，截至 2019 年，仅中央层面就已经分四批设立了多个知识产权仲裁调解试点地区。《中国国际商事仲裁年度报告（2016）》首次以专章的形式呈现了“知识产权纠纷仲裁解决”，通过数据分析可以看到我国知识产权仲裁发展不足的态势。

（一）受案量与增长率不明显

从案件数量来看，相较于知识产权诉讼案件的总体数量与增长速度，知识产权仲裁案件的受案量与增长率不明显。作为大陆最主要的解决国际仲裁机构，贸仲委 2014 年受理知识产权纠纷数量占涉外案件受案量的 1.77%；2015 年受理知识产权纠纷数量占涉外案件受案量的 4.1%，地方的仲裁机构比例则更低①。很显然，知识产权仲裁案件少并不是我国缺乏相关需求，我国已经是知识产权生产大国，每年知识产权诉讼纠纷以高速增长。人民法院于 2018 年新收知识产权民事、行政和刑事案件数量达 334951 件，比 2017 年增加 97709 件，同比上升 41.19%。

（二）受案数量单一

报告显示，我国仲裁机构所设立的知识产权仲裁案件主要是特许经营、技术服务、技术转让、技术咨询、出版、版权等方面的合同纠纷，少量涉及知识

① 以北京仲裁委为例，2014 年受理知识产权纠纷数量为 43 件，占全部案件数的 2.11%；2015 年为 26 件，占比 1.56%。

产权的侵权纠纷，而没有知识产权的有效性纠纷。以贸仲委为例，2014 年至 2016 年知识产权纠纷案件中合同纠纷占案件总数的 87.5%，专业性知识产权仲裁机构所受理的案件中，合同争议的平均数量超过 50%。报告显示知识产权仲裁类型单一。

（三）制约知识产权仲裁发展的主要原因是参与人对知识产权仲裁信心不足

较之一般的商事仲裁，知识产权仲裁无疑是新鲜事物，它得到社会认可和完善需要一个过程，所以发展慢也是情理之中，但是中国知识产权仲裁的发展不能同步于知识产权生产和交易，同时落后于国际速度。1994 年世界知识产权组织（WIPO）仲裁与调解中心设立，国际知识产权仲裁正在逐步被世人接受。以 WIPO 仲裁与调解中心为例，根据该机构最新披露的数字显示，近年来受案数量有了较大的增长，2010—2013 年受案数量年均 30—40 件，从 2014 年受案数量逐年增长，2019 年达到 179 件，其中通过仲裁解决的案件占据相当数量①。相比之下，中国知识产权仲裁受案数量增长较慢。

受案种类单一，影响到受案数量，知识产权仲裁机构作为知识产权仲裁实务的中坚力量，它本应该对知识产权业务拓展满怀雄心壮志，积极拓展业务，但是我们可以看出，业务机构在业务运营过程中体现出一种不合时宜的“谦抑”和“小心”。而这恰恰代表了知识产权参与人对于知识产权仲裁信心不足。我国有的仲裁机构直接将知识产权受案范围限定为知识产权合同纠纷。如上海知识产权仲裁院在其业务介绍的主页，对其受理案件范围限定为“专门负责处理涉及知识产权合同纠纷的仲裁案件”②，而机构的自我业务限制主要不是源自法律的明文限制。

首先，基础仲裁法受案范围未禁止仲裁庭受理知识产权纠纷。无论我国《仲裁法》第三条的规定还是我国加入《承认及执行外国仲裁裁决公约》所做的商事保留，都未给予此类限制。上述两个规则对仲裁受案范围的限制并不会构成仲裁庭受理知识产权纠纷障碍。

其次，知识产权规则虽会形成间接障碍，但是基本符合国际通行惯例。以三项知识产权基础规则为例，针对知识产权权利的单项立法则对纠纷解决方式

① WIPO Mediation, Arbitration, Expert Determination Cases and Good Offices Requests, WIPO, https://www.wipo.int/amc/en/center/caseload.html.

② http://zscq.accsh.org/index.php? m = content&c = index&a = lists&catid = 11&menu = 6 - 11 - .

的方法和机构的规定已然成为仲裁庭受理知识产权纠纷的障碍。《著作权法》第五十五条“著作权纠纷”可以提交仲裁。《计算机软件保护条例》第三十五条规定类似。在《专利法》，其第六十条对“未经专利权人许可，实施其专利，即侵犯其专利权，引起纠纷的”规定了详细的解决程序，协商不能达成后，当事人可以提交诉讼或者请求行政部门处理。此外第四十五条对专利无效的权力归于专利复审委员会。《商标法》规定基本类似。从上述三项知识产权立法来看，涉及著作权包括合同、侵权在内的纠纷都可以提交仲裁，而专利、注册商标侵权纠纷和无效诉请纠纷则不可以提交仲裁。该规则虽然较之某些国家显得保守，但是基本符合知识产权的基本特征，亦是国际通行做法①：其一，对于知识产权有效性坚持属地原则，在仲裁庭审理特许权合同时，如果涉及知识产权有效性议题，无论选择哪里作为仲裁地，选择哪国准据法，其都需要适用合同被履行地的法律②，这在著名的三菱案件中也被确认。其二，对需注册赋权的知识产权和不需注册的著作权可仲裁性是区别对待的，大多数国家认为需要注册的知识产权有效性归属于国家特定权力机关，仲裁机构无此项判定权力③。

法律对知识产权仲裁机构受案范围虽有限制，但是条文非常灵活，给予仲裁机构宽泛的腾挪空间。仲裁机构作为一个商业运营存在，受案数量影响到其机构影响力也关乎其盈利，一般情况大多数的仲裁机构会根据自己的业务能力和专长尽可能地扩大管辖范围，本应该在可审理事项上都显示出“野心勃勃”。但是现实和预设的反差反映出知识产权仲裁机构在业务范围上的自我谦抑，而这原因不在其他，而是对于知识产权仲裁机制的不信任。

这种不信任实质上是对未来获得司法机构的承认和支持，司法机构对承认和执行的不确定。而且这种不确定性和缺乏信心对于纠纷当事人更为严重。正如美国最高法院在谢尔克案中表达的观点，如果法院广泛地认定不可仲裁事项将颠覆当事人根据预期设计的法律策略，甚至伤害“国际商业和贸易的结构”

---

① Francois Dessemontet, Party autonomy and the law applicable to the arbitrability of IP rights and licensing transactions, International Business Law Journal, I. B. L. J. 2013, 5, 441.

② Thomas Halket, *Choice of Law in International Intellectual Property Arbitrations: A Three – Dimensional Chess Game?, in* CONTEMPORARY ISSUES IN INTERNATIONAL ARBITRATION AND MEDIATION: THE FORDHAM PAPERS 2008, at 199, 215 – 18.

③ M Mitsubishi Motors Corp. v. Soler Chrysler – Plymouth, Inc., 473 U. S. 614, 639 n. 21 (1985) iquel dels Sants Mirambell Fargas, p. 189.

并减低“商人达成仲裁协议的意愿和能力”。

二、对知识产权仲裁信心不足的原因分析

仲裁权威性靠国家的司法机关通过承认执行机制予以加持，作为对公共权益的保证，司法机关也应对仲裁给予监督。仲裁裁决的司法审查普遍存在，商事仲裁同样面临着司法审查但并未制约其发展，所以导致对知识产权信心不足不是因为对仲裁裁决的司法审查，而是因为知识产权仲裁中司法审查充满了不确定性。

（一）这种不确定性来自知识产权合同纠纷的特殊性

首先，仲裁当事人高度自主性和知识产权的地域性之间的矛盾引发不确定性风险。知识产权地域性（territoriality），也称知识产权的属地性，是指知识产权的形成、取得、行使、消灭和知识产权内容由知识产权行使国家的法律确定，且仅在该国管辖范围内有效。虽然知识产权保护可以超越知识产权生成国的界限，但这是基于相关国家间约定互认而形成。纠纷当事人自主性在纠纷解决中发挥了很大作用，当事人可以约定这些审理机构所依据的准据法。然而知识产权仲裁对涉及知识产权有效性、保护范围等事项审理常常与意定审理机构和选定准据法之间存在矛盾和冲突。仲裁机构不得不在不同准据法间频繁转换，转换和对域外法的不熟悉都会引发法律适用错误。一般情况下，适用准据法错误并不会导致仲裁裁决不予承认和执行，但是因为在知识产权纠纷中准据法的转换常常导致仲裁庭得以审理某些其他类型知识产权纠纷，而这很多时候会触发“超越权限”“违反公共秩序”的指责。当然，法律适用的错误本身也会导致仲裁庭信誉的贬损，进而使潜在参与人对知识产权的公正性丧失信心。

此外，因为我国对于知识产权不可仲裁的限制大多来自知识产权单行法，它是实体法规则，而非程序法，根据准据法适用的原则，所以它对不得仲裁的事项可能还扩及以中国《专利法》《商标法》为准据法的其他仲裁案件。

其次，知识产权合同嵌入性纠纷问题引发不确定性风险。所谓知识产权嵌入性纠纷问题，指的是在处理知识产权合同纠纷时常常不可避免地会处理到其他类型的知识产权纠纷。知识产权纠纷分为合同纠纷、侵权纠纷、有效性纠纷，以及涉及垄断问题的知识产权滥用纠纷。在学理上我们可以将其清楚划分，但

是在实务中它们之间往往相互交叠，并非泾渭分明。知识产权合同纠纷因知识产权合同履行而引发，但是其中相当数量的原告诉求或者被告答辩都会围绕知识产权有效性，合同的有效性等其他先决问题展开，如原告可以作为知识产权被许可人提出知识产权协议不具有可执行性，其核心焦点之一就是原授权许可的知识产权具有瑕疵。此外，笔者曾经参与过一个知识产权国际授权使用合同案，但是在纠纷处理过程中，仲裁庭不得不去处理合同标的物的所谓“知识产权”是否是一项受法律保护的知识产权，该知识产权交易合同中的“回售条款”是一项知识产权滥用的垄断行为。仲裁庭对知识产权合同的完全管辖权限是否可以延伸到其他类型的纠纷上，如何可以延伸？如果不能延伸，仲裁庭怎样做才可以避免在注定无法通过司法审查的案件上耽误时间？如果可以延伸，怎样保证仲裁顺畅、快捷地进行？现在有的仲裁规则并未为仲裁庭解决此类问题提供制度保障，工作处理过程处处充满不确定风险。

（二）仲裁“司法职能属性”引发的严格司法审查风险

机构管辖权界限的弹性本身具有两面性，在强调司法审查的背景下，弹性导致处处是陷阱。我国仲裁历来承担着“司法职能属性”，较之“契约论”，它认为仲裁权力源于国家法律授权，而不是主要来自当事人合意，强调司法强干预的正当性，保护司法审查的职权空间。正因为我国仲裁立法理念及各级法院强调仲裁的司法性，无法发挥保障私权的“法无禁止皆可为”的功能。

“在程序开始时给予仲裁员的管辖权余地越多，在（裁决承认和执行的）后期阶段对此的审查就越严格；反之亦然。”①我国现有法律在知识产权可仲裁事项予以宽泛和不明确的界定，在知识产权纠纷的特殊性和我国仲裁司法强干预的正当性的双重作用下，知识产权可受理性议题充满了不确定性。

（三）建议

2019 年 11 月中共中央办公厅、国务院办公厅印发了《关于强化知识产权保护的意见》，仲裁被作为“社会共治模式”的重要支持机制，对知识产权仲裁机制寄予厚望。推动我国知识产权仲裁发展，从法律建设上首要的不是扩大知识产权可仲裁范围，当务之急是降低知识产权仲裁的不确定因素，树立知识

① Miquel dels Sants Mirambell Fargas, Economics of Arbitrability in International IP Contracting, Journal of Law and Commerce, Spring, 2019, p. 201.

产权仲裁参与人对程序的信心。理论研究和各国的知识产权仲裁经验已经显示，并不是所有的知识产权纠纷都适合仲裁解决，而且即使将知识产权仲裁限制于“知识产权合同”纠纷，仲裁机构也会有充分的案源。如果将现阶段知识产权仲裁比喻成在陷阱密布中行进，填平所有的陷阱、解除警戒固然是一种方法，但是主动揭开陷阱的伪装，让前行者能看清禁区则是一种更现实和迫切的方法，具体到现阶段，相关建议如下：

其一，在立法中限缩仲裁员的自裁管辖权余地，降低知识产权可仲裁事项的弹性。为仲裁员和纠纷当事人提供明确指引，使他们了解知识产权审理界限。而且因为我国仲裁强司法干预现状短期无法改变，指引更宜采用仲裁机构管辖权的“正面清单”模式。同时该正面清单不是针对案件类型而设计，而是针对每一项具体诉由和抗辩理由可否受理的具体规则。更为重要的是，应当抛弃粗放的对于知识产权可否仲裁的判定，而应该剖析知识产权权利特殊性，在此基础上进一步对知识产权可仲裁性作出精细化的判定。比如，很多国家都坚持“注册性知识产权有效性”为国家排他性权力，但是各国也在不影响“公共利益”的前提下对此进行了创造性变通。美国调和“知识产权对世性”和“合同相对性”矛盾，许可仲裁庭审理专利有效性纠纷，但是其审理结果仅约束纠纷当事人，对第三人不发生效力。而韩国则对专利特性判断的主客观性重新划分了国家独占性权力的边界，间接推动了知识产权仲裁的可仲裁范围的扩大：韩国知识产权仲裁机构可以确认专利的新颖性，而创造性的判断则只能交由国家专利审查机关 KIPO 专属管辖①，因为前者的判断来源于客观材料（文献、既有发明），而后者需要判断是否具有“显著的进步”，这是一个主观性极强的判断。

其二，推动各个知识产权机构建立适宜知识产权审理的仲裁规则，避免无效审理，推动审理的顺畅、快捷进行。仲裁机构时常被质疑是否有审判该诉请的能力，一般情况下仲裁机构可以对此问题在非最终裁决中作出中间裁定，如《国际商事仲裁示范法》第 16 条第 3 款，如果仲裁庭对当事人的管辖权异议不是在终局裁决中而是在仲裁程序中专门作出裁定，任何一方当事人均可以在收

---

① Yoen Ju Lee, The Arbitrability of Intellectual Property Disputes in Korea and China, Hanyang Journal of Law, 2015.

到仲裁庭裁定之日起30日内向有关法院提出异议。但是因为知识产权合同嵌入性纠纷问题会导致这种诉请频频提起，而有些非全局性的质疑严格来说不是单纯的管辖权问题，而是可受理性问题：管辖权抗辩“具有确定终结实质问题审理程序的效果”，而可受理性抗辩只具有“当一定条件满足时，暂时停止（suspend）实质问题审理的效果”。[①]基于此，知识产权仲裁庭应当在其仲裁规则中赋予自己对先决问题的快速处理权，即赋予仲裁庭对包括可受理性议题在内的先决问题早期驳回权，这既可以避免仲裁庭在注定不会得到司法审查支持的事项上浪费时间和金钱，也能保证仲裁庭对可仲裁问题快捷、流畅审理。

其三，区分法院司法审查的阶段亦能降低不确定性。根据《承认及执行外国仲裁裁决公约》，国际仲裁中司法对仲裁可仲裁性问题审查可分为两个阶段[②]：第一，尽管存在仲裁协议，法院仍需对仲裁协议有效性、真实性进行判定（第2条）；第二，当仲裁裁决被要求在仲裁地点以外的地点承认和执行时（第5条）。每一个阶段司法审查的依据的准据法和审查重点不相同，法院应当严格依据其所处的司法审查阶段对仲裁裁定和裁决予以审查。

---

① M Dubission, La Court International de Justice, 1964, pp. 12 - 13.

② Pascal Hollander, Report on the Concept of "Arbitrability" under the New York Convention, Dispute Resolution International, May, 2017, p. 55.

司法认知是知识产权财产属性能否彰显的关键

丰红霞*

摘要：知识产权具有人身权与财产权的双重属性。在我国保护知识产权的进程中，注重知识产权的人身权属性，对财产权属性忽略严重。垃圾专利大增是一个不可回避的问题，知识产权保护流于形式的情况比较普遍。知识产权转化为商用且真正创造价值的能力仍比较弱。加强知识产权保护的核心是保护有价值的知识产权的财产权属性，使拥有知识产权的个体或组织的“知识产权登记证书”能够显现为有形的“财产”，在市场竞争中具有绝对优势。为了争夺有限的知识产权带来的市场资源，企业间必然出现矛盾，并最终通过司法诉讼的手段解决。在目前判赔数额实际为法官自由裁量“酌定”的情况下，司法认知水平的高低决定着对企业知识产权所代表的企业财产权保护的强弱。司法判决的公开已经成为市场信息。知识产权的司法认知水平将是衡量当地营商环境的重要体现之一。判决不仅会决定涉案企业的命运，也会对企业是否进驻本地和如何发展产生影响。

关键词：司法认知　知识产权　财产属性　关键

一、知识产权诉讼现状

（一）知识产权进程中出现的问题

2008年6月，我国颁布《国家知识产权战略纲要》，决定实施国家知识产权战略。随之出现了大量的知识产权代理机构。国家对享有自主知识产权的企

---

* 内蒙古静叶律师事务所。

业给予补贴鼓励。对享有驰名商标的企业奖励金额从几十万元到几百万元。

大量的企业为了获得政府补贴，通过代理机构大量申报了无实质技术内容的专利，有的通过律师代理商标侵权案件作商标驰名认定，出现了大量垃圾专利和虚假驰名商标案件。商标注册更是异形发展，当某一流行词语出现，无论是否为该类别，是否从事生产或服务，就会有大量企业在先申报占有了有限的商标资源。著作权方面，因版权登记的自愿原则，抄袭仿制作品出现了同一作品被不同的权利人登记并授权的现象。市场出现了“劣币驱逐良币”的不良情况。

（二）司法认知面临的考验

在矛盾无法调和只能通过诉讼程序解决时，由于一部分司法人员固守滞后的法律规范，不能根据当前市场实际情况结合经济因素作出恰当的判决，社会矛盾不仅没有解决还更加激化，甚至同案不同判已经成为一种司法现象并引起了国家重视。

（三）司法认知与知识产权保护

在上述种种矛盾摆在我们面前的情况下，最理想的状态就是最终以一个声音向社会公开，引导事件向良性方向发展。既要有权威性又要让民众信服。这个重任就在司法判决。而判决是法官作出的，所以提高法官的司法认知，让法官写出优秀的判决，让法院的审理意见调控企业的市场布局，让企业搜索到可能在当地引发知识产权案件风险的类案判决，在判决理念的指引或约束下对市场机会进行选择或放弃，这是解决企业知识产权财产权属性能否有效彰显的关键，也是企业在知识产权纠纷中能否获得有效保护的关键。反之，这个企业会在以知识产权为竞争手段的商业纠纷中付出代价，甚至死亡。而该法院所在地区的经济实体也会因判决结果的导向而选择对自己最有利的侵权或创新来作经济效益最大化的经营规划。市场经济是法治经济，司法环境是营商环境的核心，而知识产权的司法认知是未来企业营商环境的首要考核因素。当然，司法判决也会随着审判人员的变动产生新的观点，但前后不一致的判决结果就会使司法机关的权威性大打折扣，公信力降低。

二、从案例来分析司法认知与市场的相互影响

以笔者亲自代理的案件为例，深刻体会到了司法判决引导市场良性或恶性

发展的巨大作用。

（一）同案不同判对市场的负面影响

2012年笔者代理“小天鹅”洗衣机商标侵权及不正当竞争纠纷案。小天鹅是驰名商标。某大型商场销售的洗衣机面板上包含“小天鹅”字样，且在销售发票上标注商品名称为“小天鹅洗衣机”，该大型商场无进货来源的任何票据。该商场的销售行为是否构成商标侵权？对明知不是驰名商标的小天鹅洗衣机产品，且在不能提供任何进货来源的情况下，对外宣传销售涉案产品为小天鹅洗衣机的行为是否构成不正当竞争。同样的行为，江苏高级人民法院认定在销售票据上书写小天鹅洗衣机构成商标侵权，佛山中级人民法院认为明知不是小天鹅洗衣机而以小天鹅洗衣机名义销售的行为，销售商构成不正当竞争。在最高人民法院审理该案时，笔者将上述两个法院的司法判决提供给了最高级人民法院，但是再审结果仍是认为该行为既不构成商标侵权也不构成不正当竞争。

该裁定作出后，原本武汉市中级人民法院也认为销售商的行为构成不正当竞争，但销售商持该裁定上诉，二审法院不得不纠正为销售商既不构成商标侵权也不构成不正当竞争。销售商明知自己销售的不是某知名产品，却以该知名商品名义对外销售，却无须承担责任。标示的生产者是空壳公司，实际销售商是大型商场，权利人该付出怎样的代价才能维护自己的利益？

（二）法官的判决认知会引导企业的市场战略

在2017年以前，包头市中级人民法院的审判观点是：虽然构成商标侵权但只要提供了进货来源，对维权的合理支出即不能不支持。即只停止侵权，既不赔偿经济损失也不承担合理支出的费用。

2018年，包头市场出现了一个关于“金帝巧克力”的奇怪情况。包头的某个人通过在香港注册公司，以香港公司名义委托苏州公司加工生产巧克力后，将巧克力运至包头。以包头某公司名义对省内及省外批发侵权产品。在案件审理过程中，该包头公司委托律师提供经过公证的“合法来源”证明，帮助销售商逃避赔偿责任。如果依据包头市中级人民法院以往判例推导，即使判决构成侵权也不需承担赔偿责任。笔者认为，这就是企业之所以选择包头作为侵权产品集散地的原因。

企业的商业嗅觉比司法要敏锐得多，随着裁判文书的公开，判决结果已经成为一种重要的商业信息数据，指引着企业的商业战略。这个数据对不同价值观的企业会有不同的选择。是正面指引还是负面指引，均在法官的判决认知中。

当然，现在包头市的知识产权司法环境越来越好。笔者只是将近十年亲自代理包头地区知识产权案件的经历进行分析，向大家说明司法判决会引导企业的商业运营。

（三）以调解手段过度压低赔偿金额是法官对知识产权财产权属性的认知欠缺

调解金额过低，是侵权人不停止侵权的重要原因。调解是化解矛盾、定分止争的有效手段，但前提是调解恰当。如果为了追求达成调解的结果快速结案而调解金额过低，则会起到相反的作用。

2018 年我在天津代理了“泰芒了”服务商标侵权纠纷案。其中某人在天津不同的区域开了两家“泰芒了”店。一审判决单店赔偿经济损失及合理支出 1 万元。权利人认为判决金额太低上诉至天津市高级人民法院。天津市高级人民法院给双方做调解工作，从每店 1 万元降为两店共赔偿经济损失及合理支出 15000 元，如果不同意调解，则可能改判为构成侵权但不承担赔偿责任。经与权利人协商，权利人同意调解，但对该店给予了特别关注。一段时间后，权利人亲自去查看该店的整改情况，发现其并未进行整改，权利人在与侵权人当面沟通中反被侵权人训斥侮辱。遂与法官沟通，希望法官催促侵权方尽快更换招牌，但事隔一年，权利人再次去市场查看时，发现其仍未更换招牌，只能再次起诉。

案中侵权人明知侵权却依然持续侵权的原因是侵权比不侵权赚得多。上诉人对判决金额不服上诉后，调解金额反而大幅降低的反常情况无疑给侵权人增加了侵权的勇气。该调解并没有起到快速定分止争的作用。在法院已经明确必须停止侵权更换招牌装潢的情况下，是因为对经济利益——他人知识产权所包含的财产的追求，使法院的司法文书丧失了权威性。笔者认为这是法官在调解时对知识产权财产权人身权属性与财产权属性认知失衡所导致的。

“泰芒了”饮品店每店的加盟费一般为 38000 元，权利人在起诉前已经给侵权方出具函件希望其加盟经营，但侵权方拒绝加盟才导致权利人通过诉讼手段维权。一审判决金额远低于加盟费而引起上诉，二审调解反而赔偿金额更低，以营利为目的的经济实体，必然以最小的成本获取最大的利益。两个店 15000 元的赔偿额尚不足一个店半年的加盟费，这样持续低成本经营下去是其最经济的选择。商事主体与法律人看问题的角度是不同的。这是我们必须承认的客观事实。

在以知识产权为核心竞争力的经济活动中，知识产权的经济价值即其财产属性客观地存在。如果法官不能认识到这一客观存在，则判决结果一定与实际情况失衡。即可能判赔金额远高于其在本案中创造的价值，侵权方付出大于实际获利的赔偿，这将导致其自觉放弃侵权。也可能判决或调解金额远低于侵权方所获得的经济利益，则侵权方为了追求利益必然抱着侥幸心理继续或变相侵权，即重复侵权。

由于调解金额过低而侵权人重复侵权的案例，在服务商标侵权案件中普遍存在。笔者认为，这是应该引起重视的。不能让调解工作的价值归零甚至变为负数。

（四）司法认知对社会具有稳定的指导意义，不当判决不仅会损害权利人的市场，更会浪费司法资源，使公信力降低

当下我国法官行使独立审判权尚不纯粹，不少判决的作出客观上会受到各方面因素的影响。尤其是知识产权案件，法官的自由裁量权在民事案件中是最大的。

2016 年笔者在包头代理了“长城”葡萄酒案件，一审判决合理支出及侵权赔偿共计 3000 元。上诉后维持原判。赔偿 3000 元并没能警示其他侵权商户的侵权行为。2018 年，笔者再次在包头市范围内起诉，法院判决赔偿 8000 元。这引起了全部商户的上诉，这些侵权商户的上诉理由是法院的判决应当具有稳定性，只相隔一年时间，判决赔偿额从 3000 元变成 8000 元，没有事实依据，应当按照 3000 元判决。虽然二审法院最终仍是维持原判，但这无疑浪费了司法资源，也使法院判决的稳定性受到严重质疑，法院应有的权威受到挑战。

任何一个企业都不愿意经历诉讼。这其中不只有诉讼风险的存在还有社会效应的存在。当侵权产品多时，消费者会不确信自己能买到正品；但是不有效打击侵权，或者打击侵权只流于表面，不能让侵权人付出对等或更高的代价，则对权利人更不利。不仅付出了维权成本，还使部分商业秘密泄露，导致更多的侵权产品或侵权行为根据客观的供需关系或为了追求巨大的经济利益而大量滋生。

（五）司法认知错误将导致“劣币驱逐良币”

“鹿角巷”案是因供求关系及司法认知错误而引发的“劣币驱逐良币”的

典型市场现象。“鹿角巷”为了做成精品，只有直营模式，没有加盟模式。著作权自愿登记制度的非强制性，使得相同作品因经济利益驱动在短期内登记了多个著作权人。这些著作权人以加盟的方式授权他人使用该著作权赚取加盟费。在大批经营实体加盟后，因没有规范的指导而大量倒闭，而在这个过程中“劣币”取得了巨大收益，在宣传加盟方面所使用的广告及名字甚至比“良币”还要有影响力。

道高一尺，魔高一丈。为了追求经济利益，经济实体也会聘请专业法律人员帮其规划，通过合法的手段、正当或不完全正当的途径获利。同一幅美术作品，在相同时间段内，出现多个权利人（这是我们在著作权登记制度中有待于改进的），疯狂争夺知识产权的财产权利益。

侵权的手段随着科技的进步也越来越高级。为了经济利益，经济实体也会采用伪造证据、伪造案件的方式将法院作为工具，获得更大非法利益。当真正的权利人受害而井喷般地起诉侵权人时，有的法院能够结合市场真实状况仔细分析，不参考其他法院的判决，作出自己的认定，切实保护合法当事人的权利；也有的法院则简单地以广东某法院的“生效判决确认的事实”为依据（广东某法院缺席审理了有种种疑点的案件，在先以判决方式认定了案外第三人为权利人），驳回真正权利人的诉讼请求。甚至在合并审理的多个案件中，所有被告同时使用“案外人为权利人的判决”来证明被告加盟的也不是真正的权利人，但广东某法院判决认定的权利人才是真正的权利人，所以被告也不构成侵权。这是很荒唐的。

案件可以等到水落石出，但是市场不会等待。市场停顿下来就是损失。这一点有的法官可能意识不到，或者说出于谨慎的法律思维，不去思考市场如何，只考虑法律如何规定，手上的案子如何判决比较安全。然而，不去思考市场经济运行的一般规律，不去思考企业在激烈的市场竞争中的实际经营状态，割裂开企业的现实经营，只谈论法律，或者只谈论知识产权，只注重其人身归属性，忽略了其财产价值的客观存在，这样的诉讼结果，将导致爱投机的经济实体更多地利用法律制度的不完备而投机，“劣币驱逐良币”的现象将会越来越多。

值得赞扬的是，在海南省代理案件过程中，笔者注意到三亚法院在判决中写道：“根据我国社会经济高品质发展的需求，加强保护知识产权、塑造良好营商环境是建设海南自由贸易试验区的重要保障手段……”笔者认为这份判决真正体现了知识产权案件判决的意义，揭示了法律保护企业知识产权的实质。企业就是为了营利而设立的经济实体，阉割了其要营利的本质空谈保护知识产权是没有意义的。

法律总是滞后于现实，这是无须争议的事实。法官依据法律条文判案无可厚非，但是企业进行知识产权诉讼的目的绝不是追求谁对谁错，而是要将企业在市场竞争中应当垄断占有却被侵占的市场份额即经济利益追回，并以此警示其他意图侵权的企业。社会需要的“公平和正义”不是通过机械照搬落后于现实的法律条文就能解决瞬息万变的现实问题，这个客观事实需要具备法律素养的专业法官，根据现实情况和法律价值，将法律灵活运用于当下案件，作出真正符合公平、正义价值取向的司法判决。

三、提高司法认知，以彰显知识产权财产属性的紧迫性

在各种技术手段越来越先进的今天，不惜伪造证据获取经济利益的事情将来还会发生。只有从各个角度综合分析证据的可信度，真正从“维护营商环境”的角度出发，真正认识到知识产权保护的是具有财产属性的商业利益，让虚假的权利人不得逞，让真正的权利人不伤心，保护消费者的合法权益，保障市场在特定甚至是混乱的情况下在当地还能有效运行，在特定情况下“将枪口抬高一厘米”，而不是拘泥于形式，才能有效地保护企业的知识产权。

也许有人会说，国家建立了上诉制度，对一审不服可以上诉，可以再审。对于企业的合同纠纷或其他纠纷，企业等得起。但是涉及知识产权纠纷，除非企业实力极为雄厚，对于初创或中小型企业，很可能等不及法院的纠错结果到来就已经破产了。

尤其是在判赔数额“酌定”的情况下，如果不能切身体会企业因知识产权得不到保护的风险使它可能倒闭，就不能说有效地保护了知识产权。

当然也存在判决侵权赔偿数额过高使被告不堪重负的情况。甚至多级法院在数额改判上差距很大。这也是“失衡”的体现。但在笔者代理的案件中，从判决一千元到上百万元的都有，综合来看，判赔数额普遍低于可能的获利数额，而对于有加盟费作为参考的案件，法官也基本会低于加盟费判赔。

当前，司法审判确实面临着人少案多的矛盾。提高司法认知也不是一朝一夕的事情。笔者认为法官的专业化不仅是在纸面上，更应当在有机会的情况下多进入企业一线，真正了解企业研发的不易、养活员工的不易、创品牌的不易，真正理解有效的科学技术是多少次失败堆积的成果，只有真正理解企业的不易，才能真正作出优秀的判决，发挥无可替代的司法判决的指引作用。

知识产权司法定价的认定难点及解决

文　毅*

摘要：知识产权纠纷案件中损害赔偿的确定是司法实践中的难题，这个难题因知识产权作为无形资产的特征而产生，因此从其特征上寻求解决之法不失为一种思路。本文将从解析知识产权案件中的损害赔偿认定难点入手，结合无形资产的特点在制度完善上提出解决思路。

关键词：知识产权　损害赔偿　价值评估

侵害知识产权纠纷的案件中基本分为两个环节，第一环节是认定被控侵权者是否实施了侵害权利人的知识产权的行为，若认定为侵权即进入第二环节，即对知识产权损害赔偿进行认定。损害赔偿的认定取决于侵权行为给受保护的权利人造成的损失，立法通过对赔偿标准的调整即可改变最终判决的损害赔偿金额。于损害赔偿采取不同的认定标准、认定方式都将对知识产权的保护带来巨大的改变，立法机关对于知识产权的保护的价值观念也由此体现。但法律经立法者书写完成后，在司法实践中的适用则不一定会依据立法者立法时预先设定的程序运行。

一、背景介绍

知识产权损害赔偿的认定，对于个案而言，直接关系到个案中对知识产权的保护成效以及该知识产权的公平价值，宏观而言，损害赔偿认定的标准是通过司法程序将国家政策及立法层面的知识产权保护意识予以实现。我国立法设

* 广东育资律师事务所合伙人律师、专利代理人。

置的知识产权损害赔偿方式基本分为两类：实际损失、侵权所得。许可费倍数属于依据准确数据进行数量计算和允许裁判人员在法定的赔偿范围内进行自由裁量的法定赔偿方式。

在司法实践中，法定赔偿方式适用过多与损害赔偿数额认定较低几乎成为业界默认的知识产权损害赔偿认定时普遍存在的问题。而上述问题是否真实存在以及程度如何，正是本文需要通过实证分析报告的相关数据进行分析的，进而探讨损害赔偿的认定规则与功能要通过什么方式调整，实现知识产权的司法定价科学、高效、合理。本文借鉴部分实证分析报告的数据尝试通过实证分析及价值分析，通过对知识产权价值的属性、价值实现途径和价值变量的无形资产特性有新的认识，对知识产权损害赔偿认定的难点进行探讨，并在此基础上提出可供讨论的解决之法。

二、损害赔偿的原则

知识产权损害赔偿本质上属于对侵害知识产权人合法财产性权益的违反社会性规则的行为，损害赔偿制度作为调整侵权行为的社会化规则。因此在符合一般侵权损害赔偿机制的前提下，知识产权的损害赔偿原则应体现知识产权作为无形资产的特有属性。

1. 立法沿革

2001 年的《商标法》中确定了三种赔偿形式，依次为按侵权获利、按实际损失以及法定赔偿；2013 年对《商标法》进行修订时，损害赔偿标准在适用的先后顺序上进行了调整，把按实际损失作为最先适用的标准，其次为侵权获利的标准，并增加了“商标许可使用费的倍数”作为第三位赔偿标准，法定赔偿位于第四位。《专利法》也在修订的过程中进行了类似的调整，2000 年的《专利法》中，赔偿数额是以受到的损失或者侵权人因侵权获利作为最先适用的标准，“专利许可使用费的倍数”为第二顺位的赔偿标准；2008 年修订后确定的赔偿标准依次为：实际损失、侵权获利、专利许可使用费的倍数、法定赔偿。《著作权法》自 2001 年增加了损害赔偿后，赔偿标准并未发生变化，依次为：实际损失、侵权获利、法定赔偿。现在各类别的知识产权的损害赔偿除著作权法中无许可费用倍数的标准，所有类别的赔偿标准适用次序已统一。

损害赔偿计算方式的顺位体现了立法者的立法倾向，将实际损失单独作为第一顺位优先适用，强调了在知识产权损害赔偿中的填平原则，通过法律调整将权利恢复至侵权行为发生前的状态。

2. 侵权损害赔偿的填平原则

法律授权是权利人享有知识产权的先决条件，通过法律授权的知识垄断产生了知识产权，而知识产权本身不必然享有价值；市场的需求为知识产权价值生成提供了必要条件。实现知识产权在市场中的需求即完成了知识产权的价值产生，其途径众多，主要可以归纳为：应用，即通过将知识产权的技术、知识实际应用于生活、生产活动中；交换，即将知识产权作为一件商品以许可、转让等形式，将知识产权进行商品交换；资产化，即直接通过评估（既包含第三方机构的评估也包含合同直接确认的估值）确认价值，这一估值计入“无形资产账户”①。知识产权在市场上可量化的价值是知识产权价值评估的基础，也是对其进行司法定价损害赔偿的基础。不同于侵犯一般的动产或不动产的财产权利，对知识产权的损害是一种对无形的财产权利的损害，其损害对象并非进入市场流通交换的产品本身而是进入市场并可在市场中获得相应收益的无形资产的价值，换言之，无形资产因侵权行为而丧失了法律赋予知识产权在其领域中的独占性。

因此知识产权侵权损害赔偿中，填平原则应进一步考虑除直接的损失外，因侵权而损害了的知识产权独占性要如何恢复。在这点上，各国采取了不一样的方式进行结合，如《日本商标法》规定中的，对因故意或过失损害其商标权或商标专用权的，商标权人或者专有使用权人可请求侵权者赔偿因其侵害行为所受的损害，若侵权者因侵害行为获益，则推定其获益为侵权损害。②有别于我国规定，日本的立法为了保护权利人直接将侵权获利推定为实际损失。而美国的立法则采取了侧重于知识产权交换特征的赔偿标准，《美国法典》第35编《专利法》第284条规定，当法院裁决有利于申请者，应判令侵权人向申请者支付足以赔偿申请者因侵权行为所遭受损失的赔偿金，且赔偿金的数额不应低于侵权人使用该权利应向申请人支付的合理许可使用费用与

① 蔡吉祥：《无形资产学》，海天出版社2002年版，第71页。

② 冉崇高、赵克、黄淳：《侵犯商标权损害赔偿的举证责任》，载中国法院网，https：//www.chinacourt.org/article/detail/2014/07/id/1334934.shtml。

法院确定的利息和诉讼费用之和。①

三、司法实践中侵权损害赔偿存在的问题

1. 侵权损害赔偿适用情况统计

我国立法中已明确规定各个顺位的损害赔偿认定标准，法定赔偿作为最后适用的赔偿标准理应适用比例不高，然而依据已公开的数据统计②及司法人员的表述现实情况与之相反。南京铁路运输法院公布了一份《知识产权侵权诉讼成本与效率分析》实证分析报告，该报告整理统计了2009 年12 月20 日至2015 年10 月19 日南京地区的法院审结并出具判决的案件。其中，适用实际损失的赔偿标准结案的专利权案件占所有判决赔偿专利案件的1.84%、在商标权案件中该比例为1.29%、在著作权案件中该比例为0.80%；适用侵权获利的赔偿标准结案的专利权案件占所有判决赔偿专利案件的3.07%、在商标权案件中该比例为0.52%、在著作权案件中该比例为0.48%；适用法定赔偿结案的专利权案件占所有判决赔偿专利案件的93.86%、在商标权案件中该比例为98.19%、在著作权案件中该比例为98.73%，适用法定赔偿的情形远超适用实际损失以及侵权获利的情形。

2. 存在的问题

（1）法定赔偿占比过大，数量计算方法适用占比低

作为法律规定的赔偿数额认定方法中的第一顺位，实际损失在司法实践中适用很少。具体原因有三：一是实际操作困难，实际损失通常需要权利人提供或法院依职权调查出因侵权行为而导致的权利人损失，虽然相关司法解释将销量减少的数量或是侵权产品的销量总数乘以每件专利产品的合理利润作为实际损失，但实际上销量的减少受到过多因素干扰，除两个产品构成绝对替代关系的情形外，无法将销量减少的因果关系完全与侵权行为相对应；二是权利人举证困难，在对实际损失进行举证时，权利人无法提供可形成证据链的实际损失

---

① Nancy J. Fannon and Jonathan M. Dunitz, The Comprehensive Guide to Economic Damages, 4th Edition, 2016, p. 615.

② 依据统计数据法定赔偿的适用比例约为98%。详见谢惠加：《著作权侵权损害赔偿制度实施效果分析——北京法院判决书为考察对象》，载《中国出版》2014 年第7 期。

证明，或是提供的证据达不到民事诉讼中的高度盖然性要求；三是司法办案成本有限，不仅在司法实践中证明实际损失相当困难，法官在认定实际损失时也需要查明大量案件事实，办案的时间成本过大。无论是从案件证明难度、举证成本还是办案司法成本的角度而言，在现今阶段大量采取实际损失进行赔偿较为困难。

侵权获利的赔偿标准在司法实践中适用得也很少。主要原因集中在取证困难上，由于互联网时代信息传播以及商品销售渠道众多，侵权人在线上线下有多种途径实施侵权行为获利，而权利人与办案人员难以对所有的侵权获利途径一一查明并计算利润，因此适用侵权获利标准也同样会存在举证困难、难以完整统计销售渠道和数额的问题。这就导致在权利人主张适用侵权获利为赔偿依据时，最终获得的赔偿与心理预期差距过大。侵权获利相对实际损失，权利人通过前期调查取证可获得一部分线索或证据，完整的销售获利证据仍掌握在侵权人手中，目前针对诉求数额较大、前期证据相对完整的案件，法院采取依职权调查或要求侵权人提供销售数额可以获得相对完整的销售数量，若侵权人拒不提供还可依据民事诉讼的证据规则进行不利于证据持有人的推定，结合民事证据规则的推定可有效保护权利人的知识产权。

在审判实践中，通过许可费认定赔偿金额的案件并不多。适用许可费倍数情况较少的原因，一方面在于权利人的举证未形成完整证据链，可能仅提交了许可合同，却缺乏被许可主体和具体履行情况的证据；另一方面在于现实中知识产权的许可多存在于关联主体之间，法官为排除许可合同是为诉讼而制造的情形，在相关证据的认定上往往会采取更加严格的标准①，一旦出现权利人许可行为不规范或许可费用不符合市场规律的情况，审判人员对该许可费用的证据将很难采信。最终还是由法官依据案件情况适用法定赔偿的标准酌定赔偿数额。仅从该赔偿标准而言，以许可费倍数作为赔偿应是最能体现知识产权特征的方式，也是知识产权经济性价值的一个重要指标。判决以赔偿许可费倍数作为标准，在司法实践中相对更具可操作性，一方面许可费用的相关证据材料是由权利人提供，证据收集相对容易；另一方面赔偿高于许可费将促使侵权人以及行业中其他生产者意识到侵权行为将给自己带来更高昂的费用，也令希望利用知识产权的行业人员主动寻求权利人的许可。

---

① 宋健：《知识产权损害赔偿问题探讨——以实证分析为视角》，载《知识产权》2016 年第 5 期。

法定赔偿是基于法官个人的价值判断，法官通过行使自由裁量权，在法律规定的数额范围内进行赔偿数额认定的裁判方式，在知识产权侵权诉讼赔偿时被广泛使用。这种方式灵活性较高、论述赔偿数额部分不需要进行大量证据与事实认定，所花费的时间成本远远低于前述数额计算方法，也就不难理解为什么法定赔偿在知识产权司法实践中占比如此之高。但适用法定赔偿方法的缺点也十分突出——法定赔偿的数额完全是法官依据某几个判断维度对知识产权进行的自由裁量，适用法定赔偿导致法官在知识产权案件中的自由裁量权过大；另外，知识产权是无形资产，法官难以在审理知识产权案件时对该行业的知识产权价值情况进行深入了解，难以对涉案的知识产权作出令双方满意且信服的价值评估。

法定赔偿的认定方式在司法裁判中广泛适用。究其原因，首先在于权利人举证困难。我国立法中明确的数量计算方法，权利人都容易面临举证不能的问题或证据不完整难以被采信的风险，因而权利人会主动请求依据法定赔偿的标准进行赔偿。其次在于法院对诉讼经济和效率的考量。法院依职权直接适用法定赔偿，裁判人员仅需根据案件情况在立法规定的赔偿范围内进行自由裁量，这个过程中权利人的举证简单且裁判人员的认定过程简化。在损害赔偿数额认定存在困难、权利人难以举证、法院办案量大案件积压时，使用法定赔偿的标准可以提高办案效率。问题在于，法定赔偿规定的数额幅度大，在立法确定的赔偿范围内没有明确的计算依据，法官自由裁量权的空间很大，导致案件判决赔偿数额差距明显。

（2）整体判决赔偿金额较低

根据北京知识产权法院 2015 年度审理的案件数据分析报告，诉求平均额为 95.1 万元，法院平均判决赔偿为 45.1 万元，平均诉求支持率为 47.48%，赔偿数额多集中在 10 万—30 万元，占所有案件的 33.33%；然后为 30 万—50 万元，占所有案件的 16.67%；50 万—100 万元的比例为 12.96%；100 万元以上的比例为 14.81%。其中商标权案件的案均诉求额为 79 万元，案均赔偿额为 62 万元，平均诉求支持率为 78.48%；专利权案件的案均诉求额为 968665 元，案均赔偿额为 460148 元，平均诉求支持率为 47.50%；著作权案件的平均诉求额为 1503462 元，案均赔偿额为 242462 元，平均诉求支持率为 16.13%①。

---

① 知产宝司法数据研究中心：《北京知识产权法院 2015 年度数据分析报告》。

同样依据《知识产权侵权诉讼成本与效率分析》实证分析报告中公开的统计数据：南京地区判决赔偿的628件著作权案件中平均诉求赔偿数额为5.5万元，判决赔偿的平均数额为2.2万元，全部案件平均支持度为40.70%，57.63%的案件所支持的赔偿数额低于诉求额的二分之一；判决赔偿的387件商标权案件中平均诉求赔偿数额为10.6万元，法院最终判决赔偿的平均数额为5.3万元，全部案件平均支持度为32.83%，约一半的案件支持度低于30%；判决赔偿的163件专利权案件中平均诉求赔偿数额为41.1万元，法院最终判决赔偿的平均数额为27.8万元，全部案件平均支持度为65.51%，51.36%的案件支持度高于诉求数额的二分之一。①

根据上述法院生效判决的数额统计，不难发现知识产权案件整体的判决赔偿金额不高，高额或较高赔偿额的案件占比较少，存在“高端赔偿”与“低端赔偿”的两极分化现象。

（3）赔偿数额对知识产权市场价值的影响

知识产权作为一种无形资产其价值具有时效性、不确定性的特点，需要参照“实现该权利后可获得的救济”② 来度量。知识产权纠纷中的赔偿数额与其市场价值的关系。从正向引导而言，损害赔偿的数额应当体现知识产权市场价值——确定的损害赔偿数额略高于知识产权的平均交易价格方能将潜在的侵权行为引导至寻求权利人的许可授权；从定价而言，确定损害赔偿数额的过程是司法层面的一种定价。

在价值评估中，知识产权的直接经济性价值分为使用价值、交易价值、公平价值（侵权可获赔偿）③，在使用及交易价值维度上的评估取决于其本身的创新程度、技术在行业中的使用率，这个维度上的价值评估直接作用于知识产权的市场变现；而司法将对知识产权进行公平价值评价，是另一个维度上的价值评估，使用价值与交易价值可以作为公平价值的判断参考，公平价值也会对知识产权的使用价值及交易价值产生重大影响，得不到有效保护的知识产权在某

---

① 南京铁路运输法院课题组：《知识产权侵权诉讼成本与效率分析——基于南京法院案件的实证研究》，载微信公众号“江苏高院”。

② See W. Cornish, D. Llewelyn and T. Aplin, Intellectual Property: Patents, Copyright, Trade Marks and Allied Rights, Sweet & Maxwell (2010), 2 – 27, at p. 73.

③ 万小丽：《专利价值的分类与评估思路》，载《知识产权》2015年第6期。

种程度上已丧失了法律赋予其的独占性。

知识产权作为产生于市场关系中的权利，确定损害赔偿数额应最大限度地体现知识产权市场价值，由于知识产权的独特性难以找到相同替代物作为价值参考，加之当前司法程序中没有价值评估机构对知识产权进行市场价值评估的介入渠道，在确定知识产权的损害赔偿额时不同于有形的财产损害认定，能有一个客观第三方的市场评估价值供裁判人员参考。因而裁判人员对损害赔偿的认定实际上是对知识产权进行司法定价，形成知识产权的公平价值构成知识产权的完整价值。不恰当的损害赔偿将会导致知识产权的公平价值与其市场价值不符，影响其整体价值。

赔偿数额与知识产权的市场价值产生较大差异将导致侵权人的侵权成本过低，从而无法实现侵权损害赔偿制度的惩罚、遏制、引导功能。损害赔偿作为侵权行为人的约束机制，应从可最大限度遏制侵权行为的发生并引导潜在或已实施侵权行为人向知识产权人寻求许可授权以及激励发明创造的角度去考量制度的设计。无法实现约束机制应有功能的制度设计或司法应用将对知识产权带来负面效益、损害知识产权价值。

四、完善赔偿标准制度

基于无形资产的长期资产价值特性以及非确定性资产价值，康芒斯认为“合理价值学说”应作为无形财产损害赔偿裁判的思想基础，通过“合理的交易、合理的惯例和相当于公共的社会效用”实现司法定价。①

创新与独特是知识形态资产的基本属性，作为著作权及专利权的智力成果必须具备独特性、创造性的智力劳动才能够完成，而知识产权往往需要创造性和独特性完成向无形财产的转化。创造性与独特性是知识产权的重要属性也是其区分于一般财产的特征，因此我们能够形成对知识产权保护的基本共识，赔偿标准制度的设计应保护到知识产权的市场价值与创新价值，而在实践中往往会忽略对于市场价值的保护，提升对市场价值的保护，可将知识产权在本产业中的竞争地位及知识产权独占性带来的利益评估引入裁判过程；也可抑制侵权

① ［美］康芒斯：《制度经济学》（下册），商务印书馆 1997 年版，第 310 页。

行为的收益大于成本的现象发生。基于法经济学中的基本理论，当侵权成本大于侵权人所获收益时，理性经济人将减少甚至避免实施侵权行为。[①]

1. 引入知识产权价值评估机制

（1）价值评估方法

知识产权作为一种无形资产，其本身的类别、法定有效期、生命周期、被评估时的市场特征十分重要，无法简单选取市场中的替代产品完成损害计算。评估时需要结合不同案件的损害赔偿认定及阶段，采取不同的评估方法。

现行市价法。通过将待评估的知识产权与近似知识产权进行比较，通过近似知识产权当前的价格信息以确定待评估知识产权的价值。

重置成本法。将创造相等效用的知识产权所需成本作为对比组，以确定知识产权的成本。[②] 该方法是依据知识产权本身在过去的技术经济资源投入进行估算。现行市价法与重置成本法均为演绎法，对于情况简单且在行业使用程度较高的知识产权而言更加适用。

收益现值法。即通过知识产权未来的使用状况进行分析从而获得其未来可期待收入、增加现金流或可节省成本，以评估知识产权的价值。收益现值法，在知识产权情况特殊难以选取参照组且成本估算困难时更适用。

（2）司法实践中引入价值评估机制

知识产权案件审理中引入知识产权的价值评估，是在赔偿数额判定的过程中增加知识产权在特定的时间及特定的市场条件下的市场交易价格作为赔偿标准的参照项，引入价值评估的方式及途径也存在着多种可能。

参照不动产价值评估制度引入专业机构进行价值评估。2016 年 12 月 1 日起施行的《资产评估法》[③]、2017 年 10 月 1 日起施行的 25 个资产评估准则，其中包含《资产评估准则——基本准则》《资产评估准则——无形资产》等规范性法律文件，中国资产评估协会也发布了《企业价值评估指导意见（试行）》等执业准则，资产评估机构上的法律制度已经为司法中引入知识产权评估机制打

① 吕忠梅、刘大洪：《经济法的法学与法经济学分析》，中国检察出版社 1998 年版，第 369 页。

② 重置成本法根据的经济学原理是：买方不会支付高于资产成本的价值来获得同等效用的资产。

③ 《资产评估法》第二条：本法所称资产评估（以下称评估），是指评估机构及其评估专业人员根据委托对不动产、动产、无形资产、企业价值、资产损失或者其他经济权益进行评定、估算，并出具评估报告的专业服务行为。

开了立法及基本规则的通道。

通过细化完善损害赔偿的分析步骤及计算规则，增加法定赔偿中对市场价值的考量。在目前的司法实践中，法官已经开始运用类似的价值评价机制对损害赔偿数额进行分析，也在尝试探索法定赔偿中的价值评估体系——一方面，法院会尝试通过当事人提交的一些行业内数据，了解涉案知识产权在该行业中的使用率、行情作为确定法定赔偿数额时的参考项；另一方面，在类案审理中出现的一些“酌定因素”也成了参考项。但上述的探索是在法官内心确信时进行的，并无明确的适用标准、参考数值，且上述提到的“酌定因素”逐渐成为一种固定化的文书模板，如根据原告的经营规模、商标的知名度、专利的使用情况、侵权性质、侵权持续的时间，类似表达近乎成为一个判决固定式。对法定赔偿制定类型化的细化规则，如增加权利人产品在市场占有率并应考虑到除权利人产品及侵权产品外该市场中是否存在其他替代产品，计算时将权利人产品市场占有率作为重要系数①；在专利案件中“考虑专利因素对产品整体市场价值的贡献率”增加“技术分摊规则”②；在商标案件中考量涉案产品因商标获得的附加价值。

2. 通过证据规则提升数量计算比例

判决赔偿数额偏低的问题，抛开地区经济因素外，权利人取证成本高、举证困难也是重要的原因。“由于举证不力导致赔偿额比较低，当赔偿额比较低时，当事人出于成本的考虑会降低证据收集成本，由此造成赔偿额还是比较低。”近似恶性的循环会极大破坏对知识产权的保护并减损其价值。由于未尽举证义务而导致的赔偿数额偏低的问题，通过善用举证规则可以得到部分的改善。

诉讼中损害数额事实的证明，实际上对应了动态化的诉讼过程。而完善知识产权侵权损害事实的证据制度，鼓励举证的机制，与消极配合的处罚及强制机制应同时启用。当权利人因客观原因取证不能时，一方面可申请法院采取证据保全，对重要事实相关证据采取查封、扣押等措施；另一方面可申请法院依职权进行调查取证的工作，现有的制度下律师可向法院申请签发律师调查令，参与证据收集调取。当侵权行为人拒不提供证明相关事实的证据时，应用证据妨碍

① 吴汉东：《知识产权损害赔偿的市场价值分析：理论、规则与方法》，载《法学评论》2018 年第 1 期。

② 张玲、张楠：《专利侵权损害赔偿额计算中的技术分摊规则》，载《天津法学》2013 年第 1 期。

规则。

在知识产权侵权诉讼中，负有举证责任的相对方拒不提供诉讼中存在的唯一证据或采取故意或过失行为导致诉讼中存在的唯一证据遭破坏、灭失，致使该证据证明的相关事实处于证明不能状态，可适用证据妨碍规则。在知识产权侵权诉讼中，实际获利的唯一证据多受侵权方控制而权利人难以获得，权利人提交能够证明侵权行为发生、侵权行为成立以及损害赔偿的初步证据，且权利人可提供初步证据证明应披露证据处于侵权人的控制之中时，裁判人员可要求侵权人披露证据证明相关事实；侵权人妨碍或拒不披露相关证据的，可推定该不利于证据持有人的事实成立，法院即可结合案件具体情况推定权利人主张的侵权人获利事实成立。

充分发挥专家辅助人的作用。在知识产权纠纷案件中引入知识产权价值评估或市场交易具有专业知识或经验的自然人，充分发挥专家辅助人作用，可鼓励、引导当事人各自委托知识产权交易或价值评估方面的辅助人员向审判人员对销售数量、涉案商品常规利润、同类产品单价及利润、知识产权市场交易价值、知识产权价值评估、财务报表等方面作出说明。通过客观中立的第三方帮助裁判人员和双方当事人对知识产权的损害赔偿有深入了解，增加赔偿数额认定的客观公正性。

应该认识到，完善赔偿标准制度并非通过某个方面孤立发展就可达到，需要对知识产权市场价值达成基本的统一认识，不断提升对知识产权价值判断标准理论基础与价值计算方法的认识，并需要通过大量的个案积累经验，逐步形成相对完善的方法体系。

五、结语

知识产权是一个无形财产权，其价值是客观存在但具有依托于市场价值导致的交易价值不确定性，这是对知识产权进行司法定价时需明确的。因此，裁判中的损害赔偿标准，无法离开知识产权的市场价值这一重要指标。完善的价值评估机制是帮助裁判人员认识知识产权的市场价值、形成市场价值与公平价值和谐统一的方法。在提升知识产权保护的背景下，积极探索完善我国司法体系中的损害赔偿机制，通过体系化的指标以及计算方法对知识产权进行公平价值评估，提升司法实践中的可预见性。

不断调整的竞争法促进智慧财产的商用化

李晓光*

摘要： 本文关注商业外观，通过几个典型案例，分析了商业外观作为企业的无形资产，从商品到服务，从外观到环境装饰，在司法保护领域，结合实践的发展，不断调整竞争法的适用范围，促进了商业外观这类智慧财产的商用化发展。

关键词： 商品包装装潢　商品外观　商业外观　竞争法

一、智慧财产的商用化

（一）概念

1. 无法下定义

Intellectual property 的意思是智慧财产，国内惯用的是 intellectual property right，即知识产权。这种习惯在业界产生很多困扰。对于商用化这个领域，也称智慧财产的商用化或知识产权的商用化。一方面，作为知识产权能否商用化存在争议；另一方面，智慧财产的范围是远大于知识产权的。作为智慧财产受到法律保护，必须形成法律涵盖的知识产权。

2. 不断变化的外延

随着科技文化的发展，智慧财产也在不断的创新，有些已经被法律确定为受保护的知识产权，有些则需要实践中不断调整适用范围。智慧财产要在商业中广泛应用才能产生经济效益，而在商用化过程中，没有法律的护航，不仅无法产生效益，甚至会导致严重损失。

---

* 浙江英普律师事务所律师。

（二）两个路径方向

1. 已形成、已注册的知识产权

现有对智慧财产予以保护的知识产权，主要有著作权、商标权、专利权、商业秘密等，这些已经有明确的法律和司法解释，有具体的登记注册程序和制度保障，相关的大量判例也丰富了适用的边界。

2. 新类型、未注册的智慧财产

在实务中随着科技创新和文化发展，智慧财产会在商业化应用中不断产生新的形式，如商品的外观、包装、装潢，商业服务的外观（服务场景设计）。这些标识是不具有美学功能的，也未登记为商标，但在商业实践上起到了识别商品和服务来源的作用。这类商业标识、商业外观，其经营者投入了自己的创造性智慧，也投入了大量的广告宣传，商品品质和服务水准也得到了消费者的认可，因而其特有的外观和标识已经和其商品或服务产生紧密的联系。正因为能产生巨大的经济效益，才出现了大量仿冒的搭便车的侵权行为。仅仅依靠著作权、商标权，无法达到及时有效的保护。

二、司法保护的发展

（一）不断调整完善的法律

为使上述商业外观得到有效的保护，促进此类智慧财产在商用化进程的顺利发展，司法行政部门通过不断调整司法解释和行政规章，对其予以及时的司法行政保护。

1. 关于包装、装潢的保护

1993 年《反不正当竞争法》第五条规定，与知名商品的特有的包装、装潢，构成相同或近似使用，造成混淆，使购买者误认为是该知名商品的，属于不正当竞争行为。

该条规定涉及三个要点：知名商品、特有、装潢。

第一，引入知名商品的概念，确定了保护的范围。国家工商总局及各地相关政府机关陆续制定了关于知名商品的配套制度，使认定知名商品有章可循。

第二，如何认定特有，最高人民法院及国家工商总局制定了如下判断规则：

（1）从功能上应当具有区别商品来源的显著性；

（2）非为相关商品所通用；

（3）使用在先原则。

第三，包装、装潢，尤其是包装往往是指涉商品，而在实际经营中，涌现了大量具有自身特色的店面装潢、服务风格等，这些特征多与服务联系在一起，起到区别服务来源的作用。因此，最高人民法院在2007年的司法解释中将具有独特风格的营业形象认定为“装潢”。这就将商业外观的保护范围扩大到了服务领域。

2. 对《反不正当竞争法》第六条第一项的理解

2019年新修订的《反不正当竞争法》在第六条第一项对涉及商业外观的保护范围进行了扩展性改变。

经营者不得实施下列混淆行为，引人误认为是他人商品或者与他人存在特定联系。

除了商品以外，所有误认为与他人存在特定联系的行为都构成不正当竞争的混淆。也就是将保护范围扩大到了服务领域。而且将在司法实践及司法解释中的经验，明确规定到了法律当中。

擅自使用与他人有一定影响的商品名称、包装、装潢等相同或者近似的标识。

自从确定了知名商品的特有保护之后，一系列配套制度使保护措施细化及具有可操作性。但随着时间的推移，逐渐将促进智慧创造的知名商品保护演变成一种评比活动。为矫正这一趋势，新法引入了“有一定影响”来代替“知名”。

另外，在列举了名称、包装、装潢之后，加了个“等”字，是为以后适应商业中不断产生的新的商业外观留存足够的空间。

新法配备了兜底条款，以应对法律适用中千变万化的形式，其他足以引人误认为是他人商品或者与他人存在特定联系的混淆行为。

（二）司法判例

在司法审判实务中，对于店面装潢、服务风格等商业外观的具体形式，不断拓展丰富相应的保护范围。

在宋某河诉东北菜风味饺子馆不正当竞争案[①]中，一审法院认定原告所经

① 广东省高级人民法院（2001）粤高法知终字第63号民事判决书。

营的餐厅的设计和形成的企业特有的文化风格等是其可受保护的智慧财产。一审法院认为："将地方风俗融入经营中形成企业自己的特色是一种经营策略，任何经营者都可以用之。地方风俗的内容十分丰富，相同的风俗特色可以被不同的经营者采纳，表现一个地方特色的手法有很多，相同的风俗特色被不同的经营者采纳后可以有多种表现形式，或者相同的表现形式融入不同的氛围会产生不同的效果，本案原告择风俗之一二固定下来并进行了整体设计，原告特有搭配所形成的风格是其特色。原告对其特色的设计和宣传都有相当的投入，意在使消费者产生印象，反映经营者的企业形象"，法院认为这些风格具有识别服务来源的功能，使服务提供者具有了相应的竞争优势。

二审法院则确认了这种识别功能，其详细的列举对后续司法实践起到指导作用，为正确适用包装、装潢等商业外观的相关法律规定提供了具有可操作性的范例。二审法院认为，宋某河在经营海口东北人餐厅过程中，由该餐厅企划广告设计师纪某静设计了餐厅的视觉识别系统，系统涉及字号的字体、装饰及服饰图案、广告语、吉祥物等多个方面，是智力劳动的成果。该系统虽是以东北地区的民间风俗文化特色为设计素材，但不是对民间特色或者民俗照搬照用，体现了设计者的智力创作，形成了独特的风格。东北菜风味饺子馆作为同业经营者，从其开业前后的经营行为看，使用与海口东北人餐厅使用的东北人字号相同的字体并作显著化，所使用菜谱的封面也与海口东北人餐厅使用的菜谱相似，男服务员服装上同样印有"粗粮、野菜、水饺——棒！"的广告语，以及馆内使用与海口东北人餐厅雷同的装饰等，这些表象足以使人相信东北菜风味饺子馆在主观上有搭成功经营者便车的意图，不是在正当、公平竞争，有违经营者应当遵循的公平诚实信用原则。因此，这属于不正当竞争行为，应受竞争法规制。

而在北京胡同文化游览公司诉北京四方博通旅游文化公司不正当竞争纠纷案中，法院认为原告三轮车外观和服饰等商业外观与行业通用外观有显著区别，且与其服务形成了不可分割的联系，对识别服务来源产生影响，更进一步认定应属于该服务的特有装潢[①]。

---

① 北京市高级人民法院（2002）高民终字第84号民事判决书。

三、商业外观的保护路径

孔祥俊教授将商业外观分为两大类，产品外观和包装装潢。前者是指产品本身的外观或形状；后者是指产品的包装等，如果能够标识商品或服务来源，则可纳入竞争法规定的包装装潢。

（一）特别法保护

商业外观中大多数涉及名称和具有美学独创性的图案和外形等，可通过以下几种途径予以保护：

1. 著作权的登记及著作权法的保护
2. 图文及立体商标的登记及商标法的保护
3. 外观专利的登记及专利法的保护

（二）竞争法保护

对于不能明确为上述几类权利的，不在知识产权法保护范围，通常以竞争法来保护，但具体实践上存在很多障碍。

首先，正如孔教授所言，由于商业外观的范围是很广泛的，那么具体的商业外观如何与《反不正当竞争法》第六条第一项保护的客体，尤其是包装装潢等对号入座，这是实务面临的难点。

其次，即使有前述诸多规定和司法判例，但全国各地的法院和政府执法机关的水平参差不齐，审判标准不统一，亟须司法解释或最高人民法院的指导判例来规范。

（三）典型案例

在近几年的网红奶茶鹿角巷系列案件的审理中，就出现极大的反差。

在鹿角巷奶茶一案的审理中，法院认为，首先，根据《最高人民法院关于审理不正当竞争民事案件应用法律若干问题的解释》第一条第一款的规定，鹿角巷奶茶销售范围广，通过网络传媒、明星代言、举办各类活动、开发周边商品等方式进行推广，在北京、上海、广东、福建等多省市的主要地区开设直营店，在同行业和同类商品中拥有较好的声誉，应认定是有一定影响的商品。

其次，根据《最高人民法院关于审理不正当竞争民事案件应用法律若干问题的解释》第一条第三款、第三条的规定，本案原告使用了黑糖鹿丸鲜奶、鹿丸可可鲜奶、小鹿出抹、鹿丸噗哩等特有的商品名称，店铺招牌使用了鹿角巷、THE ALLEY 等特有服务名称，店内墙面、吧台、杯子及其他店内装饰使用了雄鹿头像及 THE ALLEY，It is time for tea 等英文文字，店内装修以黑白为主色，整体较为沉静素雅，构成具有独特风格的整体营业形象，具有与同类其他经营者区别识别作用。原告对上述商品名称、包装、装潢的设计体现了其特有的思维，并与其享有著作权的作品设计核心理念相呼应，且对使用上述商品名称、包装、装潢的涉案商品进行了持续的广告宣传，已与原告的鹿角巷奶茶产生了紧密的联系，具有区别商品来源的显著特征，应认定为有一定的影响商品的特有名称、包装、装潢。

最后，根据《最高人民法院关于审理不正当竞争民事案件应用法律若干问题的解释》第四条第二款的规定，本案中，被告经营的奶茶店使用了上述商品名称，其商品包装及店内装饰使用了上述主要元素和色彩，且与原告属相同行业，两者视觉效果无差异，与原告的商品名称、包装、装潢构成近似，足以使相关公众对商品来源产生误认。

因此，根据《反不正当竞争法》第六条第一项的规定，经营者不得擅自使用与他人有一定影响的商品名称、包装、装潢等相同或者近似的标识，引人误认为是他人商品或与他人存在特定联系。被告擅自使用与原告商品名称、包装、装潢近似的名称、包装、装潢，足以造成和原告商品相混淆，应认定为不正当竞争行为。

（四）司法审判中的分歧

这两年涉及鹿角巷的案件有上百起，地域跨越多个省市，但以反不正当竞争法来保护原告合法权益的判例却是非常稀有的。原因是多方面的，主流观点认为，能够用商标法、著作权法来保护的，就不用反不正当竞争法，因为适用竞争法有诸多难点。比如，有一定影响力，这是适用竞争法来保护商业外观的附加条件。如何判断知名度？尽管多年来已有不少可操作性的经验积累，但毕竟没有直接依照著作权和商标权保护来得简单。还有混淆的判断，这也是适用竞争法来保护商业外观的一个条件，同时也是实务上的难点。

（五）保护力度

定性不同，影响到适用不同的法律，导致保护的效果差别很大。尽管依照著作权法和商标法等，也可以保护商业外观，但碰到鹿角巷这类典型的商业外观案例就捉襟见肘了。

该案中，商标还没有申请下来就面临大量的仿冒者。著作权方面，单拿字体和画面来讲都没有特别的独创性，同时还有人抢先注册。而实际上，作为“网红”奶茶店，最吸引消费者的，是其独特的商业外观设计，包括店面装潢、和服务相联系的商业风格，一种区别于其他同行的有魅力的商业文化氛围。由于存在著作权争议，大多数法院选择中止审理，等著作权案的判决。这种偏差导致审理聚焦在著作权，而不是商业外观这一真正核心。涉案奶茶店在我国台湾地区早已经营多年，其商业外观是一个整体形象，包括店招、店面装潢及经营风格等。这种商业外观是经营者多年积累形成的特有风格，具有识别服务来源的作用，得到消费者的认可。因而立即引来大量的仿冒经营，而不是简单仿冒商标或著作权。如果抓住这个核心，就会将注意力集中到商业外观整体如何形成的判断上，而不会纠结于著作权的登记纠纷。

四、结语

从理论上讲，知识产权的保护似乎已经细致到探讨商品的外观形状如何保护，而在实务中却连适用反不正当竞争法来保护商业外观的大方向上都还未普及。多数法院的保守思路，只能依赖法律或司法解释的明确来突破。至于智慧财产的创造者，则可以最大化地利用现有制度和方法保护商业外观的创新和发展。采取多层次的立体保护是可选项，包括注册登记商标、版权、专利等；还可通过签订许可协议的方式来固定商业外观的内容和边界；通过系列行政和司法手段，付诸持续的维权行动，也是促进商业外观商用化过程中，不可或缺的有效措施。

突破企业知识产权保护的困境

——论可信时间戳在知识产权保护中的作用

张 普*

摘要：随着我国经济的持续快速发展，国家陆续出台了一系列知识产权保护和发展的政策、法规，极大地促进了知识产权保护和运用能力的提升，推动代理、确权、数据、交易等环节，而在这个过程中，企业更应该着力构建知识产权保护体系。

大量的知识产权的存在和表现形式电子化，传统的方式无法满足知识产权保护的即时性要求，包括确权、授权、侵权证据固化，现在越来越多的司法争议解决过程中涉及电子证据的举证和质证。电子证据贯穿了企业内部管理和外部交易的全过程，企业应该引起足够的重视。作为一切管理和交易的基础，电子证据的瑕疵会成为企业运营的潜在风险，给企业带来无法弥补的损失。

由于电子证据贯穿了企业运营和管理的全过程，它突破了原有的法律问题只在业务部门和法务部门之间沟通和确认的情况，研发部门和技术部门也加入到这一过程，这使得电子证据的形成、保存都变得相对复杂。多部门配合在这个过程中变得非常的必要，而企业为了避免风险，将电子证据的形成过程纳入过程控制并提到战略的高度就非常有必要。

可信时间戳作为成熟的电子证据保全方式已经得到司法和行政机关的广泛认可，据裁判文书网上公布的数据，使用可信时间戳作为证

* 北京市大地律师事务所律师。

据的裁判文书已经超过38000例。具有成本低、效率高等特点。

本文从知识产权保护的现状、可信时间戳的应用方面对企业搭建电子证据体系提出建议和策略。

关键词：企业知识产权保护　可信时间戳　联合信任　电子证据

一、背景

全国人大代表、中国科学院公共管理学院教授马一德在十三届全国人大四次会议举行第二场“代表通道”上谈及知识产权保护尤其是法治建设方面的成就时认为，世界未来的竞争就是知识产权的竞争，这关乎一个国家、一个民族的前途和命运，当前，自主创新、科技自强自立，已成为中国经济行稳致远的关键变量。中国知识产权法律体系已经构建，中国知识产权法律的“四梁八柱”已经牢牢架起。

电子数据作为知识产权的新型载体，贯穿了知识产权的形成、交易、使用、传播的全过程，其本身的可靠性、可追溯性、具有符合法律要求的完整性和原始性，都是一个非常重要的问题。

从立法层面看，司法机构明确意识到电子数据作为证据的必然化趋势，自2018年起更新和颁布了一系列关于电子证据的法律规定、技术标准、司法解释。

《电子签名法》自2005年4月1日开始施行，确立电子签名的法律效力，也明确了具体要求。其中第5条对于电子数据的原始性作出了明确规定。2019年《电子签名法》对第5条进行了补充修正，从顶层立法角度对数据电文的原件形式给出了更加明确的规定。原文如下：

第五条　符合下列条件的数据电文，视为满足法律、法规规定的原件形式要求：

（一）能够有效地表现所载内容并可供随时调取查用；

（二）能够可靠地保证自最终形成时起，内容保持完整、未被更改。但是，在数据电文上增加背书以及数据交换、储存和显示过程中发生的形式变化不影响数据电文的完整性。

2018年9月7日起施行的《最高人民法院关于互联网法院审理案件若干问题的规定》的第11条对互联网法院在审理过程中涉及的电子数据的真实性审查给出了依据，将可信时间戳直接纳入法律认可的电子证据形式。原文如下：

第十一条　当事人对电子数据真实性提出异议的，互联网法院应当结合质证情况，审查判断电子数据生成、收集、存储、传输过程的真实性，并着重审查以下内容：

（一）电子数据生成、收集、存储、传输所依赖的计算机系统等硬件、软件环境是否安全、可靠；

（二）电子数据的生成主体和时间是否明确，表现内容是否清晰、客观、准确；

（三）电子数据的存储、保管介质是否明确，保管方式和手段是否妥当；

（四）电子数据提取和固定的主体、工具和方式是否可靠，提取过程是否可以重现；

（五）电子数据的内容是否存在增加、删除、修改及不完整等情形；

（六）电子数据是否可以通过特定形式得到验证。

当事人提交的电子数据，通过电子签名、可信时间戳、哈希值校验、区块链等证据收集、固定和防篡改的技术手段或者通过电子取证存证平台认证，能够证明其真实性的，互联网法院应当确认。

当事人可以申请具有专门知识的人就电子数据技术问题提出意见。互联网法院可以根据当事人申请或者依职权，委托鉴定电子数据的真实性或者调取其他相关证据进行核对。

2020年5月1日正式施行的《最高人民法院关于民事诉讼证据的若干规定》的第93条，对民事诉讼中的电子证据的真实性审查作了明确规定。审查以电子证据的形成过程作为主线，包括电子证据的生成、存储、传输全过程。原文如下：

第九十三条　人民法院对于电子数据的真实性，应当结合下列因素综合判断：

（一）电子数据的生成、存储、传输所依赖的计算机系统的硬件、软件环境是否完整、可靠；

（二）电子数据的生成、存储、传输所依赖的计算机系统的硬件、软件环境是否处于正常运行状态，或者不处于正常运行状态时对电子数据的生成、存储、传输是否有影响；

（三）电子数据的生成、存储、传输所依赖的计算机系统的硬件、软件环境是否具备有效的防止出错的监测、核查手段；

（四）电子数据是否被完整地保存、传输、提取，保存、传输、提取的方法是否可靠；

（五）电子数据是否在正常的往来活动中形成和存储；

（六）保存、传输、提取电子数据的主体是否适当；

（七）影响电子数据完整性和可靠性的其他因素。

人民法院认为有必要的，可以通过鉴定或者勘验等方法，审查判断电子数据的真实性。

2020 年 5 月 29 日正式施行的《电子数据存证技术规范》给出了电子证据存证的国家级行业技术标准，对于存证平台、技术要求、存证过程给出了相关的标准。

2021 年 1 月 21 日《关于人民法院在线办理案件若干问题的规定（征求意见稿）》公开征求意见再次对电子材料的提交、效力真实性审核作出相关规定。

从企业的知识产权现状看，侵权现象频发，维权意识逐步提升，但是大部分企业的知识产权保护措施仍处于线下专利申请和版权备案登记的初级阶段，对知识产权的确权、存证、被侵权后的取证和诉讼过程中的举证、质证往往不得章法，不知从何下手、遇到问题不知如何解决，最终无法对企业形成保护，产生争议时可能面临很大的损失。

不了解电子证据很可能造成同样的争议、不同的结果。在笔者遇到的一个知识产权侵权的案子中，超星公司诉五车公司侵害作品信息网络传播权，两个公司之间在 2010 年和 2011 年也存在类似的诉讼，超星公司均胜诉，五车公司依判决应承担侵权赔偿责任。2019 年超星公司再次起诉五车公司，总诉求高达 200 多万元，然而案件发生了反转，最终超星公司全面撤诉。超星公司提交了类似的证据、同样的公证网页取证方式，五车公司在专业律师的指导下提出了对超星公司取证方式、电子证据原始性的质疑，并使得超星公司意识到问题的严重性撤回了全部起诉。是否存在侵权并非本文讨论的重点，然而两个企业由于对电子证据的认识不足，类似案件竟产生如此不同的结果，确实应该引起企业的重视。

了解电子证据、选用适当的工具和证据平台进行知识产权的保护是企业迫在眉睫的工作。

二、企业知识产权保护的需求场景

企业知识产权保护的需求场景包括确权、授权、侵权证据固化。

1. 确权

确权是指确定知识产权的权属，需要在创作完成时取得知识产权的权属证明，以便证明某一主体在某一时刻前创造了某一内容。如在电子数据（包括文章、照片、音频、视频、设计类的图片、软件源代码等）形成时即进行证据固化，用以证明在申请固化的时间点之前申请主体即对电子数据拥有权利。

不只是在线的数据需要确权，为了保证权利人的权利，离线数据在产生时同样应该进行确权。离线数据的确权时间可以在电子数据产生时也可以在首次上传到网络时同步进行确权。

必须提醒的是，企业的商业秘密在形成的过程中，企业应该持续性的、按期进行数据固化，以便在发生争议的时候可以形成证据链用于举证。

2. 交易和授权

这里所说的授权更多的是指交易过程（如著作权许可使用等），线下的交易和授权是其中一种方式，这里主要讲的是基于互联网平台的方式，由平台提供知识产权的展示、管理、交易服务。

在交易过程中的协议、公告、说明是对交易各方、平台方的权利义务约定，为确保各方利益平台应该在注册时、产品或说明首次上传或修改完成时、成交时进行证据固化，避免发生争议时各方因电子数据内容的真实性（即符合电子证据原件形式的要求，保持原始性、未被篡改）产生争议，企业应该认证阅读、下载并保存相关协议，用于产生双方争议时的举证和质证。

在交易过程中会存在一些平台约定的平台用户需要完成的操作，如点击确认、同意协议等，关于这样的操作由于是平台预先设定好的标准化的操作过程，如果平台细节的设定存在瑕疵，用户可以提出抗辩。如未在用户操作的环节设定合同阅读的时间长度（如不少于30秒）、涉及“加重用户责任免除平台方义务”的条款未突出显示、电子合同打开后未设定必须完成下拉至合同底部才出现“确认或同意”按钮，发生争议时用户可以以格式化操作、并未实际阅读为由提出抗辩，否认相关协议对其具有约束力。

由于涉及交易环节、合同签署，为保证协议的效力，各方当事人的真实身份应该事先进行实名认证。

3. 侵权取证

侵权类证据固化需求，包括对在线侵权事实、线上线下结合的侵权行为进行证据固化。

对在线侵权事实进行证据固化包括静态网页取证、动态网页取证，如照片、字体、文章、音频视频未经授权被互联网平台使用，可以利用相关技术对侵权的事实和结果进行固化，固化内容包括侵权网站的相关网页截图、录像、录屏等。

对线上线下结合的侵权行为进行证据固化主要是动态取证，根据不同的行业、涉及的权利不同而有很大区别，需要按照取证需求由专业人士设计取证的步骤，目前还没有电子证据服务商可以提供完全标准化的动态取证服务。如在淘宝网销售侵犯商标权的商品，除网上交易过程还需要对收货过程，包括收取快递、拆封快递、展示实物、封存实物的全过程进行有效的证据固化。

权利人通知平台方被侵权的事实、提交相关证据、提出维权要求，由于涉及权利人的实质利益如要求平台删除、下架等，建议权利人对通知内容和提交时间进行固化存证。

由于企业业务模式、互联网平台的应用场景千差万别，权利人存证的类型、需求也不尽相同，但无论涉及web端、移动端还是在企业内部网络，无论是静态取证还是动态取证，选取适合的工具、设计有效的取证步骤，使电子证据在形式上和内容上的真实性被认可才是根本目的。

三、可信时间戳

可信时间戳是由权威的第三方时间戳服务机构—联合信任时间戳服务中心提供的基于电子签名、HASH值校验等密码技术组合的一个用于证明电子数据存在性和完整性的服务，该中心通过可信时间戳作为服务品牌和商标对外提供版权保护、电子证据固化保全、电子签名等服务。公开资料显示，该可信时间戳服务获得国家版权局和世界知识产权组织（WIPO）的中国版权金奖和最高人民法院、北京知识产权法院、北京市高级人民法院、天津高级人民法院等年度典型案例，成为权利人保护知识产权降低司法诉讼成本的典型。《最高人民法院关于互联网法院审理案件若干问题的规定》也确认了可信时间戳是有效的电子证据形式。

1. 可信时间戳的原理与作用

在知识产权确权方面，可信时间戳认证时不上传电子数据的原件即可进行认证，实现了真正的“零知识证明”方式，保障了电子数据内容的泄露和防止篡改伪造，实现了知识产权确权过程的存在性和内容完整性证明。通过为知识产权在产生时及时对其进行可信时间戳申请，相当于为电子文件获得法律认可的“出生证”。

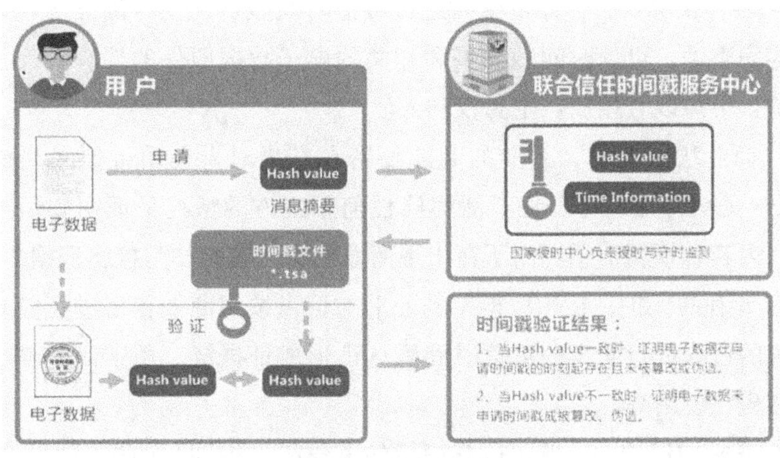

图 1　可信时间戳服务原理

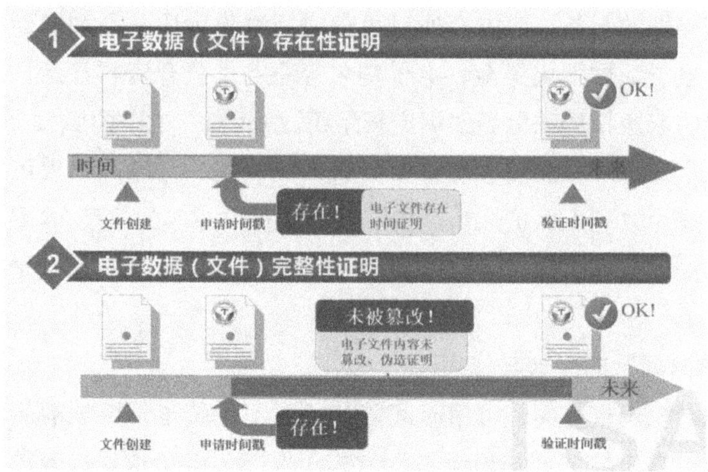

图 2　可信时间戳的作用

2. 可信时间戳在企业在知识产权保护中的应用场景

（1）著作权确权，作品产生时进行可信时间戳认证，可以证明申请认证时间和内容完整性，可信时间戳证书和相关的电子数据原件的持有人，在无相反证据的前提下可以直接被认定为权利人。

（2）商业秘密保护，企业的商业秘密在产生时，利用可信时间戳服务的“零知识”证明特性，可以在不泄露给任何第三方的情况下证明知识产权的产生时间、内容和权属信息。用于在出现商业秘密侵害时作为权属证据。

（3）专利的保护，在未取得专利证书前可以按照商业秘密进行管理，对于专利形成的过程进行同步的可信时间戳认证形成证据链，用于证明整个研发过程以及在先性使用等。

（4）商标的保护中，既可以就商标的著作权进行即时确权保护，也可以就商标的使用进行及时固定，证明在先使用，并且在商标撤三的争议中立于不败之地.

（5）可信时间戳可以用于侵权证据的固化，证明侵权人、侵权时间、侵权内容。

3. 可信时间戳的特点

（1）司法认可，大量的裁判文书显示可信时间戳已经得到司法机关的广泛认可，成为企业降低司法诉讼成本、有效保护知识产权的利器。

（2）行政认可，可信时间戳荣获国家版权行政管理机关国家版权局和世界知识产权组织的“中国版权金奖”保护奖，在行政执法过程中可以对版权的确权、取证等领域应用。

（3）零知识证明，在不泄露秘密的情况下对知识产权权属进行确权。

（4）即时认证，24 小时在线服务，无需复杂的人工参与和审核等过程。

四、可信时间戳的规范使用

目前，时间戳服务中心官网上的显示的有关知识产权保护服务可以分成确权和取证两个大的维度，企业根据在不同的应用场景下结合自身需求进行选择。在司法实践中需要注意以下几方面：

1. 举证和质证

举证时对电子证据的基本要求是原件形式，原件形式的判断在《电子签名法》第 5 条给出了明确规定，可信时间戳已经写进相关司法解释，法院对可信时间戳认证后的电子数据原件形式通常不会提出质疑。使用可信时间戳认证的电子证据，举证时应提交申请认证的电子数据原文件、可信时间戳文件（后缀名为 . tsa）、可信时间戳认证证书。

在质证环节，主要是抗辩双方对于电子证据真实性的对抗。对于对方当事人目前已经很少就证据形式提出质疑，质疑的焦点往往集中在证据内容与所证事项的关联性方面，所以建议企业无论是在确权还是取证方面都要重点考虑。电子数据在可信时间戳验证时，要注意验证结果和可信时间戳认证证书结合使用。在验证时系统显示的细节提示是不同的，如通过权利卫士 App 客户端产生的证据，在验证时证据来源显示“权利卫士 App”、位置信息显示“取证时的经纬度信息”；使用可信时间戳其他服务产生的证据，在验证时无证据来源和位置信息项。这个细节可以在质证过程中当庭展示，用以明确证据来源、说明技术形成过程、操作规范要求。

2. 法院对于电子证据真实性的认定

2020 年 5 月 1 日正式施行的《最高人民法院关于民事诉讼证据的若干规定》的第九十三条，对民事诉讼中的电子证据的真实性审查做了明确的规定。从实操层面看，当事人提交的电子数据，通过可信时间戳进行证据固定，能够证明其真实性的，如无相反证据、未违反规范化操作的要求，法院会予以采信。

综上，知识产权领域利用可信时间戳服务进行证据固化，既可以进行人工取证和确权，也可以采用web端或手机客户端自动网页取证，还可以结合动态的取证方式进行证据固化。

规范的取证操作、合理的取证步骤、适合的取证手段都是证据被采信的前提。根据中国裁判文书网数据显示，已经有超过38000起使用可信时间戳作为证据的生效判决，其中绝大部分法官对时间戳证据予以明确采信，成为司法认可度较高的一种知识产权保护手段。

五、搭建可信时间戳电子证据体系为企业知识产权保驾护航

江苏省高级人民法院发布《关于当前宏观经济形势下企业防范经营法律风险的六十项提示》中指出："企业应当注意对软件、文字、图片、图案、花型等作品著作权的保护，作品完成后应及时到版权部门进行著作权登记。所形成的电子文档，应当尽量运用电子数据认证、加盖时间戳等现代网络技术手段加以固定，作为完成作品时间的证据。"国家知识产权战略纲要也明确提出了企业提升知识产权保护能力、完善知识产权管理体系。知识产权保护已经纳入国家战略层面，电子证据问题也应放在企业的战略高度，纳入法律风险防控的范畴，加入企业的顶层设计。知识产权形式电子化、电子交易常规化、电子信息常规化，事先做好安排优于事后进行救济。

1. 知识产权电子证据体系搭建的核心要素

根据法律对电子证据的审查要素，主要是权利人的确定、证据的真实性审查。

（1）确权

权利人的确定是通过知识产权的确权完成的。确权是最重要也是最基础的一步，不只是在知识产权完全产生后进行确权，建议在整个形成和使用的过程中对知识产权进行分阶段的证据固定，包括形成过程中作为商业秘密保护时的确权、研发证据固定、使用过程中的证据固定，以形成完整的证据链，可以更全面的对权利人进行有效保护。

（2）企业应关注证据真实性审查的核心

证据的真实性审查，如果采用第三方服务进行证据固化，尽管目前法律规定了一系列的审查因素，但核心其实是对证据服务商固化技术的考量，也就是服务商提供的固化服务过程是否可以满足法定真实性的要求，所以服务商的资质、以往判例的支持情况应该作为主要的考虑对象。

由于证据固化结果尤其是确权往往不是马上使用，而是很长时间后使用，所以对于服务商的服务年限、背景也需要进行综合风险评估，否则需要使用证据时服务商停止服务、无法验证，企业损失可能很难弥补。

企业应该按照规范的操作标准进行取证和固化，避免取证步骤瑕疵导致的司法不采信。

2. 选择可信时间戳服务的优势

目前可信时间戳服务体系，基本可以覆盖企业知识产权自产生、确权、交易和授权、侵权取证的全过程，企业可以利用可信时间戳搭建自己的知识产权保护体系。这样的选择对于企业来说风险相对较低、效率很高。

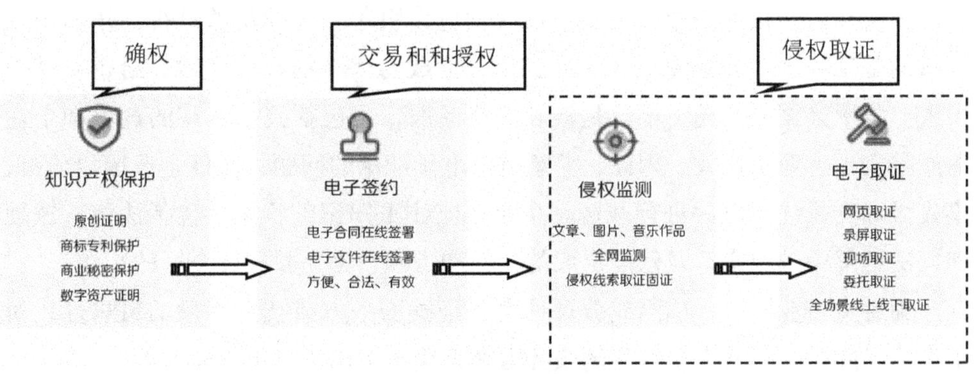

图 3　可信时间戳服务体系

企业使用服务的形式灵活多样，可以在时间戳平台完成注册后在线使用相关服务；时间戳中心为企业提供接口开通和接入服务，已经开通接口的服务包括可信时间戳基础服务、电子证据取证服务、知识产权保护服务。

3. 搭建可信时间戳电子证据体系的建议

（1）确权常规化

研发密集型的企业，可以选择使用接口的方式接入可信时间戳知识产权保护服务，对研发日志、研发成果进行每日固化或者阶段性的固化；非研发密集型的企业，可以选择在线使用可信时间戳知识产权平台的服务。

（2）取证专业化

取证服务相对于确权来说比较专业，使用不规范容易造成对证据真实性的质疑，建议在充分理解取证操作要求的前提下，可以在线使用或者接入可信时间戳电子证据取证服务，进行自取证。

对于复杂的取证需求，会涵盖了企业的业务模式、业务流程、法律知识和技术实现。建议企业可以聘请专业的人员作为顾问给予专业的取证指导，或者直接委托专业人员进行取证。另外，在解决司法争议的过程中，还可以要求电子证据服务方配合提供电子证据形成的技术说明文件，必要时要求相关的专家作为专家证人出庭，对电子证据的形成过程和技术原理进行展示和现场的说明。

六、结语

企业知识产权保护中的电子证据问题应该引起企业的足够重视，作为企业运行的基础和利益的保障，任何瑕疵都可能成为潜在的运营风险，给企业带来损失。电子证据的问题，不只是涉及法律问题，也包括技术实现的过程和企业的产品实现、业务模式，因此，要想解决电子证据的问题，做好企业风险防范，事先做好安排优于事后进行救济。企业还应注重知识的积累，包括法律、法规和司法解释中的规定，及已经形成的判例和指导意见，并指导今后的工作。

为避免企业风险，应当充分评估电子证据服务方或技术手段的可靠性，对于运营时间久并形成大量判例的服务方建议优先考虑。

第四章　知识产权与金融证券化

Commercialization of Intellectual Property

知识产权证券化中基础资产的选择

知识产权证券化基础资产现金流预测难点问题分析

浅析知识产权证券化法律制度

知识产权证券化中基础资产的选择

金 笑*

摘要： 知识产权证券化的成败很大程度上取决于基础资产的质量，因此基础资产的选择是知识产权证券化的首要问题。由于知识产权的无形性，使得知识产权作为资产证券化中基础资产存在依附性、现金流不稳定、难以准确评估、法律状态复杂等特殊性。因此，拟证券化的知识产权资产标准应当是权利状态明确、清晰，并且具备产生持续稳定现金流的质量状态。

关键词： 知识产权证券化 基础资产 选择标准

在知识经济时代，知识产权作为经济发展的原动力，已成为世界各国竞争的主战场。由于知识产权的无形性等特点，知识产权要转化为经济效益，创造财富，还需要一系列转化过程，而知识产权的转化本身需要大量的资金。对高新技术企业和中小微企业来说，会在知识产权转化过程中面临融资瓶颈。高质量的知识产权作为智慧成果，因其在工业生产和市场流通中的价值可能产生高额逾期收益，是一种优质的可证券化的资产。为开拓知识产权的融资渠道，美国在 20 世纪 90 年代创造性地进行了知识产权证券化的尝试，世界知识产权组织（WIPO）将这种融资方式视为知识产权未来发展的新趋势。

知识产权证券化，是知识产权的权益人将知识产权或其相关权益转让给特殊目的机构（SPV）构建知识产权资产池，然后由特殊目的机构将资产池内的知识产权及其相关权益所产生的未来现金收入作为基础，在市场上向投资者发行可流通的证券，通过收取投资者认购证券的投资款而实现其融资目的。投资

* 国浩律师（长沙）事务所合伙人。

者凭借认购证券获得知识产权资产的未来现金流的收益权，从而获得投资回报。而知识产权权益人通过知识产权证券化，使其可以提早取得数年后才能产生的货币价值，从而实现融资目的。① 而对于投资者而言，知识产权证券化不仅为其提供了新的投资渠道，而且还提供了参与、分享新技术带来的经济成果。知识产权证券化缓解对银行信贷的依赖，减少企业融资成本，提供资产负债表外融资，② 使资本市场投资选择多元化，推进金融改革和创新的扩张和多样性。

知识产权证券化所发行的证券收益的支付依赖的是证券化的知识产权所产生的现金流，投资者投资收益的实现取决于基础资产的本身实际收益。因此基础资产的品质直接决定证券化的成败。知识产权基础资产是研究和开展知识产权证券化的起点和基石，但知识产权因是无形资产，相比其他传统资产具有其特殊性，并非所有的知识产权都可以证券化。因此，适格知识产权资产的选择是知识产权证券化的起点。

一、知识产权作为基础资产的特殊性

由于知识产权作为一种无形资产所具有的内容和特征，与传统的金融资产相比，知识产权作为基础资产表现出自身的特点。

（一）知识产权资产具有依附性

知识产权证券化的信用基础虽然是知识产权这个无形资产，但由于知识产权本身的无形性，通常其本身不会独立带来收益（知识产权权利人向被许可人收取专利、商标或者专有技术的许可费方式这种情形除外），必须与其他有形资产甚至无形资产相结合，才能实现商业运营并产生收益，其价值才能得到释放。因此，在知识产权证券化中，基础资产虽然以知识产权为核心，但不局限于知识产权，往往会延伸至相关的经营性资产。例如，一项专利从获得到形成完整的技术，到推出成熟产品，再到打开市场，整个路程长远，伴随诸多风险，而且通常还要结合企业生产设备等其他有形或无形资产才能发挥作用。

---

① Michael Milani, *Enabling IP Securitization by Improving Cash Flow Predictability*, Patent Strategy & Management, Vol. 5: 12, pp. 1 – 2.

② 洪艳蓉：《资产证券化法律问题研究》，北京大学出版社 2004 年版，第 16 – 19 页。

（二）知识产权资产现金流收益不稳定

知识产权证券化以知识产权及其衍生的特许使用权为依托，以知识产权在未来预期产生的现金流为基础资产，现金流收益将取决于知识产权的价值。而知识产权的价值由需求者、供给者、实施产品的市场状况、经营者策略、政策环境、替代技术的出现与否等多种复杂因素共同影响，其价值具有很大的不确定性与波动性。除此之外，知识产权权利状态、清晰程度也将影响知识产权的价值。

（三）知识产权资产评估作价存在困难

知识产权证券化的过程中，只有准确地对知识产权基础资产进行价值评估才能对后续发行的证券进行合理的定价，这个评估结果很大程度上将影响投资者的决策。知识产权资产的价值取决于其能带来多大的利益，比如能够增加多少市场占有率、多大程度上限制其他竞争者进入市场，缺乏统一的评估基准和方法。要准确评估知识产权资产价值，不仅需要对影响知识产权资产价值的各项因素进行定性分析，还需要利用切实可行的计算方法加以定量判断，比如影响专利价值的因素众多，包括但不限于授权专利权的权利要求的范围、专利技术本身的创新程度、企业专利在专利资产中的地位、专利现实的法律状态及其稳固程度等，多种因素的共同作用决定了专利资产的价值规模及其市场份额，[①]然而不同要素在不同阶段对专利价值具有的影响力程度存有差异，致使知识产权资产价值波动明显，无法实现平稳的价值判断。但目前知识产权价值评估的方法如成本法、市场法、收益法，基本上是简单移植有形资产的评估方法，未能有效针对知识产权资产的特性进行准确评估。

（四）知识产权资产法律状态存在不确定性，而且面临侵权行为的侵蚀

首先，知识产权存在权利的不确定性。比如，专利和商标都存在被无效的风险，专利权和商标权一旦被无效，该权利即丧失。而商业秘密一旦被他人通过“反向工程”合法“破解”，商业秘密就失去了应有的价值。其次，传统的证券化资产（如应收账款、住房租金等）通常权利人单一，而知识产权证券化的基础资产的所有权状况往往比较复杂。例如，音乐作品往往包含作词人、作曲人、编曲者、演唱者多个权利主体；而图形商标往往又和版权或外观设计专利存在权利范围交叉重叠的情形；专利中可能存在合作开发以及其他合法授权

① 赵晨：《专利价值评估的方法与实务》，载《电子知识产权》2006年第11期，第24－27页。

的在先权利等。最后，由于知识产权所具有的无形性、可复制性等特点，使其更容易遭到侵权，侵权行为的存在将严重影响知识产权证券化中的现金流状况，从而造成知识产权资产的侵蚀和贬损。

二、可证券化知识产权资产的选择标准

知识产权证券化成败的关键在于知识产权基础资产质量的优劣，按照证券化知识产权资产的基本特征分析，主要有两个方面的考察：一是该知识产权基础资产的权利状态，二是该知识产权基础资产的质量状况。事实上，在其他类型的资产证券化中，由于其资产的权利状态比较清晰稳定，因而比较容易进行评估和判断，由于知识产权的无形性、复杂性、易复制性和易受侵害性等特点，其权利状态比较不稳定，资产品质评估也比较困难，这就需要知识产权专业人员和会计师介入其中。

（一）基础资产的权利状态：明确、清晰

由于知识产权的权利状态与证券化的资产价值直接相关，知识产权的权利状态越清晰，效力越稳定，越有利于知识产权证券化中的基础资产的价值提升。因此应当确保将被证券化的知识产权资产的权属状态清晰、稳定。因此，在进行证券化前需要对知识产权资产的权利状态进行尽职调查。调查的内容至少应当包括以下内容：

第一，权利的有效性，即知识产权资产如各项知识产权权利，是否获得相关的授权、核准或登记，是否处于被申请无效或撤销的程序中。如果证券化的不是知识产权权利本身，而是被许可的权利，那么还要对知识产权许可协议的有效性进行审查。同时，还应当对拟证券化的知识产权上是否存在质押等权利限制的情形进行调查。

第二，权利范围和保护期限，即调查知识产权权利的基础资产受保护的范围以及保护期限，并应确保拟证券化的知识产权的剩余保护期限长于证券化交易的存续期间，并且证券化过程中对知识产权的应用范围不会超过知识产权的保护范围，比如证券化过程中对商标的使用不应超出商标局核准的商品项目，产品的主要技术特征被相应专利的权利要求所覆盖。

第三，权利归属。知识产权的权利归属因职务作品（发明）或共同创作

（开发）等情形的存在而异常复杂，在实践中也往往因为这些情形而产生知识产权权属纠纷。若知识产权基础资产的权属问题存在争议，将直接影响基础资产“真实转让”的合法性和有效性。因此，在建立知识产权资产池的时候，应当将权属存在争议的知识产权排除掉。

第四，拟证券化的知识产权资产具有可转让性。在知识产权资产证券化的操作中，必然涉及将知识产权资产依法转让给特殊目的机构实现破产隔离的问题，这就要求拟用于知识产权证券化的知识产权资产必须具有可转让性。知识产权资产的权利人应该对涉及的知识产权资产具有产权的完整性，即对该知识产权资产的处置具有完全独立的权利，没有受到任何限制或约束。对于那些根据本国知识产权法或其他法律不能自由转让的资产，是难以作为可证券化资产的。例如，有些知识产权资产由于涉及国家利益或公共利益，往往难以进行转让，如中医药知识产权、地理标志权等；而知识产权中具有人身权利性质的发表权、署名权、修改权、保护作品完整权、发明人权等因不能转让，因此不可作为证券化的资产。

总体而言，专利权和商标权因为要经国家知识产权局审查后授权获得，因此其权属状况相对容易查明；著作权因不需要经过审查即可产生，除了知名的音乐作品和电影作品，著作权的权属状况缺乏权威有效的查询途径；商业秘密因权利内容处于保密状态，对于权利有效性的调查更是无法着手。

（二）基础资产的质量状况——能产生持续、稳定的现金流

基础资产的质量状况直接影响到未来现金流的大小。国内外对证券化资产的质量标准有诸多理论和学说。有的学者认为，参照国际上已有的和流行的证券化品种，资产证券化对资产或资产池的基本要求包括六点：（1）能在未来产生可预测的、稳定的现金流；（2）要求至少有持续一定时期的低违约率、低损失率的历史记录；（3）初始债务偿还均匀；（4）初始债务人有广泛的地域、人口统计分布；（5）抵押物有较高的变现价值，或者对于债务人的效用较高；（6）金融资产具有标准化、高质量的合同条款等。[①] 各种理论和学说虽各有特色，但共同的准则就是“能在未来产生可预见的、稳定的现金流”。

一般而言，基础资产的质量可从该资产在所属领域的水平程度、该资产的

① 沈沛：《资产证券化的国际运作》，中国金融出版社2000年版。

独立性和流动性以及该资产被替代的可能性等方面进行分析和考察，考察的核心在于其未来的市场收益即未来的现金流量状况。分析基础资产的未来现金收益，可以从以下几个方面着手：

1. 分析基础资产的历史收益记录。如果某项拟证券化的基础资产有历史收益记录，则可以通过分析该历史记录为其未来市场收益的预测和证券的发行提供切实可靠的依据。这样，潜在投资人也可根据公开的资料来对未来现金流是否可支付债券本息作出评估和判断。但是这种分析方式对于初次拟证券化的基础资产或缺乏相应历史记录的基础资产是不适用的，其未来收益的预测也会变得更加困难。

2. 评估基础资产的市场环境与风险。拟证券化的基础资产所在的市场环境状况对其未来的收益能力影响很大，分析相关产业的竞争环境及如果其面对的是一个新技术、新发明、新产品不断涌现的激烈竞争的市场环境，该基础资产很可能由于其迅速老化而失去市场价值或其市场价值大打折扣。事实上，科技的快速进步或公众偏好的突然变化都会使已有基础资产的市场收益受到重要影响。例如，在著作权和商标权证券化中，时尚风气和大众喜好的改变都可以影响到著作权和商标权的市场价值，原来受欢迎的品牌、产品、艺术家、作家或演员都可能因为时尚风气或大众喜好的改变而不再流行或不具有知名度，而这将影响到证券化中可收取的现金流量。① 因此，在对拟证券化知识产权资产进行评估时，需要熟悉相关产业的专业人士根据相关领域的发展趋势进行专业评估。

3. 分析被许可人的信用与经营能力。在资产证券化的过程中，被许可人的信用和经营能力也会对未来现金流量产生重要影响。就被许可人的信用而言，被许可人违约不仅将加大特殊目的机构的经营风险，而且很可能将导致现金流的支付产生困难，导致特殊目的机构无法及时向投资者支付本息；而就被许可人的经营能力而言，如果被许可人能够采取有效的经营策略，未来的现金流就有可靠保证，反之，证券化的现金流就成为问题。被许可人的信用及经营能力可以基于其诚信记录及销售记录进行判断。

---

① Nigel Jones & Ann Hoe, *IP - backed Securitization: Realizing the Potential*, 2007 - 07 - 20, http://www.buildingipvalue.com/06Glbal/063_066.htm.

三、可证券化知识产权资产的基本类型

随着知识经济的发展，知识产权的范围不断扩大，知识产权资产证券化的基础资产范围也日益广泛。从 1997 年最具创造力的“鲍伊债券”开始，知识产权资产证券化的范围已由最初的音乐作品发展到电影、游戏、制药、服饰、餐饮等众多行业，其范围涉及专利权、商标权和著作权等各个领域，证券化的走势也呈现出多样性。对于可证券化的知识产权，有的学者将其分为五类，包括知识产权所有权；各种转让知识产权中获得的利益；知识产权中的各种经济权利；对于包含知识产权有形物的权利；法律救济权。也有的学者将可证券化的知识产权资产分为四类，具体为：

1. 知识产权应收账款。知识产权证券化中的应收账款，主要是指销售知识产权产品所产生的应收账款（销售收入）。从理论上说，销售带有知识产权产品所产生的应收账款与销售其他产品所产生的应收账款并无不同，但由于知识产权产品的特殊性，也使其具有一些独有的特征。

2. 知识产权许可协议。知识产权许可协议是指知识产权权利人与使用人之间签订合同，在不转让所有权的条件下，允许使用人使用该知识产权，并支付一定费用的协议。以此协议，许可使用人享有按期收费的权利，而被许可使用人承担按期缴费的义务。

3. 知识产权经济权利。知识产权证券化，是指以知识产权为基础资产的证券化，这一基础资产是知识产权中的经济权利本身，而不是基于商业化或授权许可协议所产生之债券。一般来说，任何一项知识产权里都包含多项权利，对于这些权利类型中的经济权利，知识产权权利人（发起人）可将其转让给 SPV。

4. 知识产权诉讼赔偿。按照法律，知识产权权利人对其知识产权享有独占权，任何人未经权利人的许可使用其知识产权都可能构成侵权，面临诉讼并支付巨额的赔偿金。知识产权诉讼甚至成为知识产权盈利的方式，如近年来市场上出现的一种专门的专利收费公司（Patent Troll），就是专门以诉讼来威胁其技术竞争对手，收取知识产权许可费。

知识产权证券化基础资产现金流预测难点问题分析

阮咏华*

知识产权证券化是知识产权融资的一种新方式。近年来，随着我国资产证券化进程的加快和知识产权交易的日渐活跃，知识产权证券化在资本市场上开始崭露头角。在知识产权证券化过程中，知识产权资产是否具有持续、稳定的现金流是知识产权能否成功实施证券化的关键。由于知识产权资产所特有的无形资产属性，知识产权证券化中基础资产现金流量的分析预测也变得十分复杂。本文将对知识产权证券化中基础资产的现金流量分析预测问题和关注事项进行深入探讨。

一、知识产权证券化简介

知识产权证券化发源于20世纪70年代的美国，目前在美国、日本等西方国家已有诸多成功案例。我国是近几年才开始推出知识产权证券化试点。自2018年以来，奇艺世纪知识产权供应链金融资产支持专项计划、文科租赁一期资产支持专项计划和广州开发区专利许可资产支持专项计划等一系列以知识产权为最底层资产的资产支持证券陆续在上海和深圳证券交易所上市，标志着我国知识产权证券化的探索正式进入了市场实践阶段。

（一）知识产权证券化的定义

知识产权证券化是资产证券化产品在基础资产领域不断拓展和创新的产物。资产证券化是指以基础资产所产生的现金流为偿付支持，通过结构化等方式进

* 北京中企华资产评估有限责任公司。

行信用增级，在此基础上发行资产支持证券的金融活动。其中，基础资产是指符合相关法律法规规定、权属明确，可以产生独立、可预测现金流且可特定化的财产权利或者财产。知识产权证券化是以知识产权资产或其衍生资产为基础资产的一种特殊类型的资产证券化，其实质是以知识产权资产或其衍生资产未来一定期限的现金流为偿付支持进行证券发行的融资工具。

在知识产权证券化交易结构设计中，知识产权证券化的主要当事人包括原始权益人（发起人）、特殊目的载体、管理人、托管人和资产支持证券持有人等。知识产权证券化从根本上来说是为了解决原始权益人的融资问题，并最终以债券发行的方式筹集资金，核心是原始权益人将其知识产权资产或衍生资产未来一定期限的现金流收益权转移给特殊目的载体，该现金流将成为债券还本付息的主要来源。特殊目的载体的设立是为了形成有效的风险隔离机制，并在管理人和托管人的监督管理下，完成证券发行和资产管理等相关活动。资产支持证券持有人的投资回报水平则主要取决于该知识产权资产或其衍生资产在债券持有期内现金收益权的偿债能力，即现金流量水平。

（二）知识产权证券化的分类

对知识产权证券化产品进行分类，有助于结合知识产权资产的特点更有针对性地分析预测基础资产未来的现金流量。按照基础资产的不同类型，知识产权证券化产品主要可以划分为知识产权资产证券化产品和知识产权债权资产证券化产品两大类。

知识产权资产证券化产品的基础资产为著作权、专利权、商标权等知识产权资产本身对应的财产权利。比如，著作权的财产权利包括复制权、发行权、出租权、展览权、表演权、放映权、广播权、信息网络传播权、摄制权、改编权、翻译权、汇编权以及应当由著作权人享有的其他权利。著作权的全部财产权利或部分财产权利对应的收益权都有可能成为知识产权资产证券化产品的基础资产。

知识产权债权资产证券化产品的基础资产为知识产权资产衍生的相关债权。比如，知识产权许可使用所产生的应收许可使用费、知识产权资产融资租赁所产生的应收租金和知识产权运营企业供应链所形成的应收账款等。

在信贷资产证券化领域，基础资产也可能涉及知识产权资产，即知识产权质押贷款形成的信贷资产。不过，构成信贷资产第二还款来源的收益一般是质押物的处置收益，即知识产权资产本身的变现价值，不同于知识产权实施过程中持续产生的现金流。另外，在企业资产证券化领域，为了提高拟发行证券的信用等级，也有可能以知识产权资产进行质押。同样的道理，该质押物的收益一般也是体现在知识产权资产处置环节，而非持续实施阶段。

（三）知识产权证券化的步骤

知识产权证券化是一个相对复杂的过程，特别是那些交易结构复杂的产品，涉及的利益主体更多，交易环节也更多。概括而言，知识产权证券化的核心步骤如下：

1. 原始权益人根据自身融资需求，选择基础资产，明确知识产权证券化的融资方案。

2. 管理人为知识产权证券化设立专门的特殊目的载体，以承接原始权益人按照约定向特殊目的载体转移的知识产权资产或其相关权益未来一定期限现金流的收益权，托管人按照规定或约定对知识产权资产进行保管。

3. 管理人以特殊目的载体所获取的知识产权相关权益为基础，在市场上发行可流通的证券，为原始权益人进行融资，必要时还可以通过内部或者外部信用增级方式提升知识产权资产支持证券信用等级。

4. 管理人按照规定或约定对特殊目的载体进行管理，托管人按照规定或约定对特殊目的载体的运作进行监督。

5. 管理人根据知识产权资产相关现金流回收情况，按约定向证券持有人支付投资收益。

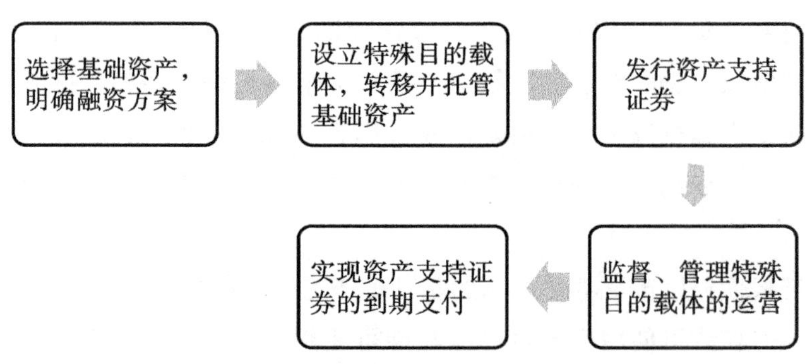

图 1　知识产权证券化的步骤

二、知识产权证券化现金流量预测面临的主要问题

资产证券化之所以能够成为一种融资工具，关键是投资者相信基础资产能够产生持续、稳定的现金流。知识产权支持证券的偿债能力与知识产权资产或其衍生资产所产生的现金流直接相关。对知识产权现金流收益水平进行预测，是知识产权证券化过程中不可或缺的重要环节，预测结论将直接影响到知识产权证券化的成败和证券投资者的投资收益和风险水平。但是，对知识产权证券化基础资产现金流量的预测却比其他有形资产更为复杂，可能出现的问题主要如下：

（一）现金流预测对象不到位

用作资产证券化的基础资产都需要具备一定的盈利能力，能够为原始权益人在较长时间内持续带来稳定的现金流。目前我国证券监管部门明确规定，不能直接产生现金流，仅依托处置资产才能产生现金流的基础资产，属于不符合资产证券化业务监管要求的基础资产。查看资本市场现有的知识产权证券化产品可以发现，我国的知识产权证券化产品主要是以知识产权债权作为基础资产，而非知识产权资产本身，如融资租赁专利产生的应收租金、授权使用著作权资产产生的许可使用费应收账款等。从表面上看，应收租金和许可使用费都有产生独立而稳定现金流的相关合同或协议支撑，但是，其对应的最底层资产是知识产权，知识产权资产本身的流动性和独立性远低于通常意义上的债权资产，其盈利能力也具有很大的不确定性。该知识产权资产能否产生独立而稳定的现金流才是决定相关债权资产现金流水平的关键。此时，如果将预测对象直接确定为表面上的基础资产，仅针对基于相关合同或协议支撑的特定债权本身的现金流状况进行分析，而不穿透到最底层的知识产权资产，则很可能出现预测偏差。

（二）现金流预测范围不准确

在知识产权证券化过程中，基础资产现金流的预测范围需要根据原始权益人所拥有的知识产权权益边界或债权资产所对应的知识产权权益边界来确定。企业在开展知识产权证券化过程中一般都会对所涉及的知识产权的法律权属进行调查，并确保知识产权权属清晰。通常来说，知识产权使用权对应的现金流

预测范围不能大于知识产权所有权对应的现金流预测范围，在独占许可使用、独家许可使用和普通许可使用等不同使用方式下，知识产权实施方所面临的市场竞争领域和竞争程度可能不一样，知识产权资产的盈利能力也会相应存在差异。预测现金流时，如果对知识产权所有权和使用权不加区分，或者没有考虑不同类型使用权的差别，就可能导致预测偏差。

另外，知识产权侵权行为的出现，也会对现金流预测产生一定的影响。尽管知识产权权利主体的合法权益通常有相关法律进行保护，但是市场上知识产权侵权行为仍时有发生。知识产权保护是一件十分复杂的事情。面对他人的侵权行为，知识产权权利主体在制定应对策略时，既要考虑如何利用法律武器保护自己的合法权益，又要考虑维权成本，特别是如何确保市场占有率不受侵权事件曝光所带来的负面影响。权利主体应对侵权行为的处理方式和处理效果将直接影响知识产权未来现金流的预测范围。

（三）现金流发展趋势难判断

知识产权证券化可以为知识产权转化为现实生产力提供资金支持，但知识产权证券化的前提是知识产权的实施具有技术、经济和法律上的可行性。众所周知，知识产权能否成功实施、是否具有足够的盈利能力是有较大不确定性的。以国际上最早开始证券化的著作权为例，著作权对应作品的受欢迎程度和畅销时长是决定现金流水平的重要因素。但是，社会受众对文学和艺术作品的喜好往往是难以捉摸的，著作权的经济效应和社会效应相互影响，相互渗透，现金流的预测难度非常大。另外，在专利资产证券化领域，西方国家也有不少失败案例，这与众多专利技术的盈利能力较差具有很大关系。专利技术往往具有新颖性和先进性，预测专利技术未来现金流时，不仅需要明确该专利技术拟实施的具体领域，还要分析判断该领域未来的技术发展趋势和所开发产品的经济效益。这不仅对预测人员的知识结构和专业素质提出了重大挑战，也需要专利实施方或许可方在开展专利证券化之前进行必要的可行性分析，并明确具体的商业开发计划。只有具备了这两个方面的条件，才有可能对知识产权未来现金流进行合理预测。

另外，知识产权和其他无形资产一样没有实物形态，具有依附性，但同时也具有灵活性，可选择的实施方案多。知识产权未来现金流量水平的高低，不仅与知识产权对应产品或服务所属行业和所处区域有关，还与实施者的经营发展战略、经营管理水平及其拥有的资源储备密切相关。也就是说，同样一项知识产权，在不同实施者的实施下，未来所能产生的现金流量可能是有很大差别的，同时，知识产权的实施可能存在多种可供选择的商业模式，每一种商业模式对应的未来现金流量也可能存在很大差别。预测知识产权未来现金流量，可能需要在不同的假设情形下判断知识产权未来的盈利能力，并判断各种情形发生的可能性，而这些假设和概率，有时很难获得足够的支撑，进而影响到现金流预测结果的说服力。

预测资产未来现金流量水平时，如果资产本身缺乏足够的历史数据或未来规划作为预测依据，预测人员通常会考虑选取其他可比对象的历史数据或发展趋势作为参考依据。但是，知识产权一般具有独创性和新颖性，知识产权实施方案的可选择性也相对较多，预测人员往往很难找到具有可比性的同类知识产权作为预测时的参照，这使得现金流预测工作更加困难。

（四）资产池现金流变化规律更复杂

为规避单一资产带来的巨大风险，避免出现因某一项知识产权现金流的断裂而导致整个资产池的现金流量不足的情况，知识产权证券化通常会构建知识产权资产池。资产池中的知识产权既具有同质性，又具备一定的独立性和离散度。2018 年 12 月我国获批上市的奇艺世纪知识产权供应链资产证券化产品将爱奇艺影视公司多项视频版权组合成一个较大体量的资产池。此时，现金流预测对象不再是单一知识产权产生的现金流，而是多项知识产权构成的资产组所形成的现金流集合。预测知识产权资产组的现金流时，不仅要分析判断单项知识产权的现金流状况，还要考虑资产组的结构及其整体盈利能力。当资产池中的资产构成比较复杂时，如涉及不同的权利类型、经济领域、期限结构等，此时现金流预测的复杂程度无疑会增加很多。

三、知识产权证券化现金流量预测应关注的事项

鉴于知识产权证券化过程中对基础资产未来现金流量的预测十分重要，但是又面临诸多困难的实际情况，预测人员应当重点关注以下事项：

（一）知识产权证券化基础资产现金流预测流程

到目前为止，不管是负责资产证券化的政府主管部门，还是相关专业的行

业协会，都没有出台专门针对知识产权证券化基础资产现金流预测的技术规范。为了规范知识产权证券化基础资产现金流的预测，确保知识产权证券化信息披露的质量，当务之急是在操作层面建立统一的现金流预测流程。

预测知识产权未来现金流量，首先要了解知识产权证券化的交易结构，明确基础资产和知识产权之间的关系，在此基础上进一步确定知识产权的权利主体和实施范围，并根据知识产权的应用领域对相关的宏观和区域运营环境、所属行业发展状况以及权利主体对知识产权的运营情况进行调查分析，结合知识产权历史经营业绩和未来发展规划，对知识产权未来现金流量的变化趋势进行判断，进而得到基础资产未来现金流的水平。

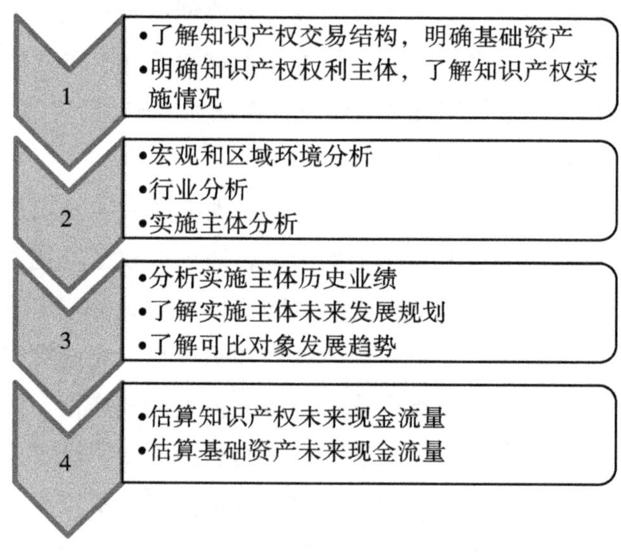

图 2　知识产权证券化基础资产现金流量预测

（二）知识产权证券化交易结构

根据中国证监会发布的《证券公司及基金管理公司子公司资产证券化业务信息披露指引》，管理人应当根据不同基础资产的类别特性对基础资产现金流状况进行尽职调查，调查内容包括但不限于基础资产现金流的稳定性和历史记录、基础资产未来现金流的合理预测和分析，并依据穿透原则，在资产支持证券发行前向合格投资者披露基础资产能够产生稳定、可预测现金流的有关情况及现金流预测分析等信息。现金流预测时，需要特别关注以知识产权债权作为基础资产的证券化产品，不仅要调查债权资产现金流回收的可能性，更要调查分析所对应知识产权的盈利能力和现金流发展情况。

比如，2019 年 3 月在深圳证券交易所发行上市的文科租赁一期资产支持专项计划，基础资产是北京市文化科技融资租赁股份有限公司的应收租金，承租人的还款来源是专利权、著作权等一系列知识产权产生的现金流。预测基础资产现金流时，不仅要收集租赁公司与承租人签署的租赁合同，了解租赁公司未来有权获取的收益水平，还要按照穿透原则，对承租人使用相关知识产权的情况进行调查了解，并按照知识产权现金流分析预测流程，进行相关的宏观分析、区域分析、行业分析，以及承租人的经营情况分析、财务状况分析和资产状况分析，并结合承租人未来知识产权实施计划等信息，对该知识产权在资产支持证券发行期间的现金流状况进行分析预测。只有对承租人基于知识产权的未来盈利能力进行分析判断，才能合理预测承租人未来的租金偿付能力，才能客观判断租赁公司按照租金合同或协议按时、足额收回租金的可能性。

（三）知识产权权属及保护状况

知识产权权属明确，是确定权利主体和预测主体的前提条件。预测基础资产现金流时，应当根据穿透原则，要求知识产权权利主体提供知识产权所有权或者使用权的法律权属资料，如专利证书、权利要求书、软件著作权登记证书、专利许可合同、著作权转让合同等，并对法律权属资料及其来源予以必要的查验，确保现金流的归属不存在错误。在此基础上区分知识产权所有权、使用权及不同使用方式确定现金流预测范围。对于知识产权许可使用产生的权利，一定要仔细查阅许可使用合同对许可方和被许可方相关权利和义务的约定，并根据合同约定，明确现金流产生的区域范围，以及可能形成的收益规模和现金流发生时点。以专利使用权为例，在确定现金流预测期限时，既要考虑拟发行证券的期限、专利的剩余技术寿命年限和专利的剩余经济寿命年限，也要考虑专利本身的剩余法定保护年限和许可使用合同约定的剩余使用年限，并通常是以其中最短的一个作为现金流预测期限。另外，在知识产权现金流预测中需要酌情考虑侵权风险对现金流水平的影响。比如，对于盗版风险比较高的著作权、过去出现过法律纠纷的知识产权和权利人维权意识比较薄弱的知识产权等，通常需要按照谨慎性原则预测未来现金流量水平。

（四）知识产权的盈利模式

明确知识产权的盈利模式是现金流预测的基础。预测知识产权的现金流，需要深入了解知识产权盈利模式，并根据不同盈利模式下的收益水平影响因素，合理预测知识产权的现金流量。比如，随着互联网技术的推广和应用，著作权的互联网传播越来越受到民众的欢迎，并成为我国知识产权证券化的重要领域。以网络文学作品的盈利模式为例，通常是作者和平台进行签约，成为网络平台的签约作者，平台利用自己的流量为各项作品进行推广运作，并进行 IP 系列产品孵化，助力版权的变现，获取开发利益。正是因为网络文学的产业链条不断完善，盈利能力也逐步显现，网络文学的开发得到了知识产权证券化的青睐。此时，作品本身的质量、平台的推广能力和粉丝的消费能力等都是影响现金流水平的重要因素，预测时都将纳入考虑范畴。对于可能存在衍生产品的知识产权，如拟继续开发影视产品、周边产品的动漫版权，不但要考虑现有动漫作品观看带来的现金流收入，还需判断未来进行影视产品和周边产品开发的可能性，酌情考虑衍生产品未来的现金流情况。总之，知识产权现金流预测与其盈利模式密切相关。

（五）定性分析与定量分析相结合

知识产权未来现金流量的预测方法很多，既包括定性分析方法，也包括定量分析方法，还有定性与定量相结合的分析方法，或者直接采用更加系统化的统计分析工具进行模拟预测。尽管很多人更愿意看到通过建立回归方程或更复杂的数学计量模型的方式预测资产未来现金流量，但是在资产证券化实践过程中，考虑到知识产权现金流的独特性和复杂性，未来现金流量的预测还是以定性分析与定量分析相结合的方式为主。

以著作权中的电影票房预测为例，现在的预测方法基本上都建立在回归方程的基础上。不同的预测人员在不同的应用场景下研究出了不同的回归方程，但是回归方程中的主要参数往往需要根据定性分析和定量分析相结合的方式确定。比如，王家新、刘萍等选取 2009 年国产电影新片票房排名前 100 的电影作为样本数据，在此基础上提出了电影票房预测模型。该票房预测模型引入了 4 个解释变量，分别是调整后的投资额度、调整后的档期因素、放映场次和制片人因素，其中，制片人因素是定性变量，其他因素为定量变量。调整后的投资额度 = 投资额度 × 预测期上一年度人均 GDP 增长率；调整后的档期因素 = 档期内日均收益比重 × 预测期上一年度人均可支配收入增长率；在确定制片人因素参数值时，要对定性因素引入虚拟变量进行处理，将具有强大资金支持、艺术眼光和管理能力的综合型制片人赋值为1，其余制片人赋值为0。由此可见，知识产权现金流预测既少不了必要的定量分析，也少不了必要的定性分析。

（六）知识产权资产组

当知识产权证券化产品的基础资产为一组知识产权资产或相关债权资产组成的资产池时，预测人员应当了解基础资产池的遴选标准、创建程序、总体特征和分布情况，在个体关注和整体关注之间作好平衡。如果资产池内基础资产对应的知识产权资产数量很多，采用逐一预测的方式会产生很大的工作量。考虑到资产池的组合效应和风险分散效应，在预测资产池整体现金流水平时，可以考虑按照一定的特征指标对资产池内基础资产对应的知识产权进行分类，并将同类知识产权视作一个资产组，在开展抽样调查的基础上进行合并预测。

资产池内基础资产对应知识产权的分类标准可以是知识产权的资产类型、相关业务领域或者权利主体或实施主体等，甚至还可以在此基础上再细分实施区域、交易活跃程度、生命周期所处阶段等。对不同的知识产权证券化产品而言，分类标准并非固定不变，需要预测人员根据资产池内基础资产对应的知识产权资产的构成情况酌情选择，重点是找出影响知识产权现金流的关键因素，然后将具有相同的关键影响因素的知识产权资产组合在一起进行现金流预测。设定知识产权资产组，目的是在保证现金流预测结果合理性的基础上，进一步提高预测工作效率。如果某一项知识产权资产预计现金流量占整个资产池总体现金流量的比重比较大，如超过15%，还是需要将其作为重点预测对象进行单独调查分析。

目前，知识产权证券化在我国还处于起步阶段，对知识产权证券化基础资产现金流的预测工作，还需要结合不断增加的实践经验和教训，进一步制定符合我国国情和市场发展需要的相关监管要求和技术规范。随着知识产权证券化进程的不断加快，基础资产现金流的预测必将得到更多人的重视。

浅析知识产权证券化法律制度

齐鑫楠*

摘要： 知识产权证券化是知识产权制度和金融制度的融合和创新，是指发起人将知识产权通过特定的载体进行重新包装和增强信用等级以发行证券获得融资的活动，其具有融资风险小、融资方式便捷、融资实际可应用率高的特点，合理运用该制度对于促进我国金融市场的稳定发展具有重要意义。文章通过介绍知识产权证券化，分析了其运行的必要性与适用条件，同时揭示了进一步实施所面临的困境，据此提出完善知识产权证券化相关行为的对策及建议。

关键词： 知识产权证券化　融资　资产估价

2018 年 4 月 11 日，中共中央、国务院在《关于支持海南全面深化改革开放的指导意见》中，提出将设立海南国际离岸创新创业示范区，建立符合科研规律的科技创新管理制度和国际科技合作机制，鼓励探索知识产权证券化，完善知识产权信用担保机制，这是我国探索知识产权证券化的有益尝试，并由此该项制度方兴未艾。知识产权证券化发源于美国，是知识产权制度和金融制度的融合与创新，其凭借融资风险小、融资方式便捷等特点，迅速使得美国多家企业通过知识产权证券化成功获得融资。该模式的灵活运营，有利于使大部分拥有知识产权的企业，尤其是中小型企业获得融资，激活和充分利用知识产权资产。现阶段，我国许多企业虽具备储量丰富的知识产权资源，但是对其运用能力却远远不足，使得知识产权难以充分发挥其"经济效用"。分析知识产权证券化法律制度在我国的现状与运用，将对于构建和完善我国知识产权证券化

* 山西大学硕士研究生。

体系和相关立法具有重要的现实意义。本文在结合知识产权基本理论和证券法相关制度的基础上，介绍了知识产权证券化的必要性与价值意义，通过总结知识产权证券化在现实中所面临的困境，提出具有针对性的完善建议。

一、知识产权证券化的概述

（一）知识产权证券化的概念

知识产权证券化是指发起机构将其拥有的知识产权转移到特设的载体之上，再由此特设载体以该等资产作为担保，经过重新包装、信用评价以及信用增强后发行可以流通的（类股或者类债）证券，借以为发起机构进行融资的金融操作①。知识产权证券化是具备创新性的产权运营体系，是在知识经济背景下，知识产权制度和金融制度的有效融合，有利于提高国内投资体系的完整性，为中小型企业、知识经济型企业解决融资难、融资门槛高的问题，进一步带动高新技术产业的发展。

（二）知识产权证券化的特征

实践中，知识产权证券化的本质是权利人将其所持有的由知识产权所衍生的债券或者收益权作为基础资产，发行证券化产品的行为②。所以，知识产权证券化这一制度体系至少涉及了知识产权及金融两个领域，是一个真正的“跨界行业”，具体具备以下几个特点：

第一，知识产权证券化将原来的无形资产转化为有形资产。知识产权是人类智力劳动产生的智力成果所有权，是一项无形的、专有的财产，包括著作权、商标权以及专利权等部分，其往往承载于特设载体，所发挥的是其所蕴含的信誉、标记等权利。一旦实现知识产权证券化，原来列入无形资产的知识产权，可以通过发行债券、入股等形式，将难以固定的“资产”转化为现金或者投资等有形资产。

第二，知识产权证券化可以将长期固化的资产转化为流动资产。知识产权一般具有很强的稳定性，企业往往将其所有的知识产权固定于特定部分而很难

① 徐士敏：《探索知识产权证券化》，载《中国金融》2019 年第 10 期。

② 练彬彬：《知识产权证券化风险及其防范机制研究》，载《人民法院报》2019 年第 7 期。

充分使用，进而造成知识产权资产的流动性相对较差。若能将企业所有的知识产权转化为市场上可以流动的证券，如股票、债券等形式，将其充分分发出去，则会增加知识产权的流动性，为企业的融资和变现创造条件。

第三，知识产权证券化可以将表外资产转化为表内资产。所谓表外资产是指企业按照会计准则不计入资产负债表内的、不形成资产负债但能增加企业收益的资产。知识产权在我国商业领域，尤其是企业内的利用率相对较低。以专利权为例，其虽作为知识产权种类之一，要求在申请获准时进入公开程序，而对于有些企业尤其是上市公司而言，为了保护其所享有的知识产权而未申请专利，因此通过该项专利而获得的收入便无法列入资产负债表。但是，若采取知识产权证券化，则可以基于知识产权运营服务体系的操作，将这些尚未列入表内资产的知识产权资产转化为现金资产、对外投资等各类表内资产，便可解决这一现实难题①。

第四，知识产权证券化将存量资产转化为增量资产。存量资产是指企业所拥有的全部可确值的资产，包括应收账款、无形资产等，这些资产相对固化，在一定的时间内会成为企业的资产；增量资产与存量资产相对，是企业相比于初期而增加的资产，包括企业发行新股、股东资产注入后新增的资产。存量资产和增量资产共同构成了企业资产的总额②。知识产权证券化在这一领域内可以将这些相对固化的资产转化为如债券、股票等增量资产，以增加企业收入，进一步灵活企业资金，活跃投资。

二、知识产权证券化的必要性

（一）知识产权证券化可以有效缓解中小企业融资难

知识产权的兴起，推动了资产证券化发展进入新领域。以美国为例，作为知识产权证券化的发端，其国内已经形成较为成熟的市场，覆盖了非常广泛的标的资产，从最新的医药产品到半导体芯片的专利，甚至涉及音乐、电影、娱乐、演艺、主题公园等与文化创意产业相关的知识产权，几乎所有与知识产权

① 徐士敏：《探索知识产权证券化》，载《中国金融》2019 年第 10 期。

② 白宗青：《盘活存量事业资产，提高增量资产绩效——以创新方式做好事业单位资产的配置和使用工作》，载《行政事业资产》2010 年第 12 期。

相关内容都实现了基本的证券化，充分活跃了资产①。知识产权证券化通过运用流动资产的方式进行抵押、质押而获得贷款，相较于我国常见的以固定资产（如房地产）为主的贷款具有一定的灵活性和易获得性。若能将知识产权这一无形资产充分运用，将会为许多中小型企业的融资带来方便，进一步活跃我国的金融市场。

（二）知识产权证券化可以促进企业的再创新

企业的创新是实现企业稳定发展的一项重要内容，是决定企业发展方向、发展规模、发展速度的关键因素。从整个公司管理到具体的业务运行，企业的创新贯穿在每一个部门、每一个细节之中。企业的创新具有多维性，一方面，创新是企业实力的体现，尤其在现代社会经济条件下，知识技术是创造社会财富的重要因素之一，是第一生产力，没有创新就不可能实现社会经济的现代化；另一方面，知识创新本身需要资金的支持，创新者也需要资金去体现其自身价值。知识产权证券化的功能之一就是将知识产权所具备的价值盘活，通过发行债券或入股的方式获得融资，使得企业的资产得到丰盈，知识产权所有人的价值得到体现，继而进一步为企业的再创新提供资金支持。

（三）知识产权证券化能够分散知识产权所有者的风险

当今时代，科学技术已逐渐成为社会的第一生产力，市场竞争日益激烈，各种因素都可能影响到企业知识产权的存在价值。实践中，知识产权作为一项无形资产，其价值具有很强的波动性，如发生知识产权侵权行为、消费者消费偏好改变、商标长期不使用演变为通用商标等，都会使知识产权的价值发生变化。倘若企业所拥有的自主知识产权保有价值降低，则所造成的损失便只能由企业或知识产权所有人独自承担，但在知识产权证券化下则能够将这种风险尽量地分散给众多购买知识产权证券的投资者，进一步降低知识产权个体所有者的风险估量。

（四）知识产权证券化可以充分发挥知识产权的杠杆融资作用

所谓杠杆融资主要存在于企业兼并行为之中，是指某一企业拟收购其他企业，进行结构调整和资产重组时，以被收购企业现今资产和将来的收益能力作

---

① 练彬彬：《知识产权证券化风险及其防范机制研究》，载《人民法院报》2019 年第 7 期。

为抵押，进而从银行筹集部分资金用于收购行为的一种财务管理活动[①]。对于知识产权融资，证券化更能够发挥杠杆融资作用。一方面，知识产权的社会价值可能会随着使用、声誉等因素而发生变化，具有很强的不确定性，而要求企业更加注重将来的收益，而这一点与杠杆融资的本质是相契合的；另一方面，知识产权证券化的融资额往往要高于知识产权担保贷款额。担保贷款是以第三人为借款人提供相应的担保为条件发放的贷款，其可以是人的担保或物的担保。从全球银行业的实践来看，在传统的知识产权担保贷款中，知识产权的贷款与价值比一般低于65%，而知识产权证券化的融资额能达到其价值的75%[②]。

三、知识产权证券化的类型

并非任何知识产权类型都可以实现证券化，在很多情形下，对于知识产权下一些特定的权利范围在实践中尚不具备可实现证券化的条件[③]。归纳知识产权证券化的适用类型，具体有以下两种情况：

（一）可证券化的知识产权类型

可证券化的知识产权应当是在充分考虑知识产权资产的优势、特性和实践经验的基础上而进行的分类，在实践中主要针对其财产性权利进行证券化，主要包括知识产权既存债权收益和知识产权未来债权收益两类[④]。

知识产权既存债权收益，是以知识产权授权许可协议为基础的，是指商标权权利人与被授权许可人，在不转让知识产权所有权的情形下，授权被许可人使用该项知识产权，并由被许可人支付一定费用的协议。在此项收益中，知识产权所有人可以通过许可协议向被许可人收取一定的许可使用费，而被许可人则应当按照许可协议支付一定的许可使用费。在一定程度上，该行为符合应收账款的内涵，即满足了既存的知识产权债权的构成要件。知识产权所有人将这

① 吕大永、吴文锋：《杠杆融资交易与股市崩盘风险——来自融资融券交易的证据》，载《系统管理学报》2019年第28卷第1期。

② 徐士敏：《探索知识产权证券化》，载《中国金融》2019年第10期。

③ 徐冉、时瑞：《我国知识产权证券化法律制度探究》，载《企业科技与发展》2019年第6期。

④ 王莲峰：《商标资产证券化中基础资产的选择探究》，载《电子知识产权》2019年第1期。

项债权转让给特设机构并以此收益支付债券的本息，就是知识产权的证券化[①]。

知识产权未来债权收益，是指以知识产权许可使用权为基础的未来债权作为基础资产来实现证券化。实践中，许多企业都通过许可发包的形式实现融资的目的，如知名服装品牌 Guess 曾将其名下的商标和许可使用合同折合成 7500 万美元的发行价而对外招商，这事实上就是将其预期未来收益作为资产进行融资的体现。我国目前虽尚未有关于将来债权的表述，但实践中已经存在将来债权的转让案例，如大成西黄河大桥通行费收入收益权专项资产管理计划，其基础资产就是大成西黄河大桥 2014 年至 2019 年的通行费收入收益权。

（二）不可证券化的知识产权类型

首先，知识产权作为一项无形资产，一般不会将其所有权作为证券化的基础资产，因为知识产权证券化的主要目的就是最大限度地利用知识产权，充分挖掘其担保价值。对于知识产权所有人而言，如果知识产权证券化的法律效果是使企业丧失所有权，使得其自身处于市场竞争的不利地位，这一结果显然违背了知识产权证券化的初衷[②]。

其次，知识产权诉讼获得的赔偿金不可作为知识产权证券化的基础财产。通过知识产权诉讼获得的赔偿金虽然具有一定的收益性，但是由于这类侵权诉讼所获得的赔偿权作为一种防御性权利，只有在知识产权被侵犯时才具有保护权利的作用，因此其收入存在显著的补偿性、不稳定性和非常规性。知识产权诉讼赔偿金的存在依赖于法院的审判和执行制度，是一种难以实际预见且不稳定的现金流，因此无法成为知识产权证券化的基础资产。

四、知识产权证券化的困境

（一）知识产权资产的现金流不够稳定

首先，与传统的股票、债券等投资资产不同，知识产权证券化是以知识产权及其衍生的特许使用权为依托，以知识产权在未来预期产生的现金流为基础

---

① 孔令兵：《知识产权证券化中可证券化资产的选择及风险防控》，载《科技与法律》2017 年第 1 期。

② 胡贵炳：《知识产权证券化中基础资产转让法律问题研究》，西南政法大学 2011 年硕士学位论文。

资产，虽然未来收益率可能很高，但难以直接转换成现金。实践中，知识产权的效益往往是企业长期经营运作的结果，其价值是不断变化的，可能会增值，同时也可能会贬值。例如，企业对知识产权的运营投入降低、企业决策失误、竞争者运营成功，以及消费者需求偏好发生变化等，都会使得相应的知识产权价值发生变化，这些内容当然会影响到知识产权的现金流，具备一定的不稳定性。其次，知识产权其本身即存在一定的法律风险，导致其资产价值的不稳定。例如，商标权，我国《商标法》规定，若商标权人在一定期限届满而不按照法律规定程序申请续展的，商标即被注销[①]。综上所述，知识产权所具有的期限性也会导致资产价值的减损。

（二）知识产权资产价值往往难以评估作价

针对知识产权的价值进行评估是资产证券化的关键流程之一，在实践中，常规的方法是借助价值评测单位来展开知识产权的专业评估，并以此来明确质押担保的实际价值[②]。然而，影响知识产权资产评估的因素有很多，如企业的经营策略、品牌策略、消费者需求改变等，并且企业所享有的知识产权往往经过长时间的适用在市场上已经具备了一定的声誉和口碑，这些都会导致企业的价值和知识产权的价值难以进行剥离，影响准确的价值评估。

不仅如此，知识产权作为无形资产，虽然具备一定的“货币估价可能性”，在实践中也可以借助一些评测机构来进行估值，但是对一些相对复杂的、技术要求较高的知识产权进行评估是非常困难的，一方面对于评估机构的专业水平要求较高，另一方面知识产权未来收益性也难以准确预测。

（三）知识产权证券化“风险隔离”尚未形成

风险隔离系统是资产证券化的关键，其隔离的作用主要体现在能够有效界定知识产权证券所体现的基础资产客观存在，并以此来保障知识产权证券化的有序性。基于风险隔离系统的重要价值，知识产权证券化的核心机制是将原始知识产权权利人享有的知识产权或衍生债权转移到特设载体（Special Purpose Vehicle，SPV），发起人通过将基础资产真实出售给 SPV，从而在发起人和投资

① 《商标法》第四十条第一款规定，注册商标有效期满，需要继续使用的，商标注册人应当在期满前十二个月内按照规定办理续展手续；在此期间未能办理的，可以给予六个月的宽展期。每次续展注册的有效期为十年，自该商标上一届有效期满次日起计算。期满未办理续展手续的，注销其注册商标。

② 徐冉：《我国知识产权证券化法律制度探究》，载《企业科技与发展》2019 年第 6 期。

人之间筑起一道“防火墙”，使SPV自身远离破产风险，以保障交易的安全性①。然而，知识产权证券化中由于知识产权所固有的特殊性，对其发行的风险相对更高，制定服务于知识产权证券化的“破产隔离”媒介SPV则更加复杂和困难，目前我国尚未形成这一“破产隔离”制度。因此，知识产权证券化的困境之一就是相关主体尚未获得资产与发起人破产风险隔离这一保障。

（四）目前我国关于知识产权证券化的相关法律环境尚未形成

我国资产证券化自20世纪90年代发展以来，相关的监管规则进行了不断细化和完善，但自2004年信贷资产证券化以来，虽然资产证券化的相关规则历经修补，但是整体规则体系格局并没有发生很大的变化，许多规则体系仍然缺乏明确立法模式的统领和整合，特别是对于特殊类型的资产证券化，更是很少涉及②。前文已述及，知识产权证券化具有自身的独特性，在评估作价、资产与发起人的风险隔离、信息披露等方面均与一般意义上的资产证券化存在较大的差别。这些问题的存在反映出我国当前对于知识产权的资产证券化还尚未形成相对完善的法律环境，缺乏一定的规则体系，既没有较高位阶的指引，也缺少具体的规定以指导。

五、对我国知识产权证券化的完善建议

（一）限定知识产权证券化的范围和条件

针对知识产权证券化的现金流不稳定，应当限定知识产权可证券化的种类。前文中已述及，知识产权可证券化的种类有限，并非任何知识产权都能够展开证券化的实践，有一定比例的知识产权在评估和可交易性上存在差异，其自身也具有一定的特殊性，因而不适用于证券化实践。在实务中开展知识产权证券化实践，应当筛选相对稳定的知识产权资产进行，对于如信誉、驰名商标等比较特殊的知识产权证券化应慎重考虑，对于如专利权和版权等相对固定的传统知识产权则可以鼓励开展资产证券化。事实上，随着科技的进步，许多新兴的知识产权类型也参与了市场份额的贡献，如数据库、遗传资源等全新的知识产

① 练彬彬：《知识产权证券化风险及其防范机制研究》，载《人民法院报》2019年第7期。

② 贺琪：《知识产权资产证券化立法模式选择——基于国外立法模式考察的思考》，载《电子知识产权》2019年第8期。

权类型，这些个体的证券化有利于活跃我国的金融市场，推动新兴产业的融资与繁荣。

（二）建立新兴知识产权资产评估方式

知识产权作为无形资产，其价值评估比实体资产要复杂很多。首先，从知识产权自身价值而言，其权利状态具有一定的不稳定性，需要评估机构对交易相关的权利归属、权利效力状态、权利范围边界以及可能出现的侵权诉讼等问题进行全面分析后才可进一步评估作价。其次，知识产权所具备的未来收益价值不仅与知识产权自身的价值相关，还与特定主体的运营能力和其他资源的相互配合有关，对其进行准确的价值评估相对较为困难。因此，应当为投资者提供独立、客观、公正的资产评估机构，采用隐性价值显性化的新兴评估方式确定知识产权资产的未来现金流。对于知识产权的权利瑕疵，则需要对权利进行价值评估和调查，即评估知识产权被商业化以后能否在未来获得收益或稳定的现金流。不仅如此，还应当借助专业的方法展开客观评估，应当提高评估工作的规范性，对相应的制度展开优化，对不同的知识产权权利状态展开不同角度的专业评估，以求能够准确客观地实现价值评估。

（三）设置和完善适宜知识产权证券化的风险隔离制度

风险隔离制度作为知识产权证券化的核心保障，其设置与完善的价值毋庸置疑。根据《信托法》的规定，我国对 SPV 进行了具体的规定，使其具备法律依据，信托公司在风险隔离方面的相关规定与我国知识产权证券化的目的相契合。但对于何种 SPV 适合我国知识产权证券化的需要我国法律条文未有专门规定，其适用需要根据市场的相关数据加以佐证。因此，我国应当相应出台相关辅助性的规定①。除此之外，企业风险隔离机制的成立和构成可将知识产权证券化过程中出现的不确定性风险转嫁给 SPV 的发起人，即使经营条件和环境出现恶化，也可保证证券化过程中当事人的权益不受任何风险的影响。我国应该在此背景下设立专门监督管理部门、协调部门，明确规划各部门职责，既可以实现对知识产权证券化进程中可能出现的风险进行监管，也可以推动各监管部门内部之间权力的相互制约和监督。

（四）建立强制性信息披露制度

知识产权证券化运营的过程中往往会涉及多方当事人，增加了许多不确定

---

① 李宗建：《中小企业知识产权证券化问题研究》，载《企业科技与发展》2019 年第 7 期。

的因素，传统的资产证券化信息披露法律制度相较于知识产权证券化而言，不论是在信息披露的内容程度，还是在法律责任的分配上，均有较大的局限性。因此，为了更好地实现知识产权证券化，应当建立贯穿于知识产权证券化各个运作环节，涵盖参与运营的所有当事人的强制性信息披露法律制度[①]。如企业在对知识产权进行证券化的过程中，必须要承担向投资者披露包括知识产权权利状态、权利范围边界、授权许可合同的类型、授权期限和范围、知识产权所有人所应当履行的具体义务等信息，以实现知识产权证券化的公正合法运营，为投资者提供相应的法律保障。

① 练彬彬：《知识产权证券化风险及其防范机制研究》，载《人民法院报》2019 年第 7 期。

第五章 商用化刑事风险

Commercialization of Intellectual Property

知识产权商用化视野下知识产权犯罪要点难点探析

知识产权商用化刑事风险防范

知识产权商用化视野下
知识产权犯罪要点难点探析

孙伏龙[*]　邓薇娜[**]　任晓阳[***]

摘要：知识产权商用化是提高国家核心竞争力的重要举措，契合我国社会主义市场经济发展需求，进一步促进了我国对外开放和现代化进程。随着知识产权商用化进程的不断深入，传统意义上的民商行争议纠纷解决机制在一定程度上已无法有效抑制知识产权侵权行为和违法犯罪的发生，无法全方位有效保护知识产权权利人的合法权益。本文即在此背景下，重点围绕刑法第三章第七节知识产权犯罪七宗罪名及其要点、难点进行研析，以期更好地优化知识产权商用化法治营商环境，促进其良性发展。

关键词：知识产权商用化　知识产权犯罪　刑法保护

知识产权商用化进程中，对严重侵害自身权利的违法行为，知识产权权利人勇于敢于善于运用法律武器，依法正确选择刑事维权路径，以最严厉的国家制裁手段切实维护自身权益，显得尤为必要。依法行使刑事程序维权的前提是对知识产权七宗罪名及其商用化关联各罪名法律规定、追诉标准、犯罪构成、要点难点、刑诉新规等权益维护、风险防范和争议解决关联机制等具体内容的充分掌握和精准适用。本文将对我国当前一般性知识产权七宗罪名及其要点难点进行研究。

---

[*] 盈科律师事务所高级合伙人，中国区董事会副主任。

[**] 盈科律师事务所律师。

[***] 盈科律师事务所律师。

第一部分　知识产权商用化视野下知识产权犯罪概述

一、刑法全面规定了知识产权各类型的犯罪

现行刑法中侵犯知识产权罪主要规定在第三章破坏社会主义市场秩序罪，顺序在第七节，从第二百一十三条到第二百一十九条共七个法条，对应七个罪名。其中，前三条对应商标类的三个罪名，第二百一十六条为侵犯专利罪，第二百一十七条为侵犯著作权罪，第二百一十九条为侵犯商业秘密罪，再加上第218条的销售侵权复制品罪，知识产权权利类型在刑法规定中全部有相应罪状规定，保护较为全面。因此，在知识产权商用化过程中，若权利被侵害已经达到严重或特别严重的程度，无论何种权利载体，均可考虑寻求刑事司法的保护，而不应仅拘泥于民商事诉讼仲裁、行政处罚的维权方式。

二、知识产权犯罪系情节犯、结果犯，只有符合入刑追诉标准和法定情节，知识产权权利人方可选择刑事途径予以权利救济

前述七个罪名中，入罪追诉标准不尽相同，情节要求不同，分别规定了“情节严重，销售金额较大的；违法所得数额巨大，有其他特别严重情节的；造成重大损失的或造成特别严重后果的”。明晰不同情节追诉标准及其计算方式，是权利人选择刑事司法维权方式时首先应当考虑的。

同时，需要特别注意的是，知识产权赔偿民事计算方式与刑事定罪量刑标准并不完全相同，不能不加区别地生搬硬套。比如，民事证据高度盖然性原则体现的酌定损失计算方法，在刑事司法上，基于刑事诉讼证据充分的要求，则显然不适用。

三、关于多次实施侵犯知识产权行为累计计算数额问题

《关于办理侵犯知识产权刑事案件具体应用法律若干问题的解释》第十二

条第二款规定，多次实施侵犯知识产权行为，未经行政处理或者刑事处罚的，非法经营数额、违法所得数额或者销售金额累计计算。二年内多次实施侵犯知识产权违法行为，未经行政处理，累计数额构成犯罪的，应当依法定罪处罚。实施侵犯知识产权犯罪行为的追诉期限，适用刑法的有关规定，不受前述二年的限制。

四、量刑标准属于市场秩序犯罪正常类量刑，相对暴力犯罪和职务犯罪等较轻

前述七个罪名中，其量刑标准主要有两档，侵犯专利罪和销售侵权复制品罪直接规定为三年以下有期徒刑或者拘役。其他五个罪名，除此档外，还包括三年以上七年以下有期徒刑。相对于整个刑法体系，量刑标准属于典型的秩序类犯罪中较轻类型。刑事保护力度有一定限度，但其威慑作用实际非常强。

五、高度重视罚金刑对知识产权商用化以刑事手段加以维权的作用

知识产权七个罪名中均规定了单处或并处的罚金刑，只是量刑标准稍有差异。根据《关于办理侵犯知识产权刑事案件具体应用法律若干问题的解释(三)》第十条规定，对于侵犯知识产权犯罪的，应当综合考虑犯罪违法所得数额、非法经营数额、给权利人造成的损失数额、侵权假冒物品数量及社会危害性等情节，依法判处罚金。

罚金数额一般在违法所得数额的一倍以上五倍以下确定。违法所得数额无法查清的，罚金数额一般按照非法经营数额的百分之五十以上一倍以下确定。违法所得数额和非法经营数额均无法查清，判处三年以下有期徒刑、拘役、管制或者单处罚金的，一般在三万元以上一百万元以下确定罚金数额；判处三年以上有期徒刑的，一般在十五万元以上五百万元以下确定罚金数额。最新的刑法修订较大程度地提高了罚金的数额，是针对现实司法实践问题而作出的。

上述标准与知识产权民商事司法实践重点以填补损失为目标的赔偿标准现状，比较而言相对较高，具有较强的惩罚性，可以作为权利人现阶段选择刑事

司法救济的考虑要素之一。

在刑事维权过程中，权利人作为被害人，应全过程参与刑事诉讼，在切实维护自身权益的同时，充分利用较重的罚金刑制裁犯罪人，威慑潜在侵权人，有效防患再次侵权行为的发生，不断促进知识产权商用化进程。

六、单位作为此类犯罪主体的定罪量刑

知识产权七个罪名均为一般主体，即自然人和单位均可成为犯罪主体。自然人犯罪，需要行为人达到法定刑事责任年龄，具有刑事责任能力，并且实施了侵权行为，符合法定情节。

对于单位而言，只要实施了侵权行为，达到法定情节，即可构成犯罪。单位犯罪实行双罚制，既对单位判处罚金，又对直接负责的主管人员和其他直接责任人员按相应罪状追究刑事责任。在单位构成犯罪主体时，知识产权商用化权利人须注意两个规定，一是《刑法》第二百二十条规定，单位犯本节第二百一十三条至第二百一十九条之一规定之罪的，对单位判处罚金，并对其直接负责的主管人员和其他直接责任人员，依照本节各该条的规定处罚，追究单位和单位负责人和责任人的刑事责任；二是《关于办理侵犯知识产权刑事案件具体应用法律若干问题的解释（二）》第六条规定，单位实施刑法第二百一十三条至第二百一十九条规定的行为，按照《最高人民法院、最高人民检察院关于办理侵犯知识产权刑事案件具体应用法律若干问题的解释》和本解释规定的相应个人犯罪的定罪量刑标准定罪处罚。

七、注重缓刑的适用范围

明确此项，在犯罪分子申请缓刑时，知识产权商用化权利人可对标分析，对不符合法定条件的明确加以反对，精准有力用足刑事程序强制措施，以维护自身合法权益。

《关于办理侵犯知识产权刑事案件具体应用法律若干问题的解释（三）》第八条规定，“具有下列情形之一的，可以酌情从重处罚，一般不适用缓刑：（一）主要以侵犯知识产权为业的；（二）因侵犯知识产权被行政处罚后再次侵

犯知识产权构成犯罪的；（三）在重大自然灾害、事故灾难、公共卫生事件期间，假冒抢险救灾、防疫物资等商品的注册商标的；（四）拒不交出违法所得的。”

八、公诉程序和刑事自诉程序的各自适用范围

知识产权犯罪案件的启动，有公诉和自诉两个途径。

《关于办理侵犯知识产权刑事案件具体应用法律若干问题的解释（二）》第五条规定，被害人有证据证明的侵犯知识产权刑事案件，直接向人民法院起诉的，人民法院应当依法受理；严重危害社会秩序和国家利益的侵犯知识产权刑事案件，由人民检察院依法提起公诉。公诉程序是我国知识产权刑事司法的主要途径，占相当大的比例。

自诉途径需要更多的权利人认识到并加以适用，激活权利自救功能，改被动为主动。但自诉程序方面，对权利人证据的提供等要求较高，权利人更需注意日常证据的收集与固定，亦须注意在自诉程序中充分行使我国刑事诉讼法赋予作为自诉被害人申请调取证据等的程序权利。

九、管辖上具有相对较大的选择空间

《关于办理侵犯知识产权刑事案件适用法律若干问题的意见》第一条规定，侵犯知识产权犯罪案件由犯罪地公安机关立案侦查。必要时，可以由犯罪嫌疑人居住地公安机关立案侦查。侵犯知识产权犯罪案件的犯罪地，包括侵权产品制造地、储存地、运输地、销售地，传播侵权产品、销售侵权产品的网站服务器所在地，网络接入地、网站建立者或者管理者所在地，侵权产品上传者所在地，权利人受到实际侵害的犯罪结果发生地。据此规定，在刑事管辖上，知识产权商用化权利人具有较大的选择空间，可据自身实际情况选择对自身维权最有利的管辖地，以较低成本实现救济利益的最大化。

十、注重追究共犯责任，以加大打击面，加强震慑力度

关于追究共犯法律责任的规定，主要见于《关于办理侵犯知识产权刑事案

件具体应用法律若干问题的解释》第十六条，该条明确规定，明知他人实施侵犯知识产权犯罪，而为其提供贷款、资金、账号、发票、证明、许可证件，或者提供生产、经营场所或运输、储存、代理进出口等便利条件、帮助的，以侵犯知识产权犯罪的共犯论处。

第二部分 知识产权各罪及要点难点剖析

一、假冒注册商标罪

（一）一般规定

1. 刑法规定

《刑法修正案（十一）》将《刑法》第二百一十三条修改为未经注册商标所有人许可，在同一种商品、服务上使用与其注册商标相同的商标，情节严重的，处三年以下有期徒刑，并处或者单处罚金；情节特别严重的，处三年以上十年以下有期徒刑，并处罚金。

前后对照可见，该修正案扩大了假冒注册商标罪的保护对象，将假冒服务商标正式入刑。若某个服务企业享有法定的驰名商标权，公众一看这个标志就知道代表哪个企业，尽管这个商标不是用在商品上，假冒这种服务商标的行为在符合法定条件的情形下，也将构成犯罪。同时，本罪最高刑期从七年有期徒刑提高到十年，无疑将进一步发挥刑罚的威慑功能。

2. 量刑标准及刑罚

（1）情节严重的规定

《关于办理侵犯知识产权刑事案件具体应用法律若干问题的解释》第一条规定，具有下列情形之一的，属于“情节严重”：“非法经营数额在五万元以上或者违法所得数额在三万元以上的；假冒两种以上注册商标，非法经营数额在三万元以上或者违法所得数额在二万元以上的；其他情节严重的情形。”

（2）情节特别严重的规定

上述解释第一条第二款同时规定，具有下列情形之一的，属于“情节特别严重”：“（一）非法经营数额在二十五万元以上或者违法所得数额在十五万元以上的；（二）假冒两种以上注册商标，非法经营数额在十五万元以上或者违法所得数额在十万元以上的；（三）其他情节特别严重的情形。”

3. 立案追诉标准

《关于公安机关管辖的刑事案件立案追诉标准的规定（二）》第七十条规定，涉嫌下列情形之一的，应予立案追诉：“（一）销售金额在五万元以上的；（二）尚未销售，货值金额在十五万元以上的；（三）销售金额不满五万元，但已销售金额与尚未销售的货值金额合计在十五万元以上的。”

（二）犯罪构成要点

1. 法益要件

法益要件具有双重性，为国家有关商标的管理制度和他人注册商标的专用权。犯罪对象是他人已经商标局核准注册的商品商标，包括商品商标、服务商标、集体商标、证明商标。

2. 客观要件

行为人未经注册商标所有人许可，在同一种商品、服务上使用与他人注册商标相同的商标，情节严重的行为。(1) 行为人必须在同一种商品、服务上使用与他人注册商标相同的商标；(2) 行为人使用与他人注册商标相同的商标，未经注册商标所有人许可。

使用，是指将注册商标或者假冒的注册商标用于商品、商品包装或者容器以及产品说明书、商品交易文书，或者将注册商标或者假冒的注册商标用于广告宣传、展览以及其他商业活动等行为。

原国家工商行政管理局商标局1999年发布的《关于保护服务商标若干问题的意见》第七条规定，在服务场所、服务招牌、服务工具、名片、账册、合同、广告用品等为提供服务所使用的物品上使用服务商标，视为服务商标的使用。据此规定，若侵权人的使用行为足以令相关公众对服务的来源产生混淆，导致接受服务的消费者误认为该服务来源于涉案商标的权利人或者与权利人有特定的联系，其行为亦应构成《刑法》第二百一十三条规定的“使用”。

3. 主观要件——故意

即行为人明知某一商标是他人的注册商标，未经注册商标所有人的许可而使用。故意是相对于过失而言的，如果主观上确是出于过失，即在确实不知道自己所使用的商标是他人已注册商标的情况下，则不构成本罪，可按一般的商标侵权行为追究民事、行政责任。

一般而言，假冒他人注册商标罪的行为人均具有获利的目的，但“以营利为目的”并非假冒注册商标罪的必要构成要件。

（三）假冒商标罪的难点

1. 关于同一种商品、服务的认定

名称相同的商品以及名称不同但指同一事物的商品，可以认定为“同一种商品”。其中，“名称”是指国家工商行政管理总局商标局在商标注册工作中对商品使用的名称，通常即《商标注册用商品和服务国际分类》中规定的商品名称。

名称不同但指同一事物的商品，是指在功能、用途、主要原料、消费对象、销售渠道等方面相同或者基本相同，相关公众一般认为是同一种事物的商品。

具体包括两种情形：其一，虽然权利人和行为人对各自生产的商品起了不同的商品名称，但商标部门在商标注册工作中对这两件商品使用的名称是相同的，或者说两件商品实际对应的是《商标注册用商品和服务国际分类》中同一个商品名称；其二，权利人和行为人各自生产的商品在《商标注册用商品和服务国际分类》中对应不同的商品名称，但商品的功能、用途、主要原料、消费对象、销售渠道等方面相同，相关公众一般认为其实质上是同一种事物的商品。2020 年，《关于审理商标民事纠纷案件适用法律若干问题的解释》第八条规定，商标法所称相关公众，是指与商标所标识的某类商品或者服务有关的消费者和与前述商品或者服务的营销有密切关系的其他经营者。

认定“同一种商品”，应当在权利人注册商标核定使用的商品和行为人实际生产销售的商品之间进行比较，对于超出核定使用商品范围的情况，不予刑事处罚。

需要强调的是，按照上述要素判断同一种商品时，并不要求两对比商品的各个要素全部相同。例如，如果两对比商品的功能、用途和主要原料等相同，但相关公众能够将二者区分开来，就不应判定为相同。

关于认定“同一种服务”，可以借鉴《关于办理侵犯知识产权刑事案件适用法律若干问题的意见》第五条的相关规定以及《关于审理商标民事纠纷案件适用法律若干问题的解释》（2020 修正）第十一条和第十二条关于认定类似服务的规定，综合考虑服务的目的、内容、方式、对象、服务渠道、消费者体验、服务人员所涉的知识和技能、行政监管以及国家和行业标准等因素。若相关公众一般认为行为人提供的服务与被侵权商标的核定使用服务系同一种服务的，则应认定侵权人提供的服务落入被侵权服务商标的核定使用范围从而构成《刑法》第二百一十三条规定的“同一种服务”。

2. 相同商标的认定

《关于办理侵犯知识产权刑事案件具体适用法律若干问题的解释》规定，相同商标，是指与被假冒的注册商标完全相同，或者与被假冒的注册商标在视觉上基本无差别、足以对公众产生误导的商标。它包含两种情况，一种是指与被假冒的注册商标完全相同；另一种是指虽然与注册商标不完全相同，但与被假冒的注册商标在视觉上基本无差别、足以对公众产生误导的商标。《关于办理侵犯知识产权刑事案件具体应用法律若干问题的解释（三）》第一条对此作出了列举性的规定：“具有下列情形之一的，可以认定为刑法第二百一十三条规定的‘与其注册商标相同的商标’：(一）改变注册商标的字体、字母大小写或者文字横竖排列，与注册商标之间基本无差别的；（二）改变注册商标的文字、字母、数字等之间的间距，与注册商标之间基本无差别的；（三）改变注册商标颜色，不影响体现注册商标显著特征的；（四）在注册商标上仅增加商品通用名称、型号等缺乏显著特征要素，不影响体现注册商标显著特征的；（五）与立体注册商标的三维标志及平面要素基本无差别的；（六）其他与注册商标基本无差别、足以对公众产生误导的商标。”

3. 非属商标构成要素的内容，不应作为是否相同商标认定的要素

鉴于《关于办理侵犯知识产权刑事案件具体应用法律若干问题的解释（三)》为2020年9月14日起开始施行之新司法解释，施行时间较短，我们暂以之前类案诠释之，详见上海江沪实业有限公司等假冒注册商标案①。

日本石原产业株式会社在我国注册的商标为“TIPAQUE、泰白克”中英文组合文字，而江沪公司使用的商标为“TIPAQUE”英文，并非完全等同于日本石原产业株式会社在我国注册的商标，也不具有“在视觉上基本无差异”的情形，不宜以假冒注册商标罪论处。法院采纳了江沪公司方提出的其未完整使用过日本石原产业株式会社在我国注册的“TIPAQUE、泰白克”中英文组合商标，不构成犯罪的辩护意见。

但需要注意的是，对比商标在视觉上无差别的适用范围不应扩大适用。典

① 上海市闵行区人民法院（2003）闵刑再初字第2号。

型案例即朱某宏、杨某亮假冒注册商标罪案，武汉市中级人民法院（2016）鄂01刑终1394号抗诉案件。终审法院除对适用范围进行认定外，还针对抗诉理由，充分进行了说理论证，极具参考和借鉴意义。

卓宝公司实际使用的商标并不是注册商标，而是对注册商标进行了改变使用，改变后的标识与注册商标比较，均存在较大的变化和较为明显的差异，其显然不是注册商标，也不属于“在视觉上基本无差别、足以对公众产生误导的商标”。公诉机关关于被控侵权商标属于“其他与注册商标在视觉上基本无差别、足以对公众产生误导的商标”的主张，过度扩大了“视觉上基本无差别”的适用标准和范围。两被告人虽然未经许可假冒他人商业标识，但因该商业标识不是刑法意义上的“与注册商标相同的商标”，其行为不在刑法调整范围之内，法院判决不构成假冒注册商标罪。

《刑法》“相同的商标”，并未涵盖所有足以造成公众混淆的商标，仅包括完全相同的商标，以及同时符合“与被假冒的注册商标在视觉上基本无差别”“足以对公众产生误导”两项要件的商标。不能直接以“足以对公众产生误导”推定或替代“与注册商标在视觉上基本无差别”，进而认定构成刑事犯罪。“足以对公众产生误导”和“与注册商标在视觉上基本无差别”，两者缺一不可。

相同商标的比对对象为注册商标，而非权利人所使用的任意标识。判定相同商标，应当将被控侵权商标与权利人商标注册证中核定使用的注册商标进行比对。相比注册商标，涉案产品的商标是将其图文分开加入“卓宝科技”四字，将字母、图形的二元素标识变为文字、字母、图形组成的三元素标识，又将字母从拼音“ZHUOBAO”改为英文“JORBOATECHNOLOGY”；是将单一元素的标识更改为文字、字母、图形组成的三元素商标，因此，改变后的组合商标无论是与注册的图文商标相比较还是与注册的文字商标相比较，整体视觉上均存在较大的变化和较为明显的差异，不属于《刑法》第二百一十三条规定的“与注册商标相同的商标”。法院未采纳检察机关提出的被侵权的组合商标吸收了注册商标的突出标识，与注册商标属于包含关系，该组合商标在视觉上与上述注册商标基本无差别，足以对公众产生误导，理应受到刑法的保护的抗诉理由。

4. 关于尚未销售商品的认定及定罪问题

假冒注册商标行为中，生产完毕尚未包装但可以包装组装为成品的半成品数额应当计入尚未销售的数额之中。

关于尚未销售或者部分销售情形的定罪问题，《关于办理侵犯知识产权刑事案件适用法律若干问题的意见》第九条作了明确规定，具体指：“具有下列情形之一的，以依照刑法第二百一十五条的规定，以销售非法制造的注册商标标识罪（未遂）定罪处罚：（一）尚未销售他人伪造、擅自制造的注册商标标识数量在六万件以上的；（二）尚未销售他人伪造、擅自制造的两种以上注册商标标识数量在三万件以上的；（三）部分销售他人伪造、擅自制造的注册商标标识，已销售标识数量不满二万件，但与尚未销售标识数量合计在六万件以上的；（四）部分销售他人伪造、擅自制造的两种以上注册商标标识，已销售标识数量不满一万件，但与尚未销售标识数量合计在三万件以上的。”

5. 不构成假冒注册商标罪的三种情形

一是擅自在类似商品上使用与他人注册商标相同或者相似的商标，以及在同一种商品上使用与他人注册商标相似的商标的行为；二是假冒他人没有注册的商标的行为；三是假冒装潢不构成本罪。

关于假冒装潢不构成本罪，我们可以从四个方面正确区分：

在目的上，装潢是商品包装上的装饰，装潢是为了美化商品，吸引消费者购买，而商标的目的主要在于区别其他生产者与经营者。

在作用上，装潢着力于渲染、美化商品，商标着力于显著性即区别于其他生产者与经营者的商品的特征。

在内容与商品一致性上，装潢往往与商品的内容一致，而商标不能与商品的内容相同。

在专用上，装潢不是专用的，可以随时变动和改进，而商标专用的，一般很少改变。

商标一般附着在装潢上，但只是商标不同，即使擅自使用他人商品的特有装潢，也不构成假冒注册商标罪；反之，如果使用与他人注册商标相同的商标，即使装潢完全不同，也可能构成假冒注册商标罪。

二、销售假冒注册商标的商品罪

（一）一般规定

1. 刑法条文

《刑法修正案（十一）》将《刑法》第二百一十四条修改为："销售明知是假冒注册商标的商品，违法所得数额较大或者有其他严重情节的，处三年以下有期徒刑，并处或者单处罚金；违法所得数额巨大或者有其他特别严重情节的，处三年以上十年以下有期徒刑，并处罚金。"

2. 量刑标准及刑罚

《关于办理侵犯知识产权刑事案件具体应用法律若干问题的解释》第二条规定，销售金额在五万元以上的，属于"数额较大"。销售金额在二十五万元以上的，属于"数额巨大"，应当以销售假冒注册商标的商品罪判处三年以上七年以下有期徒刑，并处罚金。第九条规定，"销售金额"，是指销售假冒注册商标的商品后所得和应得的全部违法收入。

3. 立案追诉标准

《关于公安机关管辖的刑事案件立案追诉标准的规定（二）》第七十条规定，涉嫌下列情形之一的，应予立案追诉："（一）销售金额在五万元以上的；（二）尚未销售，货值金额在十五万元以上的；（三）销售金额不满五万元，但已销售金额与尚未销售的货值金额合计在十五万元以上的。"

（二）犯罪构成要点

1. 法益要件

本罪法益要件，为他人合法地注册商标专用权和国家商标管理秩序。商标专用权是商标权人依法对自己已注册商标的专有使用权，它是我国商标管理制度的主要内容。销售假冒注册商标的商品，虽然自己本身并没有生产假冒注册商标的商品，但其行为使假冒他人注册商标的商品直接流向消费者，危害了消费者的利益，同时在经济上支持了假冒他人注册商标的犯罪分子，使犯罪分子的心理得到强化。所谓假冒注册商标的商品即必须是未经注册商标所有人许可，在同一种商品上使用与其注册商标相同的商标的商品。

本罪的犯罪对象多属伪、劣、次甚至有害物品的假冒注册商标的商品。

2. 主观方面——明知的认定

如何认定“明知”，《关于办理侵犯知识产权刑事案件具体应用法律若干问题的解释》第九条第二款明确规定，具有下列情形之一的，应当认定为属于“明知”：“（一）知道自己销售的商品上的注册商标被涂改、调换或者覆盖的；（二）因销售假冒注册商标的商品受到过行政处罚或者承担过民事责任、又销售同一种假冒注册商标的商品的；（三）伪造、涂改商标注册人授权文件或者知道该文件被伪造、涂改的；（四）其他知道或者应当知道是假冒注册商标的商品的情形。”

“明知”不是“确知”，对“明知”的范围不宜作过于狭窄的解释，原因在于，假冒注册商标的商品的流通是处于非法状态，经营者在交易时往往是心领神会，无须挑明。如此认定，可有效避免有些不法分子借口不知是假冒注册商标的商品而逃避法律制裁。

3. 客观方面——销售假冒注册商标的商品，并且金额较大

所谓销售，是指以采购、推销、出售或兜售等方法将商品出卖给他人的行为，包括批发和零售、请人代销、委托销售等多种形式。无论行为人采取哪一种形式，只要销售金额达到较大，即构成本罪。

倘若销售的不是假冒他人注册商标的商品，而是没有商标的商品，或者虽有商标但不是注册商标的商品，或虽有注册商标但不是他人而是自己的注册商标的商品，或者虽有他人注册商标但不是使用在与该商品相同的商品上的注册商标的商品等，均不构成本罪。

本罪所销售的商品不应是自己生产、制造或加工的商品，如果行为人在自己的商品上假冒他人注册商标之后又加以出售，构成犯罪的，则分别触犯了假冒注册商标罪和销售假冒注册商标的商品罪两个罪名，两者之间具有吸收关系，应以假冒注册商标罪定罪处罚，不能数罪并罚。《关于办理侵犯知识产权刑事案件具体应用法律若干问题的解释》第十三条规定，实施《刑法》第二百一十三条规定的假冒注册商标犯罪，又销售该假冒注册商标的商品，构成犯罪的，应当依照《刑法》第二百一十三条的规定，以假冒注册商标罪定罪处罚。实施《刑法》第二百一十三条规定的假冒注册商标犯罪，又销售明知是他人的假冒注册商标的商品，构成犯罪的，应当实行数罪并罚。

违法所得，通常意味着扣除成本后的实际获利数额，它不同于销售金额。

销售金额，是指销售者出售假冒他人注册商标的商品没有扣除成本、税收等的所有违法收入。违法所得也不等同于经营数额，行为人将假冒他人注册商标的商品完全卖出，销售金额就是经营数额。如果没有卖出就被查获，则属于经营数额。

（三）销售假冒注册商标的商品罪的难点

1. 关于违法所得的认定

结合上述规定，现行《刑法》第二百一十四条系以“销售金额”确定量刑标准和立案追诉标准，《关于办理侵犯知识产权刑事案件具体应用法律若干问题的解释》第二条对“数额较大”和“数额巨大”的金额作出了规定；第九条则对“销售金额”进行了定义。由于《刑法修正案（十一）》将《刑法》第二百一十四条“销售金额”修改为“违法所得”和“严重情节”，故上述司法解释已无法直接适用。关于“违法所得”，在现行有效的司法解释中，并无统一的规定，故，对于修改后第二百一十四条规定的“违法所得”应如何理解，有待新的司法解释及司法实践予以释明或认定。此外，对于“数额较大”“数额巨大”“其他严重情节”以及“其他特别严重情节”的有关标准也有待重新界定。

2. 在假冒注册商标的商品未销售的情况下，其非法经营数额如何计算

在以假卖假案件中，假冒注册商标的商品尚未销售的，非法经营数额应以假冒注册商标的商品价值作为计算依据，而不能以被假冒的注册商标的商品价值作为计算依据。在假冒注册商标的商品已经销售的情况下，以其实际销售金额作为定案依据，实际销售金额以交易额计算。

在假冒注册商标的商品未销售的情况下，其非法经营数额如何计算？根据《关于办理侵犯知识产权刑事案件适用法律若干问题的意见》的规定，没有标价的，按照被侵权产品的市场中间价格计算。这一认定原则对于以假充真、销售伪而不劣的犯罪是可行的，因为从其犯罪的自然行为来看，消费者一般不会明知是假冒产品而购买，往往是当作被假冒的品牌产品购买的，支付的价格也往往与被假冒的品牌产品的价格相当，所以根据被侵权产品的价格计算是合理的。但对于以假卖假型销售行为，与上述不同，通过销售者销售的场所、方式等因素，消费者一般明知是假名牌，属于知假买假，不会按照正品的价格支付。销售价格与正品价格会有很大差距。

因此，我们认为，应当按照假冒的商品本身的价格计算，才符合实际情况。

如果按照正品即被假冒的商品的价格计算，则严重背离了客观实际。

3. 触犯数罪的吸收犯、共犯、数罪并罚三种情况的处理

第一种情况是，行为人既假冒他人注册的商标，又销售这些假冒注册商标的商品获取非法利益。这种情形属于吸收犯形态。对于这种情况，应依照主行为吸收从行为的原则处理，即在同一种商品上使用与他人注册商标相同的商标的假冒注册商标的行为吸收销售这些假冒注册商标的商品的行为，以假冒注册商标罪处罚。

第二种情况是，数个行为人出于假冒注册商标的共同故意，分工协作，有的制造假冒注册商标的商品，有的销售这类商品。也有与假冒注册商标的犯罪分子事先通谋，事后对假冒商标的商品代为销售的，应以假冒注册商标罪论处，其中的销售主体以假冒注册商标罪的共犯追究。

第三种情况是，如果行为人既假冒多家注册商标又销售多种不同的假冒注册商标的商品，其行为已经独立地构成不同的罪名，则应实行数罪并罚。例如，行为人未经注册商标人许可，在同一种商品上使用与其注册商标相同的商标后，又参与销售由他人提供的假冒注册商标的商品。这里，行为人实际上分别实施了假冒注册商标和销售假冒注册商标的商品两种行为，应当分别认定为假冒注册商标罪和销售假冒注册商标的商品罪，实行数罪并罚。

4. 本罪与销售伪劣产品罪的竞合及处理

行为人可能通过假冒他人注册商标制售伪劣产品，也可能通过制售假冒伪劣产品来假冒注册商标的商品，在这种情形下如何处理？对此，《关于办理生产、销售伪劣商品刑事案件具体应用法律若干问题的解释》第十条规定：实施生产、销售伪劣商品犯罪，同时构成侵犯知识产权、非法经营等其他犯罪的，依照处罚较重的规定定罪处罚。

如果行为人通过掺杂、掺假，以次充好，以假充真或者以不合格产品冒充合格产品的方式销售假冒注册商标的商品，行为人虽然只实施了一个行为，但同时触犯销售假冒注册商标的商品罪和销售伪劣产品罪。在符合入罪追诉标准的情况下，如果销售的假冒注册商标的商品同时属于伪劣产品，则一行为触犯二罪名，分别构成销售假冒注册商标的商品罪和销售伪劣产品罪，根据想象竞合犯“择一重罪处罚”的原则，按照销售伪劣产品罪论处。

如果销售的假冒注册商标的商品不能认定为伪劣产品，则不能以销售伪劣

产品罪论处，只能以销售假冒注册商标的商品罪论处。因此，正确对案件定性的前提，是对假冒注册商标的商品是否是伪劣产品的认定问题，两罪的分别设立说明假冒注册商标的商品并非必然属于伪劣产品。

“伪劣”一词并未出现在销售伪劣产品罪的罪状之中，而是有权解释机关在对罪名进行概括时，根据罪状提炼而来的。该罪的罪状认定了四种类型的伪劣产品，分别是“掺杂、掺假”“以假充真”“以次充好”“以不合格冒充合格”。《关于办理生产、销售伪劣商品刑事案件具体应用法律若干问题的解释》第一条第三款规定，《刑法》第一百四十条规定的“以次充好”，是指以低等级、低档次产品冒充高等级、高档次产品，或者以残次、废旧零配件组合、拼装后冒充正品或者新产品的行为。由该规定可知，要认定为伪劣产品，必须有以低等级、低档次产品冒充高等级、高档次产品的行为，二者之间应达到足够的差距，往往低等级、低档次产品近似于残次品。销售伪劣产品的行为，必然影响消费者对产品的使用。行为人为了销售伪劣商品，在主观上必然有假冒、欺诈的故意。而销售假冒注册商标的商品的行为则不同。品牌商品，特别是国际知名品牌，除价格高昂外，品质也出众。要想销售假冒注册商标的商品，如果品质太差，则有可能无人问津。一旦此类商品品质尚可，又假冒了知名品牌的商标，就有可能吸引部分崇尚品牌而又缺乏经济实力的消费者。由于品牌商品的正品价格往往非常高昂，对于那些崇尚品牌的消费者来说，相对低廉的价格使他们对于假冒商品心知肚明，知假买假。销售者甚至会告诉消费者此商品为假冒品，而不需要对消费者进行欺诈。

三、非法制造、销售非法制造的注册商标标识罪

（一）一般规定

1. 刑法规定

《刑法修正案（十一）》将《刑法》第二百一十五条修改为：“伪造、擅自制造他人注册商标标识或者销售伪造、擅自制造的注册商标标识，情节严重的，处三年以下有期徒刑，并处或者单处罚金；情节特别严重的，处三年以上十年以下有期徒刑，并处罚金。”据此规定，本罪取消了拘役、管制刑罚，最高刑期从七年有期徒刑提高到十年。

2. 量刑标准及刑罚

(1) 情节严重的认定标准

情节严重，主要是指对违法销售额，侵犯商标客体所造成的后果，主观上是否屡教不改，所销商品是否对消费者和工农业生产造成危害等，进行综合分析认定。依据《关于办理侵犯知识产权刑事案件具体应用法律若干问题的解释》第三条规定，有如下三种情形："（一）伪造、擅自制造或者销售伪造、擅自制造的注册商标标识数量在二万件以上，或者非法经营数额在五万元以上，或者违法所得数额在三万元以上的；（二）伪造、擅自制造或者销售伪造、擅自制造两种以上注册商标标识数量在一万件以上，或者非法经营数额在三万元以上，或者违法所得数额在二万元以上的；（三）其他情节严重的情形。"

(2) 情节特别严重的认定标准

上述解释第三条同时规定了如下三种情形，属于"情节特别严重"："（一）伪造、擅自制造或者销售伪造、擅自制造的注册商标标识数量在十万件以上，或者非法经营数额在二十五万元以上，或者违法所得数额在十五万元以上的；（二）伪造、擅自制造或者销售伪造、擅自制造两种以上注册商标标识数量在五万件以上，或者非法经营数额在十五万元以上，或者违法所得数额在十万元以上的；（三）其他情节特别严重的情形。"如非法制造、销售非法制造的驰名商标标识的，利用贿赂等非法手段推销非法制造的注册商标标识的，属于情节严重。

"非法经营数额"在上述解释第十二条中进行了明确界定，具体是指行为人在实施侵犯知识产权行为过程中，制造、储存、运输、销售侵权产品的价值。已销售的侵权产品的价值，按照实际销售的价格计算。制造、储存、运输和未销售的侵权产品的价值，按照标价或者已经查清的侵权产品的实际销售平均价格计算。侵权产品没有标价或者无法查清其实际销售价格的，按照被侵权产品的市场中间价格计算。多次实施侵犯知识产权行为，未经行政处理或者刑事处罚的，非法经营数额、违法所得数额或者销售金额累计计算。

3. 立案追诉标准

《关于公安机关管辖的刑事案件立案追诉标准的规定（二）》第七十一条规定，涉嫌下列情形之一的，应予立案追诉："（一）伪造、擅自制造或者销售伪造、擅自制造的注册商标标识数量在二万件以上，或者非法经营数额在五万元以上，或者违法所得数额在三万元以上的；（二）伪造、擅自制造或者销售伪造、擅自制造两种以上注册商标标识数量在一万件以上，或者非法经营数额在三万元以上，或者违法所得数额在二万元以上的；（三）其他情节严重的情形。”包括但不限于如下情形：因假冒他人注册商标，被工商行政管理部门给予两次行政处罚又假冒他人注册商标的；利用他人已经注册的人用药品商标的；利用贿赂等非法手段推销假冒商标商品或者伪造、擅自制造的他人注册的商标标识的；假冒他人注册商标造成恶劣社会影响、国际影响的。

（二）犯罪构成要点

1. 法益要件及犯罪对象

本罪不仅侵犯了商标所有人的商标专用权，而且破坏了国家商标管理制度。

本罪的犯罪对象是他人的注册商标标识。主要包括：（1）在商品上或者商品包装、说明书及其他附着物上所标明的“注册商标”字样或者注册商标标识以及注册标记；（2）在商品或者包装物上印制的注册商标图形，即注册商标的文字、字母、图形及其组合图样；（3）经商标局核准注册或能起到商标作用的商品特定名称及外观装潢部分。

商标超过有效期限或因其他原因而被注销，其标识不构成本罪之对象。

2. 客观要件

非法制造注册商标标识罪在客观方面表现为两种方式，即伪造和擅自制造，包括印刷、印染、制版、刻字、晒蚀、印铁、铸模、冲压、烫版、贴花等各种工艺活动。

伪造，是指未经注册商标权利人许可，通过临摹、绘制、复印、翻拍、扫描及上述手段的结合等方法仿造他人注册商标标识的行为。司法实践中是指，未经县级以上工商行政管理机关批准而获得指定印制商标单位的资格的单位或个人，未经注册商标所有人的合法许可、委托或授权，私自仿照他人注册商标标识的式样、文字、图形及组合、形态、色彩、质地、特征及制作技术等制作与他人注册商标标识相同的商标标识，或者非商标所有权人，委托他人包括有权印制商标的单位或个人为自己非法制造他人注册商标标识的行为。

擅自制造，通常表现为与注册商标所有人委托加工合同期满后继续加工，或在合同期限内超越授权委托数量额外加工，或以不正当手段获取商标标识原版而私自进行印制他人注册商标标识的行为。

销售，是指出售、兜售或者转手倒卖伪造的或者擅自制造的他人注册商标标识的行为，其中包括擅自出售带有他人注册商标的废次标识之行为。

伪造、擅自制造、销售的行为，均必须是违反商标管理相关法律法规、销售属于伪造或擅自制造的注册商标标识，情节严重的，才能构成本罪。如伪造、擅自制造的是未经注册的商标标识或虽经注册但已超过有效期限的商标标识，则不构成本罪。

（三）非法制造、销售非法制造的注册商标标识罪的难点

1. 将回收的空旧包装、载体与购买的假冒注册商标标识进行组装的行为，如何定性

其一，必须判断空旧包装、载体是否属于商标标识。国家工商行政管理总局多次制定规范性文件对商标标识予以明确，如1988年9月27日在《关于商标标识含义问题的复函》中指出，商标标识一般是指独立于被标志商品的商标的物质表现形式。《商标印制管理办法》第十五条规定，商标标识是指与商品配套一同进入流通领域的带有商标的有形载体。1996年6月《关于收缴商标标识有关问题的答复》提出，商标标识指的是带有商标但独立于被标志商品的物品，如带有商标的标签、封签、包装物等。参照上述文件规定，带有注册商标的空旧包装、载体应属注册商标标识。

其二，将空旧包装、载体与购买的假冒注册商标标识进行组装是否侵犯注册商标标识。虽然该行为并未对带有注册商标标识的空旧包装本身实施任何行为，但因为假冒和侵犯他人注册商标（包括商标标识）行为的本质特征是，利用他人注册商标声誉，以生产的商品冒充商标注册人的商品，使一般消费者对商品来源产生误认，具有不同程度的欺骗性，故该行为属于侵犯注册商标权人的商标标识的行为。

其三，制造注册商标标识中的制造，即“用人工使原材料成为可供使用的物品”，其实质就是行为人用人工使原本各自独立的物品重新整合成能达到目标功能的物品。其整合的方法多种多样，如提炼分离、按比例混合、化学方法、冷热加工、组装等。《国家工商行政管理总局、国家商标局关于加工带有商标标识的包装物是否属于商标印制行为的批复》就类似物理组合行为的定性作了较为权威的确认，真伪并存的组装拼凑行为在整体上应认定为伪造行为。对此，可参照《关于审理伪造货币等案件具体应用法律若干问题的解释（二）》第二

条的明确规定，同时采用伪造和变造手段制造真伪拼凑货币的行为，以伪造货币罪定罪处罚。

2. 对“件”数的认定

注册商标标识的“件”是指具有完整商标图样的一份标识，司法实践中，有三种不同主张。第一种是“实际数量说”，依据的是相关司法解释的规定，一件注册商标标识是指具有完整商标图样的一份标识，应当以一个完整的经国家商标主管机关核准的注册商标图样为标准来计算件数。第二种是“折算说”，即行为人非法制造的件数应当以一个完整的商品物体或包装为标准来计算，而每个商品物体或包装上印制的相同的注册商标标识不应进行重复评价。第三种是“区分说”，即应区分行为人对其非法制造注册商标标识被使用的方式、范围等情况是否明知进行判断，如行为人明知被使用情况的，件数应以“折算说”来计算；如其不明知本使用范围的，则件数应按“实际数量说”计算。

关于此问题，司法实践根据不同情形有不同的处理，我们以两个典型类案进一步说明其实操。

（1）高某非法制造、销售非法制造的注册商标标识案（山东省临沂市河东区人民法院 2014 临河刑初字第 286 号）

关于被告人高某销售伪造的万金公司注册商标标识的件数问题。经查，注册商标标识的“件”是指具有完整商标图样的一份标识。高某销售的具有“万金及图”商标标识的一个包装盒上虽印有三个注册商标，但从商标“将自然人、法人或者其他组织的商品与他人的商品区别开”的作用上来看，应将一个包装盒上的三个商标作为一“件”认定，即包装盒上的“万金及图”商标标识共计 14000 余件。关于包装袋上的商标标识问题，经查，被告人高某对包装袋上的商标标识有异议，公诉机关亦未提供相应证据证明高某销售的包装袋上的商标标识也属于万金公司的注册商标，故关于包装袋上商标标识的指控事实不清，证据不足，本院不予支持。综上，对于其他 34 万余件“万金工具”商标标识的指控，本院不予支持。被告人的相关辩解及其辩护人的相关辩护意见，本院予以采纳。

（2）谢某金、谢某 3 非法制造、销售非法制造的注册商标标识案（福建省泉州市洛江区人民法院 2018 闽 0504 刑初 144 号）

由于涉案的他人注册商标标识已依附于鞋盒之上，因商标的种类、样式相同，同一鞋盒上的多处标识对于鞋盒来源的识别作用是同一，故对依附于同一鞋盒上的多处标识应认定为一件。公诉机关指控被告人谢某金非法制造的“NIKE”商标标识379740件、“adidas”商标标识20400件、“new balance”商标标识800件，合计400940件，在犯罪数量的计算方法上存在错误，不予以采纳。被告人谢某金明知其非法制造的注册商标标识依附于其生产的鞋盒之上，故应采“折算说”计算其非法制造注册商标标识的件数。

3. 触犯二个或多个罪名的处理

行为人既非法制造他人注册商标标识，又将此商标标识用于假冒他人注册商标的商品上，属于吸收犯。

比如，甲买进一般小米后，将其装入名牌小米包装中以其价格大量在超市出售，获利22万元。经鉴定，小米是合格的食品。甲的行为触犯了四个罪名，诈骗罪，生产、销售伪劣产品罪，假冒注册商标罪，销售假冒注册商标的商品罪，其中，后二罪是吸引关系，前三罪是想象竞合关系。

四、侵犯著作权罪

（一）一般规定

1. 刑法条文

《刑法修正案（十一）》将《刑法》第二百一十七条修改为，以营利为目的，有下列侵犯著作权或者与著作权有关的权利的情形之一，违法所得数额较大或者有其他严重情节的，处三年以下有期徒刑，并处或者单处罚金；违法所得数额巨大或者有其他特别严重情节的，处三年以上七年以下有期徒刑，并处罚金：“（一）未经著作权人许可，复制发行、通过信息网络向公众传播其文字作品、音乐、美术、视听作品、计算机软件及法律、行政法规规定的其他作品的；（二）出版他人享有专有出版权的图书的；（三）未经录音录像制作者许可，复制发行、通过信息网络向公众传播其制作的录音录像的；（四）未经表演者许可，复制发行录有其表演的录音录像制品，或者通过信息网络向公众传播其表演的；（五）制作、出售假冒他人署名的美术作品的；（六）未经著作权人或者与著作权有关的权利人许可，故意避开或者破坏权利人为其作品、录音录像制品等采取的保护著作权或者与著作权有关的权利的技术措施的。”

2. 量刑标准及刑罚

（1）违法所得数额较大及其他严重情节的认定

《关于办理侵犯知识产权刑事案件具体应用法律若干问题的解释》第五条规定，违法所得数额在三万元以上的，属于“违法所得数额较大”；具有下列情形之一的，属于“有其他严重情节”：“（一）非法经营数额在五万元以上的；（二）未经著作权人许可，复制发行其文字作品、音乐、电影、电视、录像作品、计算机软件及其他作品，复制品数量合计在一千张（份）以上的；（三）其他严重情节的情形。”

（2）违法所得数额巨大及其他特别严重情节的认定

根据上述第五条规定，违法所得数额在十五万元以上的，属于“违法所得数额巨大”；具有下列情形之一的，属于“有其他特别严重情节”：“（一）非法经营数额在二十五万元以上的；（二）未经著作权人许可，复制发行其文字作品、音乐、电影、电视、录像作品、计算机软件及其他作品，复制品数量合计在五千张（份）以上的；（三）其他特别严重情节的情形。”

3. 关于通过信息网络传播侵权作品行为的定罪处罚标准问题

《关于办理侵犯知识产权刑事案件具体应用法律若干问题的解释（二）》第一条规定，复制发行作品，复制品数量合计在五百张（份）以上的，属于“有其他严重情节”；复制品数量在二千五百张（份）以上的，属于“有其他特别严重情节”。

《关于办理侵犯知识产权刑事案件适用法律若干问题的意见》第十三条规定，通过信息网络向公众传播他人作品，具有下列情形之一的，属于《刑法》第二百一十七条规定的“其他严重情节”：“（一）非法经营数额在五万元以上的；（二）传播他人作品的数量合计在五百件（部）以上的；（三）传播他人作品的实际被点击数达到五万次以上的；（四）以会员制方式传播他人作品，注册会员达到一千人以上的；（五）数额或者数量虽未达到第（一）项至第（四）项规定标准，但分别达到其中两项以上标准一半以上的；（六）其他严重情节的情形。实施前款规定的行为，数额或者数量达到前款第（一）项至第（五）项规定标准五倍以上的，属于刑法第二百一十七条规定的‘其他特别严重情节’。”

4. 立案追诉标准

根据《关于公安机关管辖的刑事案件立案追诉标准的规定（一）》第二十

六条规定，涉嫌下列情形之一的，应予立案追诉：“（一）违法所得数额三万元以上的；（二）非法经营数额五万元以上的；（三）未经著作权人许可，复制发行其文字作品、音乐、电影、电视、录像作品、计算机软件及其他作品，复制品数量合计五百张（份）以上的；（四）未经录音录像制作者许可，复制发行其制作的录音录像制品，复制品数量合计五百张（份）以上的；（五）其他情节严重的情形。”

（二）侵犯著作权罪要点难点

1. 关于单纯销售、贩卖他人享有专有出版权的图书的，是否构成本罪的出版

本罪“出版”一词具有特定含义。现行《著作权法》（2010 修正）第五十八条①规定，出版是指作品的复制、发行，故单纯销售、贩卖他人享有专有出版权的图书的，不属于“出版”此类图书，也就不构成侵犯著作权罪，但可能构成其他犯罪。如果行为人明知是他人侵犯出版权出版的此类刊物而予以销售，违法所得数额个人达到 10 万元以上、单位达到 50 万元以上的，可以按照销售侵权复制品罪论处。如果行为人明知是非法出版物而销售，达到 2000 册以上的，可以根据《关于审理非法出版物刑事案件具体应用法律若干问题的解释》第十一条、第十二条之规定，以非法经营罪定罪处罚。在同时构成销售侵权复制品罪和非法经营罪的情况下，按照想象竞合犯的处理原则，择一重罪处罚。

2. 关于“发行”的理解

《著作权法》第十条对发行权作了明确界定，即以出售或者赠与方式向公众提供作品的原件或者复制件的权利。这表明，《著作权法》并未将发行限于第一次发行或总发行，销售本身就是《著作权法》意义上发行作品的一种重要方式。而刑法也没有对“发行”做出不同于《著作权法》的界定，故应当认为，《刑法》第二百一十七条中“发行”的含义与《著作权法》第十条中的“发行”是一致的，即无论是出版社第一次公开销售作品、复制品，还是他人购入作品、复制品之后再向公众销售，均属于“发行”。相关司法解释也体现了这种立场。《关于办理侵犯知识产权刑事案件具体应用法律若干问题的解释

① 截至撰稿时间，2020 年 11 月 11 日第十三届全国人民代表大会常务委员会第二十三次会议已通过《关于修改〈中华人民共和国著作权法〉的决定》，第三次修正将自 2021 年 6 月 1 日起施行，著作权法（2010 修正）第五十八条对应著作权法（2020 修正）第六十三条。

（二）》第二条明确将《刑法》第二百一十七条中的“复制发行”解释为复制、发行或者既复制又发行的行为，并未要求复制与发行同时具备。《关于办理侵犯知识产权刑事案件适用法律若干问题的意见》中亦对“发行”作了进一步解释，即包括总发行、批发、零售、通过信息网络传播以及出租、展销等活动。现行司法解释等规范性指导文件延续了《著作权法》对“发行”的界定。

3. 关于“未经著作权人许可”的认定

据《关于办理侵犯知识产权刑事案件具体应用法律若干问题的解释》第十一条第二款之规定，“未经著作权人许可”是指没有得到著作权人授权或者伪造、涂改著作权人授权许可文件或者超出授权许可范围的情形。《关于办理侵犯知识产权刑事案件适用法律若干问题的意见》第十一条进一步明确，“未经著作权人许可”一般应当依据著作权人或者其授权的代理人、著作权集体管理组织、国家著作权行政管理部门指定的著作权认证机构出具的涉案作品版权认证文书，或者证明出版者、复制发行者伪造、涂改授权许可文件或者超出授权许可范围的证据，结合其他证据综合予以认定。在涉案作品种类众多且权利人分散的案件中，上述证据确实难以一一取得，但有证据证明涉案复制品系非法出版、复制发行的，且出版者、复制发行者不能提供获得著作权人许可的相关证明材料的，可以认定为“未经著作权人许可”。但是，有证据证明权利人放弃权利、涉案作品的著作权不受我国著作权法保护，或者著作权保护期限已经届满的除外。

对于上述意见第十一条第二款的理解，司法实践中，需注意把握以下四点：第一，本款只适用于涉案作品种类众多且权利人分散的案件。第二，涉案作品有的已有证据证明未经著作权人许可，但全部查证认定难度较大。第三，有证据证明涉案复制品系非法出版、复制发行的，且出版者、复制发行者不能提供获得著作权人许可的相关证明材料。这里的有证据证明涉案复制品系非法出版、复制发行，就是指已有证据证明涉案复制品未遵守《出版管理条例》《音像制品管理条例》等有关法律法规的规定，系非法出版、复制发行。第四，有证据证明权利人放弃权利、涉案作品的著作权不受我国著作权法保护，或者著作权保护期限已经届满的除外。这里的有证据证明既可以是犯罪嫌疑人（被告人）或其他有关人员提供的经查证属实的证据，也可以是公安机关依法收集、调取的证据。

4. “以营利为目的”的认定

以营利为目的是侵犯著作权罪的主观方面要件，要求行为人主观上具有营利目的，至于行为人营利的方式及实际营利与否，并无法律上的关联。

销售是一般的营利方式。除销售外，根据《关于办理侵犯知识产权刑事案件适用法律若干问题的意见》第十条之规定，具有下列情形之一的，也可以认定为“以营利为目的”：（1）以在他人作品中刊登收费广告、捆绑第三方作品等方式直接或者间接收取费用的；（2）通过信息网络传播他人作品，或者利用他人上传的侵权作品，在网站或者网页上提供刊登收费广告服务，直接或者间接收取费用的；（3）以会员制方式通过信息网络传播他人作品，收取会员注册费或者其他费用的；（4）其他利用他人作品牟利的情形。

5. 侵犯著作权罪与非法经营罪竞合下的法律适用

非法出版、复制、发行他人作品，侵犯著作权构成犯罪的，按照侵犯著作权罪定罪处罚，不应认定为非法经营罪等其他犯罪。

五、销售侵权复制品罪

（一）一般规定

1. 刑法规定

《刑法修正案（十一）》将《刑法》第二百一十八条修改为：以营利为目的，销售明知是本法第二百一十七条规定的侵权复制品，违法所得数额巨大或者有其他严重情节的，处五年以下有期徒刑，并处或者单处罚金。

2. 量刑标准及刑罚

1998 年《关于审理非法出版物刑事案件具体应用法律若干问题的解释》第四条对此作了具体规定，即个人违法所得数额在十万元以上，单位违法所得数额在五十万元以上，即可以销售侵权复制品罪定罪处罚。该解释第十七条进一步规定，违法所得数额，是指获利数额。非法出版物没有定价或者以境外货币定价的，其单价数额应当按照行为人实际出售的价格认定。

另外，《刑法修正案（十一）》增加了“有其他严重情节”作为兜底条款，使该罪名危害结果的认定标准不再仅仅局限于“违法所得数额巨大”这一单一维度，适度的扩展和丰富无疑使该罪的打击面更加广泛，符合科技和社会的发展，解决原有的法律局限性。

3. 追诉标准

（1）个人

《关于公安机关管辖的刑事案件立案追诉标准的规定（一）》第二十七条规定，以营利为目的，销售明知是《刑法》第二百一十七条规定的侵权复制品，涉嫌下列情形之一的，应予立案追诉：“（一）违法所得数额十万元以上的；（二）违法所得数额虽未达到上述数额标准，但尚未销售的侵权复制品货值金额达到三十万元以上的。”

（2）单位

上述规定第一百条规定，本规定中的立案追诉标准，除法律、司法解释另有规定的以外，适用于相关的单位犯罪。

（二）犯罪构成要件上法益的间接性

本罪侵犯的法益是国家著作权管理制度以及他人的著作权及与著作权有关的权益，但本罪的侵权具有间接性，即对他人著作权和与著作权有关权益的侵犯是由非法复制、出版或者其他制作行为直接造成的，行为人的销售行为只不过是前述行为直接侵权行为的延续，或者说是对直接侵权行为的一种帮助。也正因如此，其危害性比侵犯著作权罪相对要小些。量刑相对于侵犯著作权犯罪二档而言，仅有《刑法修正案（十一）》生效后的五年以下一档。

（三）销售侵权复制品罪难点

1. 出租不是本罪销售

销售是处分财产所有权的行为，出租是处分财产使用权的行为，二者在法律后果上有相当大的差异，销售侵权复制品罪之“销售”是指将侵权复制品以批发或零售的方式卖出的行为，因此对于非法出租侵权复制品，不构成销售侵权复制品罪。

2. 关于“明知”的认定

在司法实践中，行为人主观上是否明知，需从以下三个方面并结合其他事实与情节综合进行判断。

其一，侵权复制品的批发、零售价格是否明显低于市场价，该项被侵权制品所涉及的著作权是否具有知名度。如果该复制品的批发、零售价格明显低于市场价格，而该项著作权的知名度又属于较高的，就可以认定为行为人明知。

其二，行为人对该种复制品的认知程度。例如，行为人如果长期从事该种制品的批发、零售业务，或具有此领域的专业知识，对该种制品的真假认识程度较高。又如，行为人曾因销售某种侵权复制品多次受到行政处罚，又销售侵权复制品的，就应认定行为人是明知的。

其三，侵权复制品的进货渠道，买卖与交易的时间、地点与方式、方法是否正常。

3. 侵犯著作权罪与销售侵权复制品罪的法律适用

两罪是关联的二个罪名，后者是前者的间接犯罪。《关于办理侵犯知识产权刑事案件具体应用法律若干问题的解释》第十四条规定，实施第二百一十七条规定的侵犯著作权犯罪，又销售该侵权复制品，构成犯罪的，以侵犯著作权罪定罪处罚。这一规定的原因在于，此类犯罪人的销售行为为前面的侵犯著作权行为吸收而属于一种不可罚的事后行为，不再独立构成销售侵权复制品罪。该条第二款规定，实施《刑法》第二百一十七条规定的侵犯著作权犯罪，又销售明知是他人的侵权复制品，构成犯罪的，应当实行数罪并罚。

二罪的区别主要有以下三点：

（1）犯罪主体方面。二罪主体虽然均可以由自然人和单位构成，但销售侵权复制品罪的主体只能是侵权复制品的制作者以外的其他自然人或单位。如果同一，则适用《刑法》第二百一十七条的罪名。侵犯著作权罪的主体一般是侵权复制品的制作者，有时也可能是与制作者事先通谋的发行者或销售者。

（2）在客观方面的行为表现不同。销售侵权复制品罪的客观方面仅限于销售活动，主要活动形式是采用销售的形式达到侵权行为的目的，通过其非法的销售行为将本来不合法的复制品推销出去，从而使另一违法或者犯罪行为得以最终完成；而侵犯著作权罪的客观方面则可以是复制、发行、出版、制作、出售等多种行为。

（3）罪与非罪的标准不同。基于客观方面二罪行为表现形式的不同，侵犯著作权犯罪的打击对象显然更宽一些。销售侵权复制品罪犯罪构成的数额标准是“巨大”，而侵犯著作权罪犯罪构成的数额标准达到“较大”即可。

六、假冒专利罪

（一）一般规定

1. 刑法规定

《刑法》第二百一十六条规定，假冒他人专利，情节严重的，处三年以下有期徒刑或者拘役，并处或者单处罚金。

2. 追诉标准和量刑情节——情节严重的认定标准

本罪仅有情节严重一档，故情节严重与追诉标准同一。对此，《关于办理侵犯知识产权刑事案件具体应用法律若干问题的解释》第四条和《关于公安机关管辖的刑事案件立案追诉标准的规定（二）》第七十二条明确规定，具有下列情形之一的，属于"情节严重"："（一）非法经营数额在二十万元以上或者违法所得数额在十万元以上的；（二）给专利权人造成直接经济损失在五十万元以上的；（三）假冒两项以上他人专利，非法经营数额在十万元以上或者违法所得数额在五万元以上的；（四）其他情节严重的情形。"

（二）本罪的要点难点

1. "假冒他人专利"行为的认定

根据《关于办理侵犯知识产权刑事案件具体应用法律若干问题的解释》第十条规定，实施下列行为之一的，属于"假冒他人专利"的行为，（1）未经许可，在其制造或者销售的产品、产品的包装上标注他人专利号的；（2）未经许可，在广告或者其他宣传材料中使用他人的专利号，使人将所涉及的技术误认为是他人专利技术的；（3）未经许可，在合同中使用他人的专利号，使人将合同涉及的技术误认为是他人专利技术的；（4）伪造或者变造他人的专利证书、专利文件或者专利申请文件的。

第四项之伪造他人专利证书的行为是如何认定的呢？专利证书是中国专利局颁发给专利权人的专利凭证，用以证明其已取得专利权，它是专利权人的资格证明。

伪造专利证书的行为不一定就是假冒他人专利的侵权行为，因为伪造专利证书的行为具有多样性。为了进行其他犯罪而伪造他人专利证书，如为进行诈骗犯罪而假冒专利产品的犯罪。

伪造他人专利证书的行为不单独构成假冒专利罪，只有在行为人伪造证书之后，又进行生产或假冒专利权人许可或委托他人生产，在产品上标注了他人专利证书上的专利证号，才可能构成本罪。

典型案例：张某甲、朱某犯假冒专利罪（江苏省南通市中级人民法院2015通中知刑初字第0001号）

裁判摘要：被告人张某甲、朱某未经专利权人许可，擅自在其生产的锅炉清灰剂产品的宣传册和公司网页上使用专利权人的发明专利号，将产品冒充为专利产品，易使社会公众产生误认，侵害了专利权人的合法权益，且危害国家对专利的管理制度，非法经营额达491750元，情节严重，其行为已构成假冒专利罪。南通市人民检察院指控的犯罪事实清楚，证据确实充分，罪名成立，本院予以支持。被告人张某甲、朱某共同实施假冒专利犯罪，属共同犯罪。在共同犯罪中，被告人张某甲起主要作用，为主犯，应当按照其所参与的全部犯罪处罚。被告人朱某起次要作用，为从犯，应当从轻、减轻处罚或者免除处罚。被告人张某甲归案后能如实供述自己的犯罪事实，可以从轻处罚。被告人朱某在公安机关未掌握其犯罪事实的情形下，主动交代其犯罪事实，应视为自首，可以从轻或减轻处罚。综衡两被告人的犯罪情节及悔罪表现，对两被告人适用缓刑可不致再危害社会，本院决定对两被告人从轻处罚并适用缓刑。判决如下：一、被告人张某甲犯假冒专利罪，判处有期徒刑一年，缓刑二年，并处罚金人民币25万元（缓刑考验期限，从判决确定之日起计算，罚金于判决生效之日起十日内缴纳）。二、被告人朱某犯假冒专利罪，判处拘役三个月，缓刑六个月，并处罚金人民币5万元。三、已扣押的假冒专利的宣传册依法予以销毁。

2. 本罪与冒充专利的区别

冒充专利行为与假冒他人专利的行为都有假冒的性质，前者虽然不构成假冒专利罪，但如果冒充专利骗取知识产权商用化权利主体的钱财等，情节严重，符合诈骗罪或合同诈骗罪的犯罪构成的，知识产权人则可以诈骗罪追究其刑事责任。

两者的区别主要体现在四个方面：

（1）性质不同。冒充专利行为所冒充的专利在客观上本不存在，是一种虚空的专利，故不涉及侵犯他人的任何专利权；假冒他人专利行为是冒充他人事实上存在的特定、有效的专利。

（2）损害的主体不同。二者均损害了国家对专利的管理制度，侵害了消费者的利益，但在损害主体上不同。冒充专利行为的受害主体是非特定的多数人；假冒他人专利行为侵害的是享有该项专利的专利权人的利益，是特定的对象。

（3）制裁的机关与程序不同。对冒充专利行为的处理通常是由专利管理机关依行政处罚程序处理；对假冒他人专利的行为除由专利管理机关进行行政处罚外，还可以通过司法程序来处理。

（4）承担的法律责任不同。冒充专利的行为轻微的承担行政责任，社会危害性特别严重的，可能构成诈骗罪。假冒他人专利的行为，情节较轻的，一般是承担民事责任或者行政责任，情节严重的构成侵犯知识产权类犯罪。

3. 假冒专利罪与生产、销售的伪劣产品上假冒他人专利的认定和处理

《关于办理生产、销售伪劣商品刑事案件具体应用法律若干问题的解释》第十条规定，实施生产、销售伪劣商品犯罪，同时构成侵犯知识产权、非法经营等其他犯罪的，依照处罚较重的规定定罪处罚。

上述规定，进一步分析，对比假冒专利罪和生产、销售伪劣产品罪两罪的法定刑和追诉标准，生产、销售伪劣产品罪的最低档法定刑为二年以下有期徒刑或者拘役，并处或者单处罚金，最高法定刑为无期徒刑。而假冒专利罪只有一个量刑档，即三年以下有期徒刑或者拘役，并处或者单处罚金。在追诉标准上，前已述及。而按照《刑法》第一百四十条的规定，生产、销售伪劣产品，销售金额五万元以上不满二十万元的，在二年以下有期徒刑、拘役、单处罚金档次量刑；销售金额二十万元以上不满五十万元的，在二年以上七年以下档次量刑。因此，在一般情况下，以生产、销售伪劣产品罪量刑要重于以假冒专利罪量刑，故一般情况下应定生产、销售伪劣产品罪。

但司法实践中也存在某种行为，按假冒专利罪处罚比按生产、销售伪劣产品罪处罚量刑更重的情形。《关于办理生产、销售伪劣商品刑事案件具体应用法律若干问题的解释》第二条规定，“伪劣产品尚未销售，货值金额达到刑法第一百四十条规定的销售金额三倍以上的，以生产、销售伪劣产品罪（未遂）处罚”，而假冒专利罪是行为犯，不以假冒专利产品实际售出为成立既遂的条件。如果行为人假冒两项以上专利，且产品尚未销售，在这种情况下，行为人非法经营额 10 万元（货值金额就可以作为非法经营额）就构成假冒专利罪的既遂，而货值金额 15 万元才构成生产伪劣产品罪的未遂，故以假冒专利罪处罚更重。

在这种情况下，应当以假冒专利罪处罚。

4. 行为人既假冒他人专利又假冒他人注册商标的处理

先需认定假冒的注册商标行为人与假冒的专利权利人是否同一主体，如果同一，应当按想象竞合犯的处理原则，择一重罪定罪处罚。如果不同一，则对行为人应以假冒注册商标罪和假冒专利罪实行数罪并罚。因为客观上实施了两个相对独立的行为，即假冒他人专利的行为和假冒他人注册商标的行为，符合两个独立的犯罪构成，两个行为之间不存在目的行为和手段行为、原因行为和结果行为之间的牵连关系，故不成立想象竞合犯。

七、侵犯商业秘密罪

侵犯商业秘密罪是知识产权商用化进程中应当特别高度重视的一个罪名，其原因在于，在知识产权的类型上，商业秘密由于其不公开性，相对专利的公开性，它在科技、商业等方面具有独特的不可替代的优势，它是知识产权商用化非常重要的权利形式。越来越多的企业、个人，将越来越多、越来越重要、极富商用价值的知识产权采用了商业秘密的方式承载。保护是秘密的生命，如何保护是知识产权商用化中商业秘密权利人应当高度关注的，其中刑事手段是非常有力的保护措施和救济手段。

基于上述，在知识产权商用化的过程中，如何根据商业秘密刑事定罪量刑的要点，及时高效将权利主体的商业秘密与法定保护的成就条件做到相互吻合；如何在侵权者或违法犯罪者实施侵权、违法犯罪行为时，准确、及时地将不同情形加以区分，选择一种、二种或者综合运用刑事、行政、民商事等多种手段，维护自身的合法权益，对于知识产权商用化的成与败、良与庸，均极其重要。

（一）一般规定

1. 刑法规定

《刑法修正案（十一）》将《刑法》第二百一十九条修改为：有下列侵犯商业秘密行为之一，情节严重的，处三年以下有期徒刑，并处或者单处罚金；情节特别严重的，处三年以上十年以下有期徒刑，并处罚金："（一）以盗窃、贿赂、欺诈、胁迫、电子侵入或者其他不正当手段获取权利人的商业秘密的；（二）披露、使用或者允许他人使用以前项手段获取的权利人的商业秘密的；

（三）违反保密义务或者违反权利人有关保守商业秘密的要求，披露、使用或者允许他人使用其所掌握的商业秘密的。明知前款所列行为，获取、披露、使用或者允许他人使用该商业秘密的，以侵犯商业秘密论。本条所称权利人，是指商业秘密的所有人和经商业秘密所有人许可的商业秘密使用人。"

《刑法修正案（十一）》在《刑法》第二百一十九条后增加一条，作为第二百一十九条之一，为境外的机构、组织、人员窃取、刺探、收买、非法提供商业秘密的，处五年以下有期徒刑，并处或者单处罚金；情节严重的，处五年以上有期徒刑，并处罚金。

据此可以看出，本次修正对侵犯商业秘密罪的条文表述作了较大修改，具体体现在如下五个方面：

其一，将"给商业秘密的权利人造成重大损失"修改为"情节严重"，由此该犯罪由"结果犯"变更为了"情节犯"，丰富了侵犯商业秘密损害结果的评价及认定维度，一定程度上降低了侵犯商业秘密的实际入刑标准。这也与互联网时代下对于知识产权犯罪的认定与打击相适应，更符合当下司法实践。

商业秘密罪的此次修改与2020年9月陆续出台、生效的《关于审理侵犯商业秘密民事案件适用法律若干问题的规定》和《关于办理侵犯知识产权刑事案件具体应用法律若干问题的解释（三）》相衔接，体现立法机关针对个别罪名适用困境在立法层面的及时跟进和补强，增强我国法律适用的体系完整性。但是对于该条文中"情节严重"以及"情节特别严重"的具体认定标准，仍有待相应的司法解释出台并予以明确，减少本条文在实践中具体适用的争议和模糊。届时，本条修订之前的"给权利人造成重大损失"应会作为"情节严重"的认定标准之一。

其二，明确将"电子侵入"或者用其他不正当手段获取商业秘密的行为纳入认定刑事犯罪的手段，针对侵权技术手段的不断变化，对黑客手段非法入侵、电脑病毒植入等计算机领域窃取机密方式作出防范。

其三，需要注意的是，明确违反保密义务披露或使用商业秘密的也可能构成犯罪，与《反不正当竞争法》对于不负保密义务的主体的侵权行为，主观上"明知或应知"的要求不同，本次修正案删除了旧法"应知"的过失犯罪行为，只规定"明知"的状态，进一步体现刑法的谦抑性。

其四，将该罪的法定最高刑由七年上升为十年，增大可使用刑罚惩治的力度。

其五，增设商业间谍犯罪，作为第二百一十九条之一，该条款的设定与现今金融经济体系全球一体化的发展路径息息相关，中美贸易战背景之下，中美磋商所签署的协议更是以知识产权、技术转让等相关内容为核心要素。此背景下，规范商业秘密保护、促进国内外交易环境规范发展，有利于促进企业公平竞争、打造良好的营商环境。

综上，回归条文本身，相对于其他六罪均是单一条款而言，本罪的法条系叙明罪状，共三款，相对完整。本罪侵犯的法益是双重的，一是商业秘密权，即商业秘密权利人对商业秘密所拥有的合法权益；二是受国家保护的正常有序的市场经济秩序。

2. 立案追诉标准

2020 年 9 月 17 日《关于修改侵犯商业秘密刑事案件立案追诉标准的决定》将《关于公安机关管辖的刑事案件立案追诉标准的规定（二）》第七十三条侵犯商业秘密刑事案件立案追诉标准修改为，侵犯商业秘密，涉嫌下列情形之一的，应予立案追诉："（一）给商业秘密权利人造成损失数额在三十万元以上的；（二）因侵犯商业秘密违法所得数额在三十万元以上的；（三）直接导致商业秘密的权利人因重大经营困难而破产、倒闭的；（四）其他给商业秘密权利人造成重大损失的情形。"

前款规定的造成损失数额或者违法所得数额，可以按照下列方式认定："（一）以不正当手段获取权利人的商业秘密，尚未披露、使用或者允许他人使用的，损失数额可以根据该项商业秘密的合理许可使用费确定；（二）以不正当手段获取权利人的商业秘密后，披露、使用或者允许他人使用的，损失数额可以根据权利人因被侵权造成销售利润的损失确定，但该损失数额低于商业秘密合理许可使用费的，根据合理许可使用费确定；（三）违反约定、权利人有关保守商业秘密的要求，披露、使用或者允许他人使用其所掌握的商业秘密的，损失数额可以根据权利人因被侵权造成销售利润的损失确定；（四）明知商业秘密是不正当手段获取或者是违反约定、权利人有关保守商业秘密的要求披露、使用、允许使用，仍获取、使用或者披露的，损失数额可以根据权利人因被侵权造成销售利润的损失确定；（五）因侵犯商业秘密行为导致商业秘密已为公众所知悉或者灭失的，损失数额可以根据该项商业秘密的商业价值确定。商业秘密的商业价值，可以根据该项商业秘密的研究开发成本、实施该项商业秘密的收益综合确定；（六）因披露或者允许他人使用商业秘密而获得的财物或者其他财产性利益，应当认定为违法所得。”

前款第二项、第三项、第四项规定的权利人因被侵权造成销售利润的损失，可以根据权利人因被侵权造成销售量减少的总数乘以权利人每件产品的合理利润确定；销售量减少的总数无法确定的，可以根据侵权产品销售量乘以权利人每件产品的合理利润确定；权利人因被侵权造成销售量减少的总数和每件产品的合理利润均无法确定的，可以根据侵权产品销售量乘以每件侵权产品的合理利润确定。商业秘密系用于服务等其他经营活动的，损失数额可以根据权利人因被侵权而减少的合理利润确定。

商业秘密的权利人为减轻对商业运营、商业计划的损失或者重新恢复计算机信息系统安全、其他系统安全而支出的补救费用，应当计入给商业秘密的权利人造成的损失。

《关于公安机关管辖的刑事案件立案追诉标准的规定（二）》第九十条规定，单位犯罪除非法律，司法解释另有规定外，适用于上述标准。

（二）法条竞合下的法律适用

1. 与盗窃罪

是一般犯罪与特别犯罪的关系，因此盗窃商业秘密的，按照特别法条第二百一十九条侵犯商业秘密罪论处。

2. 与生产、销售伪劣商品犯罪

如果实施此罪，同时构成侵犯知识产权、非法经营等其他犯罪的，应依照处罚较重的规定定罪处罚。2001 年《关于办理生产、销售伪劣商品刑事案件具体应用法律若干问题的解释》第十条对此作了明确规定。

3. 与生产销售假药、劣药犯罪

实施此行为，同时构成非法行医、非法经营、生产销售伪劣商品犯罪的，依照处罚较重的规定定罪处罚。

（三）知识产权商用化视野下本罪的要点

1. “获取”能否单独成罪，“披露、使用”为何与“获取”共同实施方构成本罪的客观行为要件

本罪客观行为有二个方面，一是违反反不正当竞争法律法规的规定，侵犯商业秘密；二是情节严重。

学者一般认为，此罪行为应当包括二个方面，一是获取商业秘密，二是获取后自己使用、允许他人使用或者披露该商业秘密时，导致权利人遭受重大损失。后者是真正的实行行为。单纯获取商业秘密的行为，一般不会给商业秘密权利人带来重大损失，仅是侵犯商业秘密罪实行行为的前提要件。但我们认为从罪状法条分析，不能作此解释，这是典型的缩小解释。在司法实践中，确实存在特别重大商业秘密，已经被不当获取，还未使用披露，其危害是一种危险状态，实际损害并未量化或具体化，如果不能以刑事犯罪来定罪量刑，必然不能真正遏制这一明显重大社会危害性行为。对此，最新的《刑法修正案（十一）》已有相应体现。

2. “商业秘密”的认定

《刑法修正案（十一）》的修订实际是与前段《著作权法》《反不正当竞争法》等的修订相协调的。《反不正当竞争法》第九条对商业秘密的概念进行了重大修改。原来对“商业秘密”的要求是非公知性、实用性、价值性、保密性。现在对其中的价值性、保密性和商业秘密的表现形式作了修改。

其一，将商业秘密概念中所规定的“能够为权利人带来经济利益，具有实用性”改为“具有商业价值”，对“价值性”作了修改。

其二，将原规定中的“权利人采取保密措施”改为“权利人采取相应保密措施”，实际上放宽了对保密措施的要求，对保护权利人更有利。原来的“保密措施”通常要求签保密合同，现在即使没有保密合同，但是员工的工资可以体现其保密义务（例如，有保密义务的员工的工资比一般员工高，而高出的工资里面包含了要保密的内容），这样权利人就已经采取相应的保密措施。或者没有保密合同，工资也没有提高，但是权利人在商业秘密的载体或者商业秘密所处的场所，写着“闲人免进”或者“设备不得带出房间”，也视为权利人采取了相应的保密措施。

其三，将商业秘密的表现形式从“技术信息和经营信息”扩大为“技术信息、经营信息等商业信息”，商业秘密的范围进一步扩大。一些数据信息，既不是技术信息也不是经营信息，以后也可能被保护。

因此，侵犯商业秘密罪对应地作出了一些修改，其中一个最大的修改就是把原来的“给权利人造成重大损失”改为“情节严重”。这样侵犯商业秘密罪立案难、定罪难的一些问题将逐步得到解决，进一步对企业家提出更高要求，对企业从业人员保守商业秘密的义务提出更高要求。

3. 权利主体如何采取合理保密措施，以符合司法保护认定的条件

现实中，权利主体采取保密措施往往不够及时、充分、全面，在涉及权利受到侵害时，对于民事与刑事保护的条件成就容易产生争议。原因在于传统的商业秘密学理通说认为，对保密措施的要求并不严格，立法并没有明确要求保密的程度。因此，一般认为，只要权利人对其不为公众所知悉的技术信息和经营信息采取的保护措施，在当时看来是适当的、有效的，就应视为采取了保密措施。至于这种保密措施是否能够做到万无一失，不影响商业秘密的成立。这显然是有利于权利人的解释，但导致一些无法满足此项条件而无法通过刑事救济自己权利的案件。在民商事法律对商业秘密保护措施要求越来越严格的当下，我们认为，知识产权商用化中，权利主体采取保密措施应当全面、及时、有力。同时，刑事立法和司法对商业秘密的保护措施应当相对严格，不宜低于民商事权利救济的规定标准。

司法实践中，一般审查权利人对商业秘密是否采取了以下措施之一，在正常情况下足以防止涉密信息泄露。如果可以认定，则应当认定权利人采取了保密措施：（1）限定涉密信息的知悉范围，只对必须知悉的相关人员告知其内容；（2）对涉密信息载体采取加锁等防范措施；（3）在涉密信息的载体上标有保密标志；（4）对于涉密信息采取密码或者代码等；（5）签订保密协议；（6）对于涉密的机器、厂房、车间等场所限制来访或者提出保密要求；（7）确保信息秘密的其他合理措施。

但现实中，一般认为采取上述措施之一即可认定，但真正有实操经验的专业律师会建议综合采用上述七类措施，并在此基础上，结合权利人权利实际，采取更具针对性并有效的保密措施。因为最好的保护是预防，预防当然采最严格、最全面的。综合措施的采取和证据的及时动态固定，可以更充分全面地提供刑法和民商法要求的证据内容。

（四）本罪难点——如何认定“情节严重”，民商事“酌定损失方法”不能在本罪中采用

根据《刑法修正案（十一）》的修订，侵犯商业秘密罪由结果犯变为情节犯，不管该行为是否造成实际重大损失，只要达到严重的情节，即可被追究刑事责任，此为我国社会主义市场经济与全球经济一体化不断融合、提升的必然

要求。鉴于笔者撰稿之际，修正案尚未正式施行，关于“情节严重”的配套解释暂未明确作出，但仍有可能以“重大损失”作为情节严重认定标准之一，此种情形下，笔者参照当前尚现行有效的相关规定进行讨论。

“重大损失”计算对象的确定。此问题的存在，是由于不少案件中，报案人或权利主体出于尽量扩大保护范围的需要，或者对法律规定、涉案技术背景不熟悉等原因，往往在报案时或提供权利证据时会圈定一个很宽泛的秘密范围，有时甚至将一些公知信息纳入商业秘密范围内请求保护，这就涉及计算对象的确定问题。我们认为，商业秘密的价值应当与其秘点相对应；然而在秘点与整体不可分割的产品中，要考虑受到侵害部分或者产品部件在整个产品中所起的作用或者比重及诸如在先公知技术、市场因素等其他非侵权因素来计算权利人的损失。如果被告利润中，仅一部分关联商业秘密，则责令被告将所有销售利润赔付给原告，并不妥当。

侵犯商业秘密，给权利人造成的损失，通常表现为权利人现实的利益和合理预期的利益丧失，如市场份额被消减、权利人竞争力减弱、开发成本不能收回等。重大损失，应指被害人由于被告人的犯罪行为而遭受的重大的物质损失，包括已经遭受的实际损失和必然遭受的损失。

认定“重大损失”的方法，经梳理学理、案例等，不完全统计，有十多种方法。实践中，一般主要是根据侵犯商业秘密行为给权利人造成的损失数额来判定。损失数额一般为被害人的实际损失，如商业秘密的研制开发成本，侵犯商业秘密犯罪行为致使被侵害人遭受技术及信息转让方面的损失，商业秘密的利用周期、市场容量和供求状况，被害人竞争地位、能力的减弱或丧失，商业信誉的下降，市场份额的减少，出现亏损甚至破产等。被害人的实际损失难以计算的，可以参照行为人在侵权期间因侵犯商业秘密所获得的实际非法利润来认定。

司法实践中，重大损失的计算依据主要是参照民事侵权的相关法律规范来进行，有其合法性和合理性，原因在于，就知识产权民事、行政和刑事三类案件的内在联系而言，刑事犯罪是知识产权民事侵权行为发展的高级形态，构成知识产权刑事犯罪只是因为民事侵权行为性质十分严重，具有一定的社会危害性，符合刑事法律规定的侵害程度，方纳入刑法规范调整的领域。故两者行为性质相同，只是程度不同，因此，对于其程度判断的依据，除因刑事诉讼特殊性而不能适用的外，一般应当一体适用。对此，实务部门亦持认同态度。

《关于在办理侵犯商业秘密犯罪案件中如何确定“给商业秘密权利人造成重大损失”计算方法的答复》中明确了以下原则：“对难以计算侵犯商业秘密给权利人所造成的损失的，司法实践一般可参照《中华人民共和国反不正当竞争法》规定的民事赔偿额的计算方法。”这是典型的引证条文，被引的《反不正当竞争法》第二十条第一款规定，经营者侵犯商业秘密，给权利人造成损害的，应当承担损害赔偿责任。权利人的损失难以计算的，赔偿额为侵权人在侵权期间因侵权所获得的利润；并应当承担被侵害的经营者因调查该经营者侵害其合法权益的不正当竞争行为所支付的合理费用。

在某些特殊情况下，权利人的损失数额和侵权人所获得的实际利润均难以查实，这就需要充分考虑以下因素：首先是取得商业秘密的成本，如开发、研制商业秘密的成本，保护商业秘密的合理支出费用等；其次是侵权人使用商业秘密之前的获利状况与使用之后的获利大小；最后还应考虑商业秘密新颖性的程度、商业秘密的生命周期及其所处阶段、市场竞争状况和市场前景等因素，以确定合理预期的未来收益。由于该条规定针对的是包括虚假广告、损害商誉、侵犯商业秘密、串通投标等在内的所有不正当竞争行为，原则性仍然较强，对商业秘密罪仍不具有较强的实际操作性。

《关于审理不正当竞争民事案件应用法律若干问题的解释》中专门就商业秘密侵权行为的损失认定作了有针对性的规定。该解释第十七条规定：“确定反不正当竞争法第十条规定的侵犯商业秘密行为的损害赔偿额，可以参照确定侵犯专利权的损害赔偿额的方法进行……因侵权行为导致商业秘密已为公众所知悉的，应当根据该项商业秘密的商业价值确定损害赔偿额。商业秘密的商业价值，根据其研究开发成本、实施该项商业秘密的收益、可得利益、可保持竞争优势的时间等因素确定。”

但我们注意到，商业秘密中实质具有专利特征的秘密占相当比例。需分析下《专利法》（2020 修订）的相关规定，该法第七十一条①规定：“侵犯专利权的赔偿数额按照权利人因被侵权所受到的实际损失或者侵权人因侵权所获得的利益确定；权利人的损失或者侵权人获得的利益难以确定的，参照该专利许可

① 《专利法》2020 年修订前对应的条款为第六十五条。

使用费的倍数合理确定。对故意侵犯专利权，情节严重的，可以在按照上述方法确定数额的一倍以上五倍以下确定赔偿数额。权利人的损失、侵权人获得的利益和专利许可使用费均难以确定的，人民法院可以根据专利权的类型、侵权行为的性质和情节等因素，确定给予三万元以上五百万元以下的赔偿。赔偿数额还应当包括权利人为制止侵权行为所支付的合理开支。人民法院为确定赔偿数额，在权利人已经尽力举证，而与侵权行为相关的账簿、资料主要由侵权人掌握的情况下，可以责令侵权人提供与侵权行为相关的账簿、资料；侵权人不提供或者提供虚假的账簿、资料的，人民法院可以参考权利人的主张和提供的证据判定赔偿数额。”该规定确立了专利侵权赔偿的四种方式，即权利人实际损失、侵权人获利、专利许可使用费的合理倍数以及法院酌定赔偿。关于权利人损失和侵权人获利如何计算的问题，《关于审理专利纠纷案件适用法律问题的若干规定》中又作了进一步明确，该规定第十四条规定：“专利法第六十五条规定的权利人因被侵权所受到的实际损失可以根据专利权人的专利产品因侵权所造成销售量减少的总数乘以每件专利产品的合理利润所得之积计算。权利人销售量减少的总数难以确定的，侵权产品在市场上销售的总数乘以每件专利产品的合理利润所得之积可以视为权利人因被侵权所受到的实际损失。专利法第六十五条规定的侵权人因侵权所获得的利益可以根据该侵权产品在市场上销售的总数乘以每件侵权产品的合理利润所得之积计算。侵权人因侵权所获得的利益一般按照侵权人的营业利润计算，对于完全以侵权为业的侵权人，可以按照销售利润计算。”

但同时，我们注意到，商业秘密与专利技术在保护方式上并不完全相同。专利是以“公开换垄断”，除法定情形外，任何人不经权利人授权均不得使用。因此，侵权人销售产品的数量作为权利人销售的数量并无不妥。而作为商业秘密保护的技术秘密并不占有垄断的地位，权利人拥有技术秘密并不代表着其他竞争者不能拥有同样的技术秘密。以侵权人销售产品的数量作为权利人销售的数量需要以权利人拥有的技术秘密独一无二为前提。在相同产品的市场中，这就意味着具备该技术秘密的产品不是由权利人生产的就是由侵权人生产的，两者存在非此即彼的替代关系。进言之，侵权人生产侵权产品所获得的利益原本就应当归属于权利人。根据司法解释的规定，计算权利人的损失还要求以权利人产品的合理利润作为计算依据，但这在司法实践中往往客观不可能实现。由于以权利人的损失来计算“重大损失”存在上述两个法律和事实的障碍，故可以侵权人获利作为计算方法。

综上，我们认为，在侵犯商业秘密犯罪案件中，重大损失的计算可以采取四种方式，即权利人的实际损失、侵权人的获利、商业秘密许可费的倍数以及商业秘密的商业价值。

显然，民商事案件中酌定赔偿方式，未作为商业秘密罪中重大损失的计算方法。原因在于刑事诉讼与民事诉讼证据标准不同。刑事诉讼采取确实、充分、排除合理怀疑的证据标准，而民事诉讼实行高度盖然性的证据标准，在商业秘密刑事案件中，“重大损失”在一定程度上关系被告人行为罪与非罪的重要界定，重大损失的数额应有确实、充分的证据予以证明，而不允许法官具有自由裁量的空间。因此，酌定赔偿方式在确定损失上，在本罪中不应采用。在刑事附带民事和罚金刑上，相应地也不应采用。对此，法律规定也非常明确，《关于刑事附带民事诉讼范围问题的规定》第二条规定：“被害人因犯罪行为遭受的物质损失，是指被害人因犯罪行为已经遭受的实际损失和必然遭受的损失。”故酌定损失不能采用。

（五）《中美经济贸易协议》中商业秘密的内容对我国商业秘密罪立法和司法的影响

关于具体内容，我们在前一论文中已述及，针对商用化商业秘密刑事立法司法而言，协议中如下内容高度关联：要求将“故意”侵犯商业秘密、出于“非法目的”侵犯商业秘密的行为列入刑事程序和处罚中，协议中的该条款与协议中第1.7条关于刑事执法门槛的条款相辅相成。

当前，我国《刑法修正案（十一）》对第二百一十九条侵犯商业秘密罪的修订，主要体现了与2019年4月修订的《反不正当竞争法》关于商业秘密侵权行为的表述保持一致，落实了中美经贸谈判第一阶段协议，将“造成重大损失”变更为了“情节严重”，细化了侵犯行为，特别是“电子侵入、违反保密义务”等内容，大大降低了商业秘密刑事立案和入罪的门槛，大大加强了对权利人的保护，对侵权商业秘密的行为产生了巨大的威慑作用。

知识产权商用化刑事风险防范

孙伏龙[*]　刘洪川[**]　韩文娜[***]

摘要： 当前，知识产权商用化在不断完善的中国市场经济进程中持续演进，创新模式越发多样，争议纠纷日趋复杂。在知识产权商用化过程中，对关联的刑事罪名及司法实践进行研究，进而运用于风控、化解危机，争议解决中，具有重大的理论及实践意义。基于此，本文以知识产权商用化刑事法律风险为视角，通过对知识产权商用化关联刑事罪名、风险防范必要性、关联刑事犯罪现状及特点进行研究，进而提出相关刑事司法建议，以期更好地预防和化解知识产权商用化进程中的刑事风险，在维权权益中妥当选择精准的路径。

关键词： 知识产权商用化　刑事风险　防范

转型中国激荡 40 年来，在科技强国、创新发展、融入全球的现代化大潮中，中国知识产权茁壮成长。今后相当长一段时期内，在科创板财富效应下，知识产权商用化浪潮必将更加激荡。知识产权商用化过程中，主体的确定、知识产权的保护和争夺、估价和定价、质押融资、交易、入股、资本化、控制权争夺等方面，涉及标的将越来越高，创新模式越发多样，对抗手段日益激烈，争议法律关系日趋复杂，博弈越来越激烈，解决殊为不易，往往单纯的民商行手段不足以真正、全面、有效地预防风险。知识产权商用化如同高铁行驶，需要全面、成熟、前瞻的法律制度和优秀法律人等全过程管理以确保其行驶正向，规划交易，解决争议，化解危机。知识产权商用化刑事风险防范应当被特别重

* 盈科律师事务所中国区董事局副主任、高级合伙人。

** 盈科律师事务所高级合伙人。

*** 盈科律师事务所股权高级合伙人。

视，适时适用刑事这一最严厉的国家制裁手段。基于此，本文以知识产权商用化刑事法律风险为视角，对知识产权商用化过程中刑事罪名及司法实践进行研究，是知识产权商用化法治建设中必须完成且永研恒新的课题。

一、知识产权商用化关联刑事罪名

知识产权商用化过程中关联的刑事犯罪，从整体上可分为两大类：

一类是刑法一般意义上的七宗犯罪。具体为《刑法》分则第三章破坏社会主义市场经济秩序罪中第二百一十四条至第二百一十九条的 7 个具体罪名，分别为假冒注册商标罪，销售假冒注册商标的商品罪，非法制造、销售非法制造的注册商标标识罪，假冒专利罪，侵犯著作权罪，销售侵权复制品罪，侵犯商业秘密罪。我国刑事立法、司法和学界均以此为口径提及知识产权犯罪，最高人民法院、最高人民检察院年度工作报告、知识产权白皮书的统计，亦然。

另一类是与知识产权商用化有关的其他罪名。这些罪名散见于《刑法》第三章知识产权犯罪节以外的其他法条中，易被忽略，更需特别重视、充分理解、切实防范，因为商用化刑事风险的发生，往往存在于知识产权权利人与其他主体进行估价、定价、交易、融资、资本化等各个过程中，具有动态复合性。主要罪名涉及权利主体出资、增资类犯罪，如虚报注册资本罪，虚假出资、抽逃出资罪；鉴定、评估类犯罪，如提供虚假证明文件罪、出具证明文件重大失实罪；交易类犯罪，如签订、履行合同失职被骗罪，国有公司、企业、事业单位人员失职罪；经营类犯罪，如非法经营同类营业罪、非法经营罪；一般的融资、质押贷款类犯罪，如诈骗罪、货款诈骗罪；资本市场范围内上市、融资、并购重组类犯罪，如欺诈发行股票、债券罪，违规披露、不披露重要信息罪。其中，有些犯罪如虚报注册资本罪可能发生在特定环节，有些犯罪如诈骗罪则可能发生在商用化全过程。

二、知识产权商用化刑事风险防范的必要性

（一）刑事风险越来越多，重大疑难复杂者占相当比例，亟须重视

知识产权商用化在高科技发展突飞猛进的当下，交易数量越来越多，创新

模式丰富而复杂，参与主体多样且对知识产权、商用、刑事风险掌握的信息不对称，其间产生刑事风险必将越来越多，重大疑难复杂者占相当比例。商用化过程中，关联的利益大到一定程度，博弈双方甚至局外人可能会动用刑事手段，交易对手或潜在对手故意人为设置险恶，更加凶险。全国律师协会知识产权委员会设立知识产权商用化课题初始就将刑事风险列入研究对象，原因正在于此。

最新的《刑法修正案（十一）》一共 40 多条，金融犯罪占 10 多条，知识产权犯罪占五六条，这两个是修改的大头，共涉及侵犯知识产权罪 8 个条款，扩大了知识产权客体的保护范围，提高了量刑幅度，明显加大了对侵犯知识产权犯罪行为的惩处力度。此外，侵犯知识产权罪把拘役这一刑罚全部取消，侵犯知识产权罪今后通常只能判处有期徒刑。当然也有单处罚金的规定，但是单处罚金的案子可能很少。

（二）刑事风险的事先防范、事中化解极易被忽视

无知无畏是知识产权商用化过程中的最大风险。事先防范、事中化解、事后解决是合规三步曲，均极其重要，但在知识产权商用化风险预防上，事先防范、事中化解极易被忽视，因刑事风险多发生在事后。实际上，最好的防范是预防，但预防必须先认识，之后才是措施得当。

知识产权刑事罪名在刑法上就是七宗，最高人民法院年度工作报告中知识产权犯罪也仅是指这七宗犯罪，其他关联的商用化过程的犯罪未被列入，理论界的研究相对缺失。仅就七宗罪分析，对于知识产权商用化权利人而言，多是知识产权被侵犯后，交给律师向外追责。实际上，七罪外的商用化关联罪名，往往才是重罪、要罪，对手往往一击即得手。知识产权商用化过程多涉及知识产权、资本市场、金融、公司等多个领域，具有一定的过程性、复合性，刑事风险多而复杂，其中部分主体和参与人，缺少知识产权商用化刑事风险立法、司法的认知。在法律界越挖越深的“专业槽”下，民商律师与刑事律师有着不同的专业分工，知识产权权利人往往接触的是民商律师，很难得到刑事方面的警示和提示。

知识产权初始的权利人，往往多理工教育背景，是科技达人，技术控，对法律特别是刑事风险非常陌生，往往重民商权益的保护而忽视刑事风险，此种情形下更加大了刑事风险的多发和残酷性。

（三）刑事风险是制裁措施最为严厉的沉没风险，成本极其高昂

刑事风险具有法律责任的制裁严厉性。就刑事司法实践而言，知识产权经侦立案标准低，取保难，无罪难，加之中国当下无罪率，近五年徘徊在万分之几，一旦触刑，取保难，无罪难，自由更难。

经历过刑事风险的当事人或亲属，往往不愿再触及人生的至痛。对刑事犯罪嫌疑人来讲，涉案时期是人生最艰难时刻，所谓人生事业一切不仅归零，而且沉没。不仅关乎一人、一公司，更关乎家人朋友的幸福与悲苦。知识产权商用化的所有美好和期待，在身陷囹圄的苦难中，真如黄粱美梦。这些人间至艰苦味，非经历者不能真切体会。

（四）刑事违法犯罪手法不断翻新，刑事风险防范实为不易

知识产权商用化关联的刑事案件犯罪手法翻新，知识产权犯罪网络化、跨地区性特点日益突出，犯罪手段更加隐蔽。知识产权犯罪者往往具备较强的反侦查意识，部分犯罪活动以合法商业行为作掩饰，交织掺杂，难以区分，长期构陷，表象极具隐蔽性，这些因素共同导致知识产权犯罪证据收集固定、审查甄别的难度加大，一定程度上影响了对犯罪的打击力度和办案质效。魔高一尺，道应更高一丈。知识产权商用化主体应高度重视刑事风险，与知识产权商用化刑事业务优良的律师一起努力，动态预防，防患于未然。

三、知识产权商用化关联刑事的现状

（一）人民法院、人民检察院、公安机关涉知识产权案件最近数据概要信息

目前，由于我国官方已公开信息仅是针对知识产权一般犯罪的七宗罪名进行，知识产权商用化全部关联刑事信息的全面和研究需待其研究、立法、司法及信息公示到一定发展阶段，程度相对成熟后，方可开展。

就知识产权七宗罪名的信息，据最高人民法院2019年度知识产权司法保护状况白皮书显示，2019年人民法院依法审理知识产权刑事案件，持续加大刑事保护力度，净化市场环境。全年地方各级人民法院共新收侵犯知识产权刑事一审案件5242件，同比上升21.37%。其中，侵犯注册商标类刑事案件4982件，同比上升21.01%；侵犯著作权类刑事案件210件，同比上升34.62%。

地方各级人民法院共审结侵犯知识产权刑事一审案件5075件，同比上升24.88%。在审结的侵犯知识产权刑事一审案件中，假冒注册商标刑事案件2134件，同比上升15.23%；销售假冒注册商标的商品刑事案件2279件，同比上升

32.19%；非法制造、销售非法制造的注册商标标识刑事案件423件，同比上升38.69%；假冒专利刑事案件1件；侵犯著作权刑事案件191件，同比上升40.44%；销售侵权复制品刑事案件8件，同比上升33.33%；侵犯商业秘密刑事案件39件，与去年持平。

地方各级人民法院共新收涉知识产权的刑事二审案件808件，同比上升18.30%；审结807件，同比上升20.81%。

（二）知识产权商用化刑事研究亟待加强

知识产权商用化关联犯罪中有诸多新发的难点疑点，如如何准确认定新类型侵权是否构成犯罪、如何给新型犯罪行为准确定性、如何审查判断鉴定意见等问题。在刑罚上，对知识产权犯罪的刑罚效果有待提升，如何解决知识产权商用化过程中，多发的反复侵权违法犯罪现象，不法分子因销假犯罪被判处刑罚后，甚至在同一地点继续从事售假活动。罚金刑的执行力度有待进一步加强，禁止令的执行效果有待进一步提高。

知识产权商用化过程中，社会公众对知识产权商用化犯罪的违法性认识模糊、边界不清，易受不法分子的引诱踏入违法犯罪泥潭，如何有效地加强对此类犯罪的社会警示和有效预防宣传。如何不断厘清知识产权刑法保护的边界，精准打击犯罪，保护知识产权人的合法权益。同时，综合运用刑事、民事、行政等手段，形成对知识产权的全方位保护，种种这些，均是需要大力加强研究并践行于立法、司法的工作。

（三）知识产权商用化保护行刑衔接机制发挥有待进一步深化

行刑衔接整体线索移送数量与知识产权案件快速增长的趋势以及公众对知识产权侵权和违法犯罪情况的真实感受相比仍存在不小差距。行刑衔接的案件线索主要集中在商标侵权领域，著作权、商业秘密等领域违法犯罪线索移交数量相对偏少。中小型、成长期企业知识产权保护能力不足，知识产权管理机制相对落后，导致企业的核心技术、经营信息等容易被窃取或泄露。大型成熟企业往往更侧重民事途径维权，部分企业对刑事侵权案件，特别是商标刑事侵权案件配合的积极性不够，不利于对知识产权商用化犯罪的及时有力精准打击。

四、现阶段知识产权商用化刑事犯罪的特点

（一）犯罪行为依托新技术不断花样翻新，带来一系列法律适用难题

假冒注册商标商品的销售渠道由原来传统的实体店面、固定场所向利用互联网销售等新型渠道发展，利用互联网实施侵犯知识产权犯罪，侵权作品也多以网络方式传播，通过互联网侵犯著作权成为主要手段。侵犯著作权案多依托互联网开展：一是以知识共享为名，将他人作品收集上传至网盘，供他人有偿下载；二是私自架设、租用网络游戏服务器从事“私服”活动；三是传统盗版书籍侵犯著作权案，依托网络有所抬头。网络侵犯著作权犯罪案件侵权技术手段更新快，侵权内容容易被删改，原始证据容易灭失，证据材料收集、认定困难。网络侵犯著作权犯罪的危害后果扩散速度快，被侵权的作品能够在短时间内在网络上无限次传播，若不及时进行打击，将给权利人带来更大的经济损失。

（二）犯罪分工日趋细化，隐蔽性越来越强

案件呈现生产、物流、销售环节分离，上下线延长，受害人分布广及数额认定复杂等特点，查办难度增大。高档烟酒、服饰等由于利润高、门槛低，成为制假售假者的首选。犯罪主体采取各种手段蒙蔽经销商和消费者，如利用假许可文件、假包装、假批号、假海关证明等蒙骗经营者和消费者，侵权产品极具迷惑性，难以辨别。网络侵犯著作权犯罪具有隐蔽性、跨地域性等特征，有的甚至将服务器设在境外，犯罪行为不易被发现、犯罪嫌疑人的真实身份也不易被确认。

（三）商标类、一般网络著作权类犯罪主体呈低知化与传递性特点，较高价值著作权类、商业秘密犯罪主体呈高知化和职业性特点，犯罪手法变异，链条式、跨区域属性日益突出

商标类犯罪主体中八成为个体户、无证商贩和社会闲散人员，仅有高中及以下文化。因同乡或熟人关系而聚集，制假售假行为容易在一定犯罪区域内进行传递。侵犯著作权犯罪主体中过半数具有大专及以上文化，近八成为网游玩家、网络服务从业者或软件技术领域的从业者，具备一定的专业水平。商业秘密犯罪主体主要系利用技术研发、生产销售或公司高管的职务之便实施犯罪，反侦查意识、诉讼抗辩意识相对较强。近七成商标类犯罪为共同犯罪，并通过

分工，将制假售假行为进行链条化切割，各环节地理位置分开，规避法律风险。销假犯罪不再局限于某一地区，在利润丰厚的不同区域市场间流动展开，销售数额也远高于以往同类案件。

（四）商业秘密案件增长明显，企业内控盲点成为犯罪高发诱因

侵犯商业秘密案件增长明显，集中在机械制造、生物科技等高新技术、新兴产业领域。商业秘密被泄露、窃取的风险主要体现在：一是物理隔离不到位，行为人能轻易接触秘密载体；二是对涉密员工离职审查力度不足，导致行为人有意识周密安排、带走关键技术；三是对涉商业秘密研发资料保存不当，致使关键证据缺失，影响案件认定。

五、完善知识产权商用化刑事司法的建议

在我国知识产权商用化权利维护过程中，存在一种不正常的现象，即本可以通过刑事手段来救济的案件，但当事人往往会选择民商事手段来救济，而本可以通过民商事手段来救济的案件，当事人却选择刑事手段来救济。

为什么会出现如此混乱的状况？关键原因在于司法过程中两种手段存在现实的明显不足。弃民商事选刑事手段救济，主要是因为当事人往往感觉得到的赔偿不够充分，而通过刑事手段可能会获得更好的额外收益；弃刑事选民商事手段救济，主要是因为我国目前刑事司法还不尽如人意，如刑事程序中的追赃、退赔不够及时充分。

为应对上述问题，有效惩治知识产权商用化过程中的刑事犯罪，全面保护知识产权权利人、参与人的合法权益，特提出以下六点建议：

（一）加强对知识产权七宗罪名外其他犯罪的专门研究

前已述及，知识产权商用化涉及的罪名除刑法一般意义上的七宗罪名外，关联的其他罪名有多种，但现实中，学界、立法、司法、律师界对知识产权犯罪的研究往往停留在传统七宗罪研究上，加强以知识产权商用化为视野，对关联各罪名的针对性研究，梳理关联各类犯罪的特点、要点和难点，针对性地做好预防，加强合规，有侵就打，打即得力，完善立法，加强司法，极其紧迫而重要。这需要精通刑事和知识产权商用化的学者、律师和团队、法官、检察官、警官的全力共臻。

（二）加强知识产权商用化犯罪侦查队伍建设，提升知识产权犯罪侦查能力

加大对知识产权商用化犯罪专业侦查人员和团队的教育和培训的投入，以更快更优地在公安侦查队伍中匹配知识产权商用化犯罪方面的侦查人力资源。适时在部分知识产权商用化犯罪严重的地区设立知识产权商用化专门的侦查组织，有针对性地进行刑事侦查工作，加强公安和法学界合作推进知识产权商用化犯罪侦查的专门研究。

顺应大数据时代发展趋势，借助大数据运用拓宽知识产权刑事案件侦办思路，提升打击和防范知识产权犯罪的效能。充分保障证据调取程序合法、来源客观完整，掌握办案主动性。进一步加强与第三方支付平台、电商平台的交流协作，畅通取证渠道，便利查处犯罪。

（三）优化知识产权犯罪刑罚结构，提升刑罚威慑力

一是有针对性地提高知识产权犯罪缓刑适用门槛，对于具有反复侵权、有组织侵权、涉及食药领域等情节的犯罪，谨慎适用缓刑。二是提升罚金刑在知识产权犯罪刑罚体系中的适用力度，进一步扩大禁止令的适用范围，增加刑事制裁威慑力。三是加大罚金刑的执行力度，完善禁止令的执行监督机制，探索将知识产权违法犯罪记录全面纳入征信系统。

（四）依法适用认罪认罚从宽制度，助推权利人获得合理赔偿机制

一是通过多方参与，在认罪协商过程中引导、敦促侵权人退出违法所得，弥补权利人经济损失，使权利人以看得见的方式实现自身权益的保护。二是积极引入第三方评估机构，充分发挥其在知识产权市场价值评估中的专业优势。三是进一步细化认罪认罚从宽的标准和幅度，发挥认罪认罚的量刑调节作用，促进社会关系修复。

（五）加强知识产权商用化分类分层司法保护，凸显民事、刑事、行政级差化、精细度和实效性

按照现代社会中，保护权利和打击违法犯罪的不同程度要求，以全面综合的视野，就刑事、民事、行政对知识产权商用化保护的不同，进行针对性研究，并进行顶层学理研究，立法设计，适时修订法律，以合理分配司法资源，引导知识产权商用化权利人按侵害程序分别选择刑事、民事、行政不同手段保护权利，加强推进行政向刑事移送犯罪案件的渠道和力度，改变知识产权商用化犯罪被害人对刑事救济的漠视或误解，同时将真正严重危害人和社会的知识产权商用化犯罪纳入刑法中，以震慑和打击商用化过程中的犯罪，改变目前保护体系化不足的缺陷，为知识产权商用化大发展保驾护航。

（六）进一步发挥行业组织在知识产权商用化犯罪保护方面的功能作用

一是鼓励行业组织为组织成员提供知识产权商用化刑事风险防范进一步发挥行业组织在知识产权保护方面的功能作用。二是鼓励行业组织为组织成员提供知识产权商用化刑事培训、法律咨询、争议解决等综合性知识产权服务，发挥行业组织协助、支持、补充作用。三是建立完善行业人员任职资格信息披露及准入评价制度，及时记录、公开侵犯知识产权犯罪情况，发挥行业组织自律作用。

六、中美经贸协议与知识产权商用化刑事风险的关联简析

2020 年 1 月中旬，中美双方签署《中华人民共和国政府和美利坚合众国政府经济贸易协议》（以下简称《协议》），共九个章节，其中序言、知识产权、技术转让与知识产权商用化关联密切。知识产权章安排在序言之后，内容占比较多，充分体现其在此次贸易谈判中的重要性。具体而言，中美双方就加强知识产权保护达成共识、关联知识产权商用化刑事主要有以下几个方面：

（一）完善商业秘密保护

《协议》第一章第二节为“商业秘密和保密商务信息”，其中第 1.3 条、第 1.4 条及第 1.5 条提出“应确保所有自然人和法人均可承担侵犯商业秘密的法律责任”，“侵犯商业秘密被追究责任的禁止行为应完全涵盖盗窃商业秘密的方式”，《协议》第 1.7 条降低启动刑事执法的门槛，取消任何将商业秘密权利人确定发生实际损失作为启动侵犯商业秘密刑事调查前提等内容关联刑事责任。

《协议》对商业秘密保护提出了过渡措施和后续措施两步计划，其中第 1.7 条第二项的过渡措施提出对“重大损失”可通过“补救成本充分证明，例如为减轻对商业运营或计划的损害或重新保障计算机或其他系统安全所产生的成本，并显著降低启动刑事执法的所有门槛”。这是与实践相结合的举措，并为后续措施奠定了基础。

（二）突出药品知识产权保护

相关内容，在办理侵犯专利犯罪案件时要特别重视。

关于专利保护，《协议》第 1. 12 条提出要“延长专利期限以补偿专利授权或药品上市审批过程中的不合理延迟”；对于在中国获批上市的新药产品及其制造和使用方法的专利，可以将专利延长期限制为最多不超过五年，并且规定自在中国上市批准日起专利总有效期不超过 14 年。

延长创新药专利保护期限的相关规定在我国 2019 年《专利法修正案（草案)》第七年中已有相应内容，具体为：“为补偿创新药品上市审评审批时间，对在中国境内与境外同步申请上市的创新药品发明专利，国务院可以决定延长专利权期限，延长期限不超过五年，创新药上市后总有效专利权期限不超过十四年。”这一举措与协议内容有一定的趋同性。

（三）打击盗版和假冒

《协议》第一章第五节与第七节强调了打击盗版和假冒。二者分别针对网络侵权（包括电子商务平台上的盗版与假冒）以及有关公共卫生或个人安全的产品侵权。从盗版和假冒产品本身的危害性角度出发，存在健康和安全风险的假冒商品将对公共卫生或个人安全产生重大影响，对这些影响国计民生的盗版和假冒产品应予以重点打击。《协议》第 1. 20 条从边境措施、民事及刑事司法程序三方面提出如何销毁假冒商品，且除销毁商品本身外，还“应责令立即销毁主要用于生产或制造假冒或盗版商品的材料和工具，且不予任何补偿”。

以上，将在知识产权商用化专利、商标、著作权及与之关联的罪名的定罪量刑及财产刑立法、司法解释和司法实践方面产生一定的变化和相对影响。

（四）加强知识产权司法保护

《协议》第一章第九节提出，应完善行政执法向刑事执法的移交程序，第 1. 26 条提出“如依据客观标准，存在基于清晰事实的对于知识产权刑事违法行为的‘合理嫌疑’，中国应要求行政部门将案件移交刑事执法”。

《协议》第 1. 27 条还提出应加大应对知识产权窃取或侵权的民事救济和刑事处罚力度。作为过渡措施，应遏制可能发生的窃取或侵犯知识产权的行为，并加强现有救济和惩罚的适用。按照知识产权相关法律，通过以接近或达到最高法定处罚的方式从重处罚，遏制可能发生的窃取或侵犯知识产权的行为；作为后续措施，应提高法定赔偿金、监禁刑和罚金的最低和最高限度，以遏制未来窃取或侵犯知识产权的行为。

近日，中共中央印发《法治社会建设实施纲要（2020—2025)》，2020 年

12 月 30 日中欧投资协定签署，预示着中国知识产权法律体系将更趋完善，法律保护将更加全面合理，相应地，包括刑事风险防范在内的商用化合规、争议预防和解决等现实需求将更加急迫而重要。根据知识产权商用化不断完善修订的法律法规、司法解释和社会实践的进一步完善推进及司法实务的最新变化，继续深化对此课题的研究尤为必要。

第六章　地方知识产权商用化探索

Commercialization of Intellectual Property

"八八战略"背景下浙江省知识产权发展与经济增长关系的实证研究

陶佳钰* 徐进**

摘要：在"八八战略"的指引下，浙江省深入贯彻实施《国家知识产权战略纲要》，知识产权事业发展稳居全国第一方阵。本文基于浙江省2010—2019年数据，构建浙江省知识产权"全链条"能力指标体系，采用熵值模型和柯布—道格拉斯生产函数模型实证检验浙江省知识产权发展与经济增长的关系，并得出浙江省知识产权经济绩效得分呈持续上涨趋势且知识产权对浙江省经济增长具有显著正向作用的实证结论。

关键词：八八战略　知识产权　经济增长　全链条

引言

"八八战略"着眼于"干在实处、走在前列、勇立潮头"，对全面深化改革，进一步扩大开放，推动浙江发展方式转型，推进中国特色社会主义在浙江深入实践，提出了完整的战略布局，成为引领浙江科学发展的总纲领和推进浙江各项工作的总方略。

在"八八战略"的指引下，自2008年国务院颁布实施《国家知识产权战略纲要》以来，浙江充分发挥知识产权作为战略性资源与核心竞争力的支撑作用，坚持战略引领，以深化知识产权领域改革为动力，有效促进知识产权创造运用，严格知识产权保护，优化知识产权服务，打造知识产权事业发展生态，

* 浙江省知识产权研究与服务中心（国家知识产权局专利局杭州代办处）战略研究部工作人员。

** 浙江省知识产权研究与服务中心（国家知识产权局专利局杭州代办处）战略研究部副部长。

为打造浙江省经济增长提供了有力支撑。

目前，虽然已有不少学者对知识产权与经济增长关系这个课题进行了深入的实证研究，然而研究的视角往往拘泥于知识产权的某一个方面，缺乏对知识产权全方位的实证研究，同时，立足于浙江省经济范畴内的研究少且浅。对此，基于浙江省2010—2019年的数据，笔者构建了较为全面的浙江省知识产权“全链条”能力指标体系，采用熵值模型和柯布—道格拉斯生产函数模型，分别计算浙江省知识产权经济绩效和浙江省知识产权对经济增长的贡献度，对于浙江省打造引领性知识产权强省具有重要的政策参考意义。

一、“八八战略”对浙江省知识产权的发展要求

（一）坚持创新驱动战略是“八八战略”的要义和精髓

“八八战略”的要义和精髓，就是坚持改革开放和创新驱动。党的十八大报告中指出，要实施创新驱动战略，科技创新是提高社会生产力和综合国力的战略支撑，必须摆在国家发展全局的核心位置。党的十八大后，习近平总书记也多次强调，实施创新驱动发展战略是加快转变经济发展方式、破解经济发展深层次矛盾和问题、增强经济发展内生动力和活力的根本措施。以创新驱动发展战略为主要精神的文件《国务院关于新形势下加快知识产权强国建设的若干意见》于2015年12月形成，同时，此文件创造性地提出建立以知识产权为重要内容的创新驱动发展评价制度，为进一步推进知识产权管理体制机制改革创造条件。

在此基础上，浙江省于2013年5月省委十三届三次全会上审议通过了《中共浙江省委关于全面实施创新驱动发展战略加快建设创新型省份的决定》，以目标同向、问题导向和工作定向为指导，明确提出了浙江实施创新驱动发展战略的总体要求、目标任务和工作举措。2016年8月，浙江省政府发布《加快推进“一转四创”建设“互联网+”世界科技创新高地行动计划》，在为浙江科技创新提供路线图和方法论的同时，也为创新驱动战略在浙江省落地实施奠定坚实基础。同年10月出台的《浙江省知识产权发展“十三五”规划》进一步对创新驱动战略的地位进行明确，提出应当把创新驱动列为首位战略，把创新摆在发展全局的核心位置，加快形成以创新为引领和支撑的经济体系和发展模式。

（二）坚持创新驱动就是坚持知识产权驱动

2012 年 9 月国务院发布的《关于深化科技体制改革加快国家创新体系建设的意见》在国内第一次以规范性权威文件的方式提出了创新驱动发展的概念。而后，中共十八大报告将创新驱动发展战略上升为国家发展战略，继续强调要实施知识产权战略并使其成为创新驱动战略的重要组成部分。党的十八届三中全会强调深化科技体制改革，加强知识产权运用和保护，将知识产权的运用与保护和创新驱动发展战略的结合提升到新高度。至此，以知识产权制度为载体的创新驱动发展战略正式确立。①

习近平总书记在主持中央政治局第二十五次集体学习时强调：“创新是引领发展的第一动力，保护知识产权就是保护创新。”由此可见，知识产权是创新的原动力，是实施创新驱动发展的基本保障和重要支撑；创新驱动需要知识产权制度的激励和保护，因而，保护知识产权就是实现创新发展的内在要求，创新驱动就是知识产权驱动。② 知识产权和创新相互支撑，互相促进，存在不可分割的内在联系，只有更好地将二者有机融合，创新驱动才能起到良好的效果。

（三）知识产权驱动必须打通知识产权“全链条”

《“十三五”国家知识产权保护和运用规划》强调应当促进知识产权高效运用，突出知识产权在科技创新、新兴产业培育方面的引领作用，加大高科技含量知识产权转移转化力度，创新知识产权运营模式和服务产品。党的十九届五中全会通过的《中共中央关于制定国民经济和社会发展第十四个五年规划和二〇三五年远景目标的建议》也强调应当加强知识产权保护，大幅提高科技成果转移转化成效。这就要求我们强化知识产权“全链条”，并将其作为创新发展的重要推动力量和深入实施创新驱动发展战略的重要抓手。

浙江省在知识产权实践的过程中，也积极回应了国家对构建知识产权“全链条”的要求。近年来，浙江以建设引领型知识产权强省为目标，不断强化知识产权创造、保护、运用“全链条”能力，知识产权发展指数、专利综合实力、知识产权司法保护等连续四年位居全国前四位，稳居全国第一方阵，逐步凸显出知识产权作为战略性资源对“两个高水平”建设的支撑作用。从修订

① 马一德：《创新驱动发展与知识产权制度变革》，载《现代法学》2014 年第 3 期。

② 吴汉东：《保护知识产权就是保护创新》，载《江苏经济报》2020 年 12 月 15 日。

《浙江省科学技术进步条例》到重新制定《浙江省专利条例》，再到《浙江省促进科技成果转化条例》落地，浙江将原先注重“单一”的专利保护和管理环节拓展到注重“多元”的专利创造、运用、保护、服务的“全链条”各个环节中。2015 年 6 月，浙江省政府办公厅发出《关于深入实施知识产权战略行动计划（2015—2020 年）的通知》，正式提出大幅度提升浙江省知识产权创造、运用、保护、服务能力“全链条”能力的要求。2020 年 4 月，浙江省知识产权强省建设工作联席会议全体会议审议通过了《2020 年知识产权强省建设工作要点》，并确定了围绕知识产权全链条展开的 5 大工作要点和 70 项工作举措。由此可见，知识产权作为连接“创新”和“市场”的“桥梁”，只有依靠提升“全链条”价值发力，才能打通创造与运用的良性循环“动脉”，从而实现知识产权驱动。

二、回顾知识产权与经济增长关系实证研究的文献

目前，虽然部分学者已突破了对知识产权与经济增长关系理论研究的桎梏，进而着手知识产权与经济增长关系的实证研究。然而，学者在研究的过程中往往将视角聚焦于知识产权的某一个方面，却缺乏对知识产权发展的全面评价。

（一）知识产权制度的实证研究

许春明和单晓光①在评述 3 个知识产权内生经济增长模型的基础上，进一步认识了知识产权制度对经济增长的作用机理。李涛②在探究知识产权与经济增长关联机理的过程中，发现知识产权与经济增长之间存在很强的正相关关系，知识产权不仅仅是经济增长的内生变量，还是经济增长的制度因素和机制环境。

（二）知识产权创造的实证研究

成桂芳等人③基于江苏省 2000—2018 年的测算数据，得出发明专利授权量的增长对江苏省 GDP 产生积极影响的结论，并认为从平均增长速度来看，发明专利授权量的增长速度远高于资本投入和劳动力的增长速度。顾晓燕④基于

---

① 许春明、单晓光：《知识产权内生经济增长模型述评》，载《科技进步与对策》2009 年第 14 期。

② 李涛：《论知识产权与经济增长的关联机理》，载《湖南社会科学》2006 年第 6 期。

③ 成桂芳、薛坚、王鑫、李正锋：《江苏省知识产权发展与经济增长关系实证研究》，载《价值工程》2020 年第 7 期。

④ 顾晓燕：《论知识产权创造对区域经济增长的影响——基于省际数据的检验》，载《南京社会科学》2011 年第 12 期。

1997—2009 年的省际数据，对全国、东部、中部、西部的知识产权创造对经济增长的影响进行实证分析，得到知识产权创造对区域经济增长具有显著的正效应，但存在地区差异的结论。

（三）知识产权运用的实证研究

丁涛、盖锐和顾晓燕①通过研究发现 1992—2013 年中国知识产权市场对经济发展的贡献率为 4.39%。张优智②通过研究发现 1987—2009 年技术市场发展与经济增长之间存在长期的均衡关系，技术市场成交额每增加 1%，国内生产总值将增加 0.334%。

（四）知识产权保护的实证研究

董雪兵③构建了知识产权保护指数（IPR），刻画了转型期 1985—2010 年中国知识产权保护的进程，得出 IPR 的系数在长期显著为正，但在短期显著为负的实证结论。韩玉雄和李怀祖④通过计算得出中国实际的知识产权保护水平呈逐年上升趋势，其中，1992 年前后及 2001 年前后出现了 2 个快速上升的阶段，截至 2002 年，中国知识产权保护的静态指标已超过绝大部分发达国家 1990 年的水平。叶珺君和章洋舟⑤基于 1984—2018 年的浙江省相关统计数据，构建起知识产权保护强度指数体系，并通过修正的 G－P 指数法测出知识产权保护强度，发现浙江省知识产权保护强度指数一直呈上升趋势。王斌⑥测算出中国 1985—2009 年知识产权保护强度的贡献率为 32.7%，高于劳动力的贡献率（16.6%），但低于资本的贡献率（52.6%）。吴汉洪和杨鑫⑦从直接影响、间接影响两个方面梳理和评述了知识产权制度对经济增长的作用机理，并基于我国

---

① 丁涛、盖锐、顾晓燕：《我国知识产权市场发展与经济增长关系实证分析——基于 1992—2013 年的数据》，载《经济体制改革》2015 年第 9 期。

② 张优智：《技术市场发展与经济增长的协整检验——基于 1987—2009 年的数据分析》，载《大连理工大学学报（社会科学版）》2011 年第 11 期。

③ 董雪兵、朱慧、康继军、宋顺锋：《转型期知识产权保护制度的增长效应研究》，载《经济研究》2012 年第 8 期。

④ 韩玉雄、李怀祖：《关于中国知识产权保护水平的定量分析》，载《科学学研究》2005 年第 6 期。

⑤ 叶珺君、章洋舟：《浙江省知识产权保护强度的定量分析》，载《浙江工贸职业技术学院学报》2019 年第 12 期。

⑥ 王斌：《转变经济发展方式——从"引进式技术进步"到"原发性技术创新"——基于知识产权制度视角》，载《生产力研究》2013 年第 2 期。

⑦ 吴汉洪、杨鑫：《知识产权制度与经济增长：综述与比较》，载《国家行政学院学报》2011 年第 2 期。

知识产权保护强度与支出、专利申请量及进口额呈显著正相关关系的研究结果，分析出我国知识产权制度在一定程度上有效促进了我国的技术创新和技术扩散。

（五）知识产权“全链条”的实证研究

值得关注的是，部分学者在做实证研究的过程中，也开始着眼于对知识产权“全链条”的探索。如石青梅和孙梦娜①基于2008—2017年河南省省份数据构建起知识产权综合能力评价指标体系，依据函数模型测算得出知识产权显著促进河南省经济增长，但其创造、运用、保护和服务能力的发展情况有较大差异。如姬鹏程和李红娟构建了包含知识产权积累和市场较为全面的知识产权评价指标体系，论证出2001—2015年中国知识产权对经济增长具有正向影响，且知识产权积累和知识产权市场均对经济增长有显著贡献。

从上述文献回顾可以发现，虽然已有不少学者对知识产权与经济增长关系这个课题进行了深入的实证研究，然而立足于浙江省经济范畴内的研究少且浅，非常值得进一步探究。

三、构建浙江省知识产权“全链条”能力指标体系

（一）确定计量模型

笔者收集了2010—2019年浙江省的知识产权数据，构建了知识产权“全链条”能力指标体系，通过熵值模型测算知识产权经济绩效，并通过柯布—道格拉斯生产函数检验知识产权的经济增长效应及其贡献度。

1. 通过熵值模型计算浙江省知识产权经济绩效

熵值法属于客观赋权法，根据各项指标观测值所提供的信息的大小来确定指标权重。其理论依据为，在信息系统中，各个指标的熵反映的信息量不同，若某一个指标的信息量越大，信息越明确，则表明该指标的不确定性就越小，变异程度就越小，熵就越小。笔者采用熵值模型，并基于指标所含信息的效用价值大小对其赋权，再通过加权，最终得到浙江省知识产权综合得分。

假设对某地区 m 年的知识产权经济绩效发展状况进行评价，其评价指标有

① 石青梅、孙梦娜：《知识产权对河南省经济增长的贡献度研究》，载《河南财政税务高等专科学校学报》2019年第12期。

n 个，则原始数据矩阵表示为：$X=\{X_{(ij)}\}_{(mn)}$，本文设 $m=10$，$n=17$，表示第 i 年第 j 项评价指标的数值，其中 $i=1, 2, \cdots, m$；$j=1, 2, \cdots, n$。为保持评分与样本状态的一致性，消除每级指标量纲、数量级等方面的差异，对初始矩阵进行标准化处理：$X'_{ij}=[(x_{ij}-\min(x_{1j}, x_{2j}, \cdots, x_{mj})]/[\max(x_{1j}, x_{2j}, \cdots, x_{mj})-\min(x_{1j}, x_{2j}, \cdots, x_{mj})]$，第 j 项指标下的第 i 年指标值比重 p_{ij} 为：$p_{ij}=X'_{ij}/\sum_{i=1}^{m}X'ij$，$1\leqslant j\leqslant n$ 根据单位信息熵值函数可以计算出 j 项指标的信息熵值为：$E_j=-k\sum_{i=1}^{m}P_{ij}\ln p_{ji}$，$1\leqslant i\leqslant m$，$0\leqslant E_j\leqslant 1$。其中，常数 k 与系统的样本数 m 有关，$K=\frac{1}{\ln m}$，根据熵值理论，计算第 j 项指标的效用价值为：$g_j=1-E_j$，$0\leqslant g_j\leqslant 1$ 信息熵值越小，则 g_j 越大，即指标信息效用价值越高，表明其在知识产权经济绩效评价中的重要性也越大。熵值法依据指标信息效用价值计算各指标的权重，效用价值越高，对评价结果的贡献度越大。第 j 项指标的权重为：$W_j=g_j/\sum_{j=1}^{m}g_j$，$0\leqslant g_j\leqslant 1$，$W_1+W_2+\cdots+W_j=1$，熵值具有可加性，对于多层结构的评价系统，可以利用下层结构的指标信息效用值，按比例确定对应于上层结构的权重数值和评价值。指标体系的综合得分为：$U=\sum_{j=1}^{m}W_j X'_{ij}$。

2. 通过柯布—道格拉斯生产函数计算浙江省知识产权对经济增长的贡献度

传统的柯布—道格拉斯生产函数 $Y=A_tK^{\alpha}L^{\beta}$，把资本和劳动力作为重要的要素投入，其剩余部分索洛解释为技术进步。新经济增长理论认为，技术进步是经济增长的内生变量。索洛余值法基于柯布—道格拉斯生产函数，把其他影响因素概括为技术进步并定量分离出来，而知识产权是导致技术进步变化的主要内生变量。因此，笔者将知识产权制度导致的技术进步内生化，引入知识产权制度变量，对柯布—道格拉斯生产函数进行改进，建立包含知识产权制度的经济增长生产函数，为：$Y_t=A_t(N)K_t^{\alpha}L_t^{\beta}IP_t^{\gamma}$。

其中，Y_t 表示国内生产总值，A_t 表示全要素生产率，K_t 表示社会资本总量，L_t 表示社会劳动力总量，N 表示除资本、劳动力和知识产权制度引起的技术进步外的能导致经济增长的因素，IP_t 表示知识产权，α、β、γ 分别是资本、劳动力和知识产权制度的边际产出弹性系数。对公式 $\ln=Y_t=\ln+A_t+\alpha\ln K_t+\beta\ln L_t+\ln IP_t$ 两边取对数，可把上述非线性模型化为线性模型。由此可得到资本、劳动力和知识产权的边际产出弹性系数 α、β、γ 的值。根据索洛余值法建立增长速度方程为 $y=\lambda+\alpha k+\beta l+\gamma ip$，其中 y、k、l、ip 分别为产出、资本投入、劳动力投入、知识产权的增长速度，α、β、γ 分别为资本、劳动力、知识产权制度的边际产出弹性系数。由此，可以得出以上三种因素对经济增长的贡献度。资本对经济增长的贡献度为 $E_k = \alpha k/y$，劳动力对经济增长的贡献度为 $E_l = \beta l/y$，知识产权对经济增长的贡献度为 $E_{ip} = \gamma ip/y$。

（二）构建指标体系

笔者围绕知识产权创造、运用、保护和服务活动等方面，结合浙江省知识产权制度实际运行情况，比对了各项指标的科学性、客观性、可比性及可获取性，选取了能够与浙江省经济发展水平相匹配的“全链条”指标，在姬鹏程等学者[①]研究成果的基础上，笔者构建了浙江省知识产权“全链条”能力指标体系（如表1所示）。

表1 浙江省知识产权“全链条”能力指标

<table>
<tr><th>一级指标</th><th>二级指标</th><th>三级指标</th><th>计量单位</th></tr>
<tr><td rowspan="7">知识产权创造能力</td><td rowspan="3">研发投入</td><td>R&D 经费投入强度 ×1</td><td>%</td></tr>
<tr><td>R&D 经费 ×2</td><td>亿元</td></tr>
<tr><td>R&D 人员投入情况 ×3</td><td>万人年</td></tr>
<tr><td rowspan="4">研发成果</td><td>专利申请量 ×4</td><td>件</td></tr>
<tr><td>拥有发明专利量 ×5</td><td>件</td></tr>
<tr><td>商标注册量 ×6</td><td>件</td></tr>
<tr><td>版权登记量 ×7</td><td>件</td></tr>
<tr><td rowspan="6">知识产权运用能力</td><td>技术市场规模</td><td>技术市场成交额 ×8</td><td>亿元</td></tr>
<tr><td rowspan="5">经济绩效</td><td>规模以上工业企业新产品销售收入 ×9</td><td>亿元</td></tr>
<tr><td>高技术产业新产品销售收入 ×10</td><td>万元</td></tr>
<tr><td>高技术产业新产品开发经费支出 ×11</td><td>万元</td></tr>
<tr><td>高技术产业新产品出口销售收入 ×12</td><td>万元</td></tr>
<tr><td>高技术新产品开发项目 ×13</td><td>项</td></tr>
</table>

① 姬鹏程、孙凤仪、赵栩：《知识产权对经济增长作用的实证研究》，载《宏观经济研究》2018 年第12 期。

续表

一级指标	二级指标	三级指标	计量单位
知识产权保护能力	行政保护	专利侵权纠纷立案数 ×14	件
		专利侵权纠纷结案数 ×15	件
知识产权服务能力	中介服务	专利申请代理量 ×16	件
		专利申请代理机构数 ×17	家

在浙江省知识产权“全链条”能力指标体系中，一级指标知识产权创造能力主要通过知识产权研发投入和研发成果两方面展开分析，下设 7 个三级指标。其中 R&D 经费投入强度、R&D 经费反映了资本投入，R&D 人员投入情况反映了人力资本投入，专利申请量、拥有发明专利量反映了专利成果，商标注册量反映了商标成果，版权登记量反映了版权成果。一级指标知识产权运用能力主要通过技术市场规模和经济绩效两方面展开分析，下设 6 个三级指标。技术市场规模以技术市场成交额为代表性指标，经济绩效选用规模以上工业企业新产品销售收入、高技术产业新产品销售收入、高技术产业新产品开发经费支出、高技术产业新产品出口销售收入和高技术新产品开发项目来反映。一级指标知识产权保护能力主要通过行政保护进行分析，下设 2 个三级指标。选取有代表性的专利侵权纠纷立案数和专利侵权纠纷结案数为考察对象。一级指标知识产权服务能力主要反映全社会从事知识产权活动的专业化程度，下设 2 个三级指标。选取专利申请代理量和专利申请代理机构数为代表性指标。

（三）采集初始样本数据

考虑可行性原则，构建出由 4 个一级指标、6 个二级指标和 17 个三级指标组成的知识产权经济绩效考核指标体系。每一个指标都能够通过统计年鉴或其他权威统计数据得出客观的数值，而不需要借助主观评价来取值。

（四）选取数据来源

指标 R&D 经费、R&D 人员投入情况、规模以上工业企业新产品销售收入的数据根据 2010—2019 年《浙江统计年鉴》整理计算获得，指标技术市场成交额的数据根据 2010—2019 年《中国统计年鉴》整理计算获得，指标专利申请代理量、专利申请量、专利侵权纠纷立案数、专利侵权纠纷结案数、拥有发明专利量的数据来源于 2010—2019 年国家知识产权局《专利统计年报》，指标 R&D

经费投入强度、商标注册量的数据由2010—2019年《中国科技统计年鉴》整理获得，指标版权登记量的数据由2010—2019年《中国统计年鉴》《中国社会统计年鉴》《中国第三产业统计年鉴》《中国文化及相关产业统计年鉴》《中国新闻出版统计资料汇编》和国家版权局《全国版权统计》整理获得，指标专利申请代理机构数的数据来源于国家知识产权局《专利代理管理系统》并通过整理计算获得，指标高技术产业新产品销售收入、高技术产业新产品开发经费支出、高技术产业新产品出口销售收入、高技术新产品开发项目的数据来源于《中国高技术产业统计年鉴》（如表2所示）。

表2　初始样本数据

指标＼年份	2010	2011	2012	2013	2014	2015	2016	2017	2018	2019
R&D经费投入强度×1（%）	1.78	1.85	2.08	2.16	2.26	2.36	2.43	2.45	2.57	2.66875
R&D经费×2（亿元）	494.23	612.93	722.59	817.27	907.85	1011.18	1130.63	1266.34	1445.69	1669.8
R&D人员投入情况×3（万人年）	22.35	26.29	27.81	31.1	33.84	36.47	37.66	39.81	45.8	53.47
专利申请量×4（件）	120742	177066	249373	294014	261434	307263	393147	377115	455526	435824
拥有发明专利量×5（件）	17955	25728	35571	43275	52418	70981	91373	109952	133605	160609
商标注册量×6（件）	173403	126875	80347	105825	133874	210905	193348	254918	487041	526245.75
版权登记量×7（件）	684	882	1192	568	526	551	663	543	804	819
技术市场成交额×8（亿元）	603478	718968	813079	814958	872527	980966	1983716	3247310	5906641	8880078

续表

指标＼年份	2010	2011	2012	2013	2014	2015	2016	2017	2018	2019
规模以上工业企业新产品销售收入×9（亿元）	8352.5	10049.4	11284	14882.1	16507.9	18839.14	21396.83	21150.15	23308.16	26099.37
高技术产业新产品销售收入×10（万元）	6956994	11409275	15861556	1817699	2068	20680473	27125363	21928403	34170442	40226893
高技术产业新产品开发经费支出×11（万元）	580192	975403	1370614	1475047	1697889	1939232	2353460	2547259	2984435	3284965.375
高技术产业新产品出口销售收入×12（万元）	2467966	3271083	4074200	4367763	5047064	5908125	6945341	7865851	8415288	9158703.25
高技术新产品开发项目×13（项）	2234	5435	8636	8114	8379	9391	10576	11742	13926	15387.5
专利侵权纠纷立案数×14（件）	86	113	317	376	2963	7981	10135	11830	13013	14628.875
专利侵权纠纷结案数×15（件）	82	79	293	315	3008	7976	10107	11833	13043	14663.125
专利申请代理量×16（件）	79179	106167	145731	172418	155690	181767	233801	249111	315152	318734
专利申请代理机构数×17（家）	38	41	43	45	49	55	74	87	111	157

四、研究浙江省知识产权在经济增长中的作用

（一）测算 2010—2019 年浙江省知识产权经济绩效

依据熵值模型，将原始数据依次代入公式，并计算出浙江省 2010—2019 年知识产权经济绩效得分（如表 3 所示）和浙江省 2010—2019 年知识产权各指标权重（如表 4 所示）。

表 3　2010—2019 年浙江省知识产权经济绩效得分

指标＼年份	2010	2011	2012	2013	2014	2015	2016	2017	2018	2019
R&D 经费投入强度×1（%）	0.00057	0.00505	0.01976	0.02488	0.03127	0.03767	0.04215	0.04343	0.05110	0.05742
R&D 经费×2（亿元）	0.00057	0.00631	0.01161	0.01619	0.02057	0.02557	0.03135	0.03791	0.04658	0.05742
R&D 人员投入情况×3（万人年）	0.00057	0.00777	0.01054	0.01655	0.02156	0.02636	0.02854	0.03247	0.04341	0.05742
专利申请量×4(件)	0.00057	0.01013	0.02241	0.02999	0.02446	0.03224	0.04683	0.04410	0.05742	0.05407
拥有发明专利量×5(件)	0.00057	0.00367	0.00759	0.01066	0.01430	0.02170	0.02983	0.03723	0.04666	0.05742
商标注册量×6（件）	0.01243	0.00650	0.00057	0.00382	0.00739	0.01721	0.01498	0.02283	0.05242	0.05742
版权登记量×7（件）	0.01406	0.03096	0.05742	0.00415	0.00057	0.00270	0.01226	0.00202	0.02430	0.02558
技术市场成交额×8(亿元)	0.00057	0.00136	0.00201	0.00202	0.00242	0.00316	0.01005	0.01873	0.03700	0.05742
规模以上工业企业新产品销售收入×9(亿元)	0.00057	0.00600	0.00996	0.02149	0.02669	0.03416	0.04236	0.04157	0.04848	0.05742

续表

指标＼年份	2010	2011	2012	2013	2014	2015	2016	2017	2018	2019
高技术产业新产品销售收入 × 10（万元）	0.01040	0.01669	0.02298	0.00313	0.00057	0.02979	0.03890	0.03156	0.04886	0.05742
高技术产业新产品开发经费支出 × 11（万元）	0.00057	0.00888	0.01718	0.01938	0.02406	0.02913	0.03784	0.04191	0.05110	0.05742
高技术产业新产品出口销售收入 × 12（万元）	0.00057	0.00739	0.01422	0.01671	0.02248	0.02980	0.03861	0.04643	0.05110	0.05742
高技术新产品开发项目 ×13（项）	0.00057	0.01440	0.02824	0.02598	0.02713	0.03150	0.03662	0.04166	0.05110	0.05742
专利侵权纠纷立案数 × 14（件）	0.00057	0.00067	0.00147	0.00170	0.01182	0.03143	0.03985	0.04648	0.05110	0.05742
专利侵权纠纷结案数 × 15（件）	0.00058	0.00057	0.00140	0.00149	0.01199	0.03135	0.03966	0.04639	0.05110	0.05742
专利申请代理量 × 16（件）	0.00057	0.00697	0.01636	0.02270	0.01873	0.02491	0.03726	0.04090	0.05657	0.05742
专利申请代理机构数 × 17（家）	0.00057	0.00200	0.00296	0.00391	0.00582	0.00869	0.01777	0.02398	0.03544	0.05742
知识产权经济绩效 *IP*	0.04486	0.13533	0.24669	0.22475	0.27183	0.41740	0.54485	0.59959	0.80375	0.94095

从表 3 可以看出，2010—2019 年浙江省知识产权经济绩效得分呈现持续上涨的趋势，知识产权创造、运用、保护和服务水平不断提升，这表明浙江省知识产权工作逐层推进，总体发展趋势良好。

表 4 2010—2019 年浙江省知识产权各指标权重

指标	总权重	指标	分权重
知识产权创造能力	0.406498141	×1	0.056851204
		×2	0.056809748
		×3	0.056340420
		×4	0.056726675
		×5	0.058129577
		×6	0.059196786
		×7	0.062443733
知识产权运用能力	0.350810439	×8	0.066745942
		×9	0.057173343
		×10	0.057457391
		×11	0.056538956
		×12	0.057085509
		×13	0.055809298
知识产权保护能力	0.124410385	×14	0.062158820
		×15	0.062251565
知识产权服务能力	0.118281035	×16	0.057028754
		×17	0.061252281

从表 4 可以看出，在浙江省知识产权发展过程中，知识产权创造能力占比较大，约为 40.65%，知识产权运用能力占比约为 35.08%，知识产权保护和服务能力占比较小，分别为 12.44%和 11.83%。

（二）测算 2010—2019 年浙江省知识产权对经济增长的贡献度

笔者基于柯布—道格拉斯生产函数采用索洛余值法，引入知识产权导致的技术进步要素，构成扩展生产函数模型。选取浙江省 2010—2019 年数据，分别用浙江省国内生产总值 GDP、社会固定资本投入额、常住人口数量、知识产权经济绩效来表示产出量 Y、资本投入 K、劳动投入 L、知识产权 IP。各项指标数据根据 2010—2019 年《浙江统计年鉴》整理计算获得（如表 5 所示）。

表 5　浙江省年 GDP、社会固定资产投资 K、常住人口量 L 及知识产权经济绩效 IP 表

指标 年份	GDP（亿元）	社会固定资产投资 K（亿元）	常住人口量 L（亿元）	知识产权经济绩效 IP
2010	27399.85	11451.98	4747.95	0.044857726
2011	31854.8	14077.25	4781.31	0.135325233
2012	34382.39	17095.96	4799.34	0.246685907
2013	37334.64	20194.07	4826.89	0.224754824
2014	40023.48	23544.76	4859.18	0.271830477
2015	43507.72	26664.72	4873.34	0.417403636
2016	47254.04	29571	4910.85	0.54849918
2017	52403.13	31125.99	4957.63	0.599585492
2018	58002.84	31133.09	4999.84	0.803753168
2019	62351.74	31143.19	5038.91	0.94094939

根据公式 $\ln Y_t = \ln A_t + \alpha \ln K_t + \beta \ln L_t + \gamma \ln IP_T$，运用 stata 对原始数据的自然对数进行线性回归，得到回归结果：

$\ln Y = -69.85 + 0.1078 \ln k + 9.36 \ln l + 0.0526 \ln$

（−22.08）（3.84）（24.77）（4.4）

$r^2 = 0.999 F = 3051.28 df = 9$

括号中的值为回归系数的 t 统计值，结果显示除了常住人口之外，资本和知识产权均通过了 t 检验，其中全社会固定资产投资、知识产权经济绩效对产出的弹性系数均在 1% 以内的水平上显著，且 R^2 为 99%，说明模型的整体拟合优度较高。

系数 0.0526 表示知识产权经济绩效对浙江省 GDP 的弹性系数，即在其他两个变量不变的情况下，知识产权经济绩效每增加 1%，会为浙江省经济带来 0.0526% 的增长。系数 0.1078 表示资本投入对浙江省 GDP 的弹性系数，即在其他两个变量不变的情况下，资本投入每增加 1%，会为浙江省经济带来 0.1078% 的增长。系数 9.36 表示劳动力对浙江省 GDP 的弹性系数，即在其他两个变量不变的情况下，劳动力投入每增加 1%，会为浙江省经济带来 9.36% 的增长。

由于浙江省在外务工人员较多，劳动力普遍外移，所以常住人口数量可能

无法反映在社会生产中提供的劳动力的真实情况（鉴于实际数据获取难度大，本文以此替代）。但模型拟合优度为0.999，联合显著性高，故研究结论是可信的。基于回归结果，可以通过公式计算出资本K、劳动力L和知识产权IP的增长速度及其对GDP的贡献度（如表6所示）。

表6　2010—2019年浙江省资本K、劳动力L和知识产权IP对浙江省GDP增长的贡献度

指标 年份	增长率				贡献度		
	GPD	K	L	IP	K	L	IP
2011	0.162590306	0.229241581	0.00702619	2.016765382	0.151990872	0.404483775	0.652448855
2012	0.079347226	0.2144389	0.003770933	0.822911373	0.291333607	0.444828831	0.54551546
2013	0.085865177	0.181218838	0.005740373	-0.088902862	0.227512379	0.625747128	-0.05446085
2014	0.072019979	0.166419647	0.006689608	0.20945336	0.249098071	0.869407735	0.152974867
2015	0.087054899	0.132031063	0.002914072	0.535529203	0.163493942	0.313316236	0.323575543
2016	0.086107017	0.108993457	0.00769698	0.305331029	0.136452231	0.836676662	0.186516879
2017	0.108966133	0.052584965	0.009525846	0.100459911	0.052022212	0.818253476	0.048493887
2018	0.106858312	0.000339205	0.008514149	0.340514704	0.000230115	0.74577665	0.167615164
2019	0.074977363	0.000324414	0.00781425	0.170694471	0.000466431	0.97551284	0.119749866
平均	0.095976268	0.120608997	0.006632489	0.490303286	0.141399985	0.670444815	0.238047741

经测算，2010—2019年浙江省知识产权对经济平均贡献度达到23.80%，这表示知识产权对浙江省经济增长有显著正向作用。同时，笔者通过线性回归得到资本、劳动力、知识产权对产出的弹性系数分别为0.1078、9.36、0.0526，得出目前浙江省知识产权对经济增长的影响力弱于资本和劳动力的结论。然而，浙江省知识产权的平均增长率（49.03%）却远远高于资本的平均增长率（12.06%）和劳动力的平均增长率（0.60%），同时，知识产权对浙江省GDP增长的平均贡献度（23.80%）超过资本对浙江省GDP增长的平均贡献度（14.14%）。由此可见，知识产权对浙江省GDP增长的影响较大，虽然影响力暂时弱于资本和劳动力，但从总体的增长趋势判断，知识产权增长最为迅速，未来对GDP增长的影响力会持续增加。

结论

通过实证研究，笔者得出以下结论：

第一，2010—2019 年浙江省知识产权经济绩效得分呈现持续上涨的趋势，浙江省知识产权工作逐层推进，总体发展趋势良好。

第二，2010—2019 年浙江省知识产权对经济平均贡献度达到 23.80%，知识产权对浙江省经济增长有显著正向作用。

第三，资本、劳动力、知识产权对产出的弹性系数分别为 0.1078、9.36、0.0526，浙江省知识产权对经济增长的影响力暂时弱于资本和劳动力。

第四，浙江省知识产权的平均增长率（49.03%）远远高于资本的平均增长率（12.06%）和劳动力的平均增长率（0.60%）。

第五，知识产权对浙江省 GDP 增长的平均贡献度（23.80%）超过资本对浙江省 GDP 增长的平均贡献度（14.14%）。

第六，目前，知识产权对浙江省 GDP 增长的影响较大，虽然知识产权的影响力暂时弱于资本和劳动力，但从总体的增长趋势判断，知识产权增长最为迅速，未来对 GDP 增长的影响力会持续增加。

“八八战略”是中国特色社会主义在浙江创造性实践的思想结晶，是习近平新时代中国特色社会主义思想在浙江萌发与实践的集中体现。浙江是中国改革开放先行地，长期走在改革的最前沿。正是在“八八战略”的指引下，浙江先行先试，在知识产权事业建设上走在全国前列，并取得历史性成就。

后　记

知识产权商用化程度的高低体现着一个国家核心竞争力的大小。随着我国知识产权数量不断增加，知识产权商用化也正在逐步发展成知识产权优势企业创造价值与财富的重要工具，成为社会经济增长的新引擎。为充分实现知识产权的价值，近年来，我国相关行业发展迅速。但是同时，我国知识产权商用化进程也面临着众多挑战，例如知识产权总体质量水平偏低、知识产权商品形态复杂、知识产权商用的服务能力偏低、促进知识产权商用的相关政策还存在某些缺陷等。

为此，中华全国律师协会知识产权专业委员会牵头，收纳众多知识产权律师、专家学者、研究人员等的理论成果，汇集成本书，展示知识产权领域的工作者在知识产权商用化中的作为与探索，化解知识产权商用化难题，推动我国知识产权事业更好发展。

本书收纳论文共23篇，内容涵盖六个部分，包括商用化概况、专利商用化、司法保护中知识产权价值判定探索、知识产权与金融证券化、商用化刑事风险以及地方知识产权商用化探索。汇总不同领域的专家对知识产权商用化的最新探索，以期助力知识产权保护与运用。

感谢中国法制出版社的程思老师、陆紫薇老师等各位编辑老师对本书的倾情付出；感谢各出版支持单位（高文律师事务所、大成律师事务所孙伏龙律师、北京创博律师事务所、北京联合信任技术服务有限公司、天津君利律师事务所）出资出力，感谢各位作者的智慧与汗水，是大家的共同努力和公心担当才使得本书顺利出版。

对于书中可能存在的谬误和不足，恳请各位专家学者不吝赐教，我们将在今后的工作中调整改进，谢谢！

王正志

中华全国律师协会知识产权专业委员会主任

2021 年 5 月 29 日

图书在版编目（CIP）数据

知识产权商用化实务研究 / 中华全国律师协会知识产权专业委员会编. —北京：中国法制出版社，2021.6
ISBN 978-7-5216-1784-9

Ⅰ. ①知… Ⅱ. ①中… Ⅲ. ①知识产权-研究-中国
Ⅳ. ①D923.404

中国版本图书馆 CIP 数据核字（2021）第 057282 号

责任编辑　程思　　　　封面设计　周黎明

知识产权商用化实务研究

ZHISHI CHANQUAN SHANGYONGHUA SHIWU YANJIU

编/中华全国律师协会知识产权专业委员会
经销/新华书店
印刷/北京虎彩文化传播有限公司
开本/710 毫米×1000 毫米　16 开　　　　印张/18.5　字数/235 千
版次/2021 年 6 月第 1 版　　　　2021 年 6 月第 1 次印刷

中国法制出版社出版
书号 ISBN 978-7-5216-1784-9　　　　定价：65.00 元

北京西单横二条 2 号
邮政编码 100031　　　　传真：010-66031119
网址：http：//www.zgfzs.com　　　　**编辑部电话：010-66066620**
市场营销部电话：010-66033393　　　　**邮购部电话：010-66033288**

（如有印装质量问题，请与本社印务部联系调换。电话：010-66032926）